Evelyn McDonnell

Joan Didion
und wie sie die Welt sah

Aus dem amerikanischen Englisch
von Andrea Schmittmann

HarperCollins

Die amerikanische Originalausgabe erschien 2023
unter dem Titel *The World According to Joan Didion* bei HarperOne,
HarperCollins*Publishers*, New York

1. Auflage 2024

Deutsche Erstausgabe

Gesetzt aus der Adobe Garamond
von GGP Media GmbH, Pößneck
Druck und Bindung von GGP Media GmbH, Pößneck
Printed in Germany
ISBN 978-3-365-00620-7
www.harpercollins.de

Den J & J meiner Welt,
John und Judy.
Ich liebe dich, Dad.

Und meiner Agentin Sarah Lazin,
die mich bereits seit drei Jahrzehnten begleitet.
Ohne sie würde es dieses Buch nicht geben.

Erinnere dich, wie es war, du zu sein …

– Joan Didion, »Gedanken über das Notizbuch«[1]

INHALT

Joan Didion um 1943.

1

GOLD

Die meisten von uns erinnern sich gut an ihren ersten Didion-Moment: ein Artikel, ein Buch, ein Foto oder ein Zitat, das uns dazu brachte, mehr über diese orakelhaft wirkende Schriftstellerin wissen zu wollen. Vielleicht war es eines dieser Bilder von Julian Wasser: eine ernst dreinblickende Frau in einem langärmeligen Kleid, die an ihrer Corvette Stingray lehnt und in ihrer rechten Hand mit gespreizten Fingern eine Zigarette hält. Und du hast dich gefragt: »Ist das eine Autorin? Dann will ich auch eine sein.« Oder du warst 1979 als sinnsuchender Jugendlicher auf den Spuren der Beatniks unterwegs nach San Francisco, als deine Mutter dir die Essaysammlung *Slouching*

Towards Bethlehem (1968; dt.: *Stunde der Bestie*) zuschickte mit der Empfehlung, sich den titelgebenden Artikel durchzulesen, in dem Didion mit der Hippie-Manie von Haight-Ashbury aufräumt.* Vielleicht hast du auch einfach nur die berühmte erste Zeile aus ihrem Buch *The White Album* (1979; dt.: *Das weiße Album*) gelesen – »Wir erzählen uns Geschichten, um zu leben«[1] –, zustimmend genickt und den Bleistift gespitzt.

Dieses Zitat zählt zu den bekanntesten von Didions zahlreichen literarischen Juwelen und wohl auch zu den vieldeutigsten. Einerseits ist es eine Einladung: Durch den Gebrauch der ersten Person Plural – »wir« – wird das Publikum einbezogen und ermächtigt. Wir alle sind Geschichtenerzählerinnen und -erzähler, so die Botschaft, und wir alle verfügen über das existenzielle Menschenrecht – so grundlegend wie Nahrung, Wasser und Zuflucht –, unsere Geschichten zu erzählen. Didions Einbeziehung ihrer Leserschaft, verbunden mit ihrer Offenheit über sich selbst, ist ein Akt radikaler Großzügigkeit. Indem sie ihre eigene Geschichte erzählt, ermutigt sie uns zum Erzählen der unseren.

Doch der Essay ist, wie so viele ihrer Schriften, auch eine Anklage gegen das Potenzial der Erzählung, die Realität zu begrenzen und zu verzerren – eine Anklage, von der sich Joan selbst nicht ausnimmt. Sie ermächtigt und ermahnt uns: Geschichten können lügen. »Wir leben voll und ganz, besonders wenn wir Schriftsteller sind, indem wir nicht zu vereinbarende Bilder nach einer bestimmten Erzählweise einrichten und nach den ›Vorstellungen‹, mit denen wir die wechselnde Phantasmagorie unserer tatsächlichen Erfahrung einzufrieren gelernt haben«[2], schreibt

---

* Dies ist die Didion-Geschichte des Schriftstellers David Ulin, der nicht nur diesen, sondern auch alle weiteren Essays las und schließlich Joan Didions Gesamtwerk bei der Library of America herausgab.

sie in *Das weiße Album*. Das Erzählen war zugleich ihre Kunst und ihr Feind.

Wir leben in einer Zeit der Abwägungen darüber, wer wie und warum Geschichten erzählen darf. Didion sah sich diesem Abgrund als junge Frau am Beginn ihrer Karriere und in der Zeit ihrer Familiengründung gegenüber, und die Ehrlichkeit, mit der sie ihre Auflösung beschrieb, war ihre wie auch unsere Rettung. »Ich musste mein Leben lang gegen meine eigenen Sorgen ankämpfen, gegen meine eigenen falschen Vorstellungen, meine eigenen verzerrten Wahrnehmungen«, erklärte sie 1975 in einer Rede vor Absolventen der University of California Riverside. »Ich musste sehr hart arbeiten, mich unglücklich machen, mich von bequemen Vorstellungen verabschieden, um gesellschaftliche Realitäten zu verstehen. Mir ist, als hätte ich mein gesamtes Erwachsenenleben in einem tiefen kulturellen Schockzustand verbracht. Ich wünschte, damit wäre ich allein, aber das bin ich nicht.«

Viele ihrer Grundideen formulierte Didion zunächst in derlei Reden vor jüngerem Publikum, meist an Universitäten. Dies ist einer der Gründe, warum ihr Vermächtnis für ganze Generationen so transformativ war. Sie hat uns, im wahrsten Sinne, direkt angesprochen, ihre eigenen Erfahrungen an uns weitergegeben. »In dieser Welt zu leben, erfordert einen Willensakt, und darüber möchte ich heute reden«, erklärte sie in Riverside. »In der Welt zu leben, damit meine ich, sie wirklich zu erkennen versuchen, sie sich anzusehen, Verbindungen herzustellen. Und das ist nicht einfach, es gehört Arbeit dazu. Man muss sich selbst immer wieder bloßlegen, alles Gesehene genau erforschen, sich befreien von dem, was uns verblendet.«

Ihr Rat lautete: »Stürzt euch hinein in den Aufruhr der Welt.«

Mit ihrer journalistischen Arbeit und ihrem ersten Roman *Run River* (1963; dt.: *Menschen am Fluss*) begann Joan Didion in den 1960er-Jahren, die amerikanische Literaturlandschaft neu zu gestalten, indem sie die Aufmerksamkeit der Leserinnen und Leser weg vom Osten und hin zur untergehenden Sonne über dem Pazifik lenkte. Natürlich gab es noch andere große kalifornische Schriftstellerinnen und Schriftsteller vor, mit und nach ihr, doch die Art, wie diese Frau das echte Leben im Westen dokumentierte, hatte etwas Neues, Fesselndes, Umwälzendes. Sie schrieb über die Welt, die sie kannte – die Flüsse, Freeways, Berge, Filmstars, das Meer, Orchideen –, und zwar mit einem solchen Blick fürs Detail und musikalischen Gehör, einer derartigen Mischung aus Verständnis und Skepsis, dass wir uns an ihre Schauplätze versetzt sahen. Im Laufe ihrer siebenundachtzig Lebensjahre schrieb Joan Didion fünf Romane, Hunderte Aufsätze, von denen viele gesammelt in Buchform vorliegen, zahlreiche Drehbücher und ein Bühnenstück. Sie war eine vielfotografierte literarische Berühmtheit und Modeikone. Ihr Tod am 23. Dezember 2021 löste eine Welle an Würdigungen nicht nur von anderen Autorinnen und Autoren, sondern auch von Schauspielern, Musikerinnen, Filmemachern, Künstlerinnen, Persönlichkeiten aus der Politik sowie seitens ihrer Fangemeinde aus. Selbst diejenigen, die ihr kritisch gegenüberstehen, achten ihr Können und ihr Vermächtnis.

Didions Werke waren oft zutiefst persönlich; sie bekannte darin ihren Wahnsinn, ihre Trauer, ihre Schuld, ihre Liebe, ihr Versagen. Und dennoch hatte sie etwas Enigmatisches. Sie war sehr zurückhaltend und behielt ihr Privatleben für sich. In ihren Werken öffnete sie Fenster in ihre Welt, doch die Türen hielt sie stets verschlossen. Die Schlüssel, so scheint es, nahm sie mit sich, als sie starb. Nach Joan Didions Tod stürzte ich mich in den Aufruhr ihrer Welt. Es war ein Ort, den ich zu kennen meinte, doch ich hatte noch so viel zu lernen.

Meine eigene Didion-Geschichte ist eine der gewöhnlicheren: Auf dem College las ich »Some Dreamers of the Golden Dream« (dt.: »Sie träumen vom Goldenen Traum«), Joan Didions 1966 erschienenen Artikel über einen Mordfall in San Bernardino. Ich hatte damals eines der an meiner Schule angebotenen Journalismus-Seminare belegt, und als Grundlage diente uns die Anthologie *The New Journalism*, herausgegeben von Tom Wolfe. Normalerweise hatte ich nicht viel übrig für Krimis, aber »Sie träumen vom Goldenen Traum« war keine gewöhnliche Detektivgeschichte. Didions Thema war nicht etwa der Mord an sich, sondern das Inland Empire (ein ziemlich pompöser Name für einen östlichen Außenbezirk von Los Angeles). Das Rätsel, das Didion zu lösen versuchte, war nicht, ob Lucille Miller ihren Ehemann umgebracht hatte, indem sie ihren VW Käfer mitsamt Gordon »Cork« Miller im Inneren in Brand setzte (das stand, wie wir in der Erzählung erfahren, außer Frage). Was die Schriftstellerin eigentlich beschäftigte, ging weit über das Thema einer misslungenen Ehe hinaus.

An welcher Stelle hatte der Traum versagt?

Der goldene Traum. Der kalifornische Traum. Der amerikanische Traum. Der Traum und dessen Scheitern bestimmt einen Gutteil von Didions Werk. Sie mochte das Golden Girl aus dem Golden State sein, das den literarischen goldenen Traum lebte, doch sie erkannte auch die Dunkelheit und Gefahr der Minen. »Dies ist eine Geschichte über Liebe und Tod im Goldenen Land, und sie beginnt mit dem Land selbst«[3], lautet der erste Satz von »Sie träumen vom Goldenen Traum«. Kein klassischer Aufmacher, aber einer der bekannteren Anfangssätze in amerikanischen Briefen, der auch der erste Satz in diesem Buch sein könnte.

Didions Traum war von Schrecken gezeichnet, umrissen von schwarzen Schatten – eine Chiaroscuro-Studie. »Die Mitte hielt nicht mehr«[4], warnte die Queen des California Noir vor dem Wandel der Zeiten in ihrem 1967 erschienenen Artikel über Haight-Ashbury, »Stunde der Bestie«. Eine Anlehnung an die Worte des irischen Dichters William Butler Yeats über den Ersten Weltkrieg; an Didions eigenem Horizont drohte der Vietnam-Konflikt. Im dritten Akt ihres Lebens gab ihre Mitte tatsächlich nach – ihr Mann, der Schriftsteller John Gregory Dunne, mit dem sie vierzig Jahre lang verheiratet gewesen war, und ihre neununddreißigjährige Tochter Quintana Roo Dunne starben innerhalb von zwanzig qualvollen Monaten und ließen Joan mit siebzig Jahren als Alleinstehende in New York City zurück. Nicht länger die Träumerin im goldenen Land, sondern eine Fremde in einem fremden Land.

»Die Idee vom Golden Dream zieht sich durch ihr gesamtes Werk«, meint Steffie Nelson, die nach ihrem Umzug von New York in den amerikanischen Westen von Didions Einfluss auf die dortige Literaturszene so beeindruckt war, dass sie eine Anthologie zu diesem Thema herausgab, *Slouching Towards Los Angeles: Living and Writing by Joan Didion's Light*. »Sie erkennt dieses Potenzial – oder wie sie es nennt, den Schimmer –, aber bei dem Golden Dream geht es um Kalifornien. Die Vorstellung von einem Kalifornien der Möglichkeiten faszinierte sie, ob es nun um die Pioniere geht, die die Prärie durchqueren, um in den Westen zu gelangen, oder um aufstrebende Filmsternchen, die nach Hollywood wollen.«

Mit Pionieren und Filmsternchen kannte Didion sich aus. Sie war, genau wie vier Generationen ihrer Familie vor ihr, gebürtige Kalifornierin. Diese tiefe Verwurzelung war ein wesentlicher Teil ihrer Identität. Bereits in der achten Klasse setzte sie dieser Verwurzelung ein schriftliches Denkmal: »Diejenigen, die nach Kalifornien kamen, das waren nicht die Selbstgefälligen, Glücklichen und Zufriedenen, sondern die Verwegenen, die Rastlosen und Mutigen. Sie unterschieden sich sogar noch von denen, die sich in anderen Staaten im Westen niederließen. Sie waren nicht auf der Suche nach Heimat und Sicherheit, sondern nach Abenteuer und Geld«, schrieb sie, eine frühe Skepsis gegenüber Herrschaftsansprüchen zum Ausdruck bringend. Die Worte stammen aus ihrer Abschlussrede an der Arden School, die sich damals, im Jahr 1948, noch am landwirtschaftlichen Ostrand von Sacramento befand und heute eine öffentliche Bildungseinrichtung ist, eingebettet in ein Netz aus Taco Bell, Kaiser Permanente und Big 5 Sporting Goods.

Oft wird fälschlicherweise angenommen, Didion stamme aus Los Angeles. Und tatsächlich lebte sie vierundzwanzig Jahre lang in unterschiedlichen Gegenden der Stadt und dokumentierte sie mit so feiner Sympathie wie keine anderen Schriftstellerinnen und Schriftsteller vor ihr. Doch die Geschichte beginnt mit dem Land. Geboren und aufgewachsen ist Didion in der Hauptstadt Sacramento, die im Norden des landwirtschaftlich geprägten Central Valley und damit zugleich in der Mitte des Bundesstaates liegt. In dieser Landschaft, grün und ständig wechselnd durch den Zusammenfluss zweier Flüsse, zwischen der schneebedeckten Gebirgskette Sierra Nevada – wo viele derjenigen, die sich ansiedeln wollten, auf der Reise gen Westen den Tod fanden – und dem Küstengebirge, das zur Heimat der Weingärten und Universitäten werden sollte, ließen sich Didions Vorfahren nieder.

Der Friedhof Matthew Kilgore Cemetery liegt im östlichen Randbezirk von Sacramento, auf dem Land der ehemaligen Kilgore Ranch, wo sich heute eine typische zersiedelte Vorstadt namens Rancho Cordova erstreckt. An einem feuchtheißen Morgen im Juni 2022 sitze ich zusammen mit Jeanne Didion Huggins und John Didion, zweien der insgesamt sieben Kinder von Robert »Bob« Eldridge Didion, dem Bruder von Joans Vater Frank »Sonny« Reese Didion, unter einer Eiche. Das Blätterdach bietet ein wenig Schutz vor der berüchtigten Hitze des Central Valley, die um die Mittagszeit an die 38 Grad erreicht. Die beiden, die ihre Cousine immer noch »Joanie« nennen, erzählen mir die Geschichte der nur fünfzehn Meter weiter begrabenen Kilgore-Vorfahren. Winzige Eicheln fallen hin und wieder auf unseren Picknicktisch, während sie mir das gebundene Buch zeigen, das die Aufzeichnungen eines dieser Vorfahren von der Durchquerung der Sierra Nevada zum goldenen Land enthält.

»Viele, die nach Kalifornien kamen, haben Tagebuch geführt, es war eine so große Unternehmung«, erzählt Huggins. »Ihnen war durchaus bewusst, dass sie an einem historischen Abenteuer teilnahmen. Ich weiß nicht, ob man in meiner Generation noch zu so etwas in der Lage gewesen wäre.« In der geneigten Handschrift des Tagebuchs, das aus dem 19. Jahrhundert stammt, erkenne ich einen Vorläufer von Joans Notizbüchern, von denen ich eines erst vorgestern in der Joan-Didion-Sammlung der University of California, Berkeley, durchgeblättert habe.

1850, im selben Jahr, in dem Kalifornien zum Bundesstaat wurde, erlangte Sacramento als erste Stadt Kaliforniens den Status einer selbstständigen Kommune. Bevor ein Schweizer Hochstapler namens Johann August Sutter die mexikanische Regierung 1839 davon überzeugte, ihm knapp 20 000 Hektar Land nahe der Mündung des American River in den Sacramento River zu übertragen, war das Gebiet von den Maidu, Patwin Wintun und Miwok bevölkert, die in dieser launenhaften Umwelt über das nötige Improvisationstalent verfügten und deren Ernährung auf dem Kleinsten basierte, das die Natur zu bieten hatte: Eicheln. Die indigenen Stämme versuchten nicht, das

Land zu kultivieren oder zu kontrollieren; sie befolgten die Gesetze des Wassers und wussten, dass die Natur auf ihre eigene Art Nahrung bereitstellte: weiche Proteine umhüllt von einer harten Schale mit lustigen kleinen Hütchen.

Doch die Siedler hatten andere Pläne. Im Jahr 1840 errichtete Sutter hier ein typisch europäisches rechteckiges Fort. Einen Krieg gab es nicht, einmal abgesehen von der Invasion in bewohntes Land. Heute bildet Sutter's Fort einen State Park im Herzen von Sacramento, der regelmäßig von Schulkindern besucht wird, die in den alten Steinöfen Plätzchen backen und auf demselben Grund und Boden wandeln, auf dem einst indigene Menschen in Sklaverei leben mussten. Auch Didion muss bei einem dieser Ausflüge dabei gewesen sein – wie in ihrer passionierten Abschlussrede deutlich wird, war ihre Verbindung zur Besiedlung der Stadt für sie eine Quelle kindlichen Stolzes. Sutter war ein gewiefter Kapitalist, der sich immer auf die Seite derer schlug, die das Sagen hatten: erst der mexikanischen Regierung, dann der Vereinigten Staaten von Amerika. Sutter's Fort nahm eine wichtige Stellung westlich der Bergpässe ein, durch die immer mehr Wagenzüge kamen. Als Tor für Einwandernde bot das Fort einer wachsenden Anzahl von Siedlerinnen und Siedlern, darunter auch Didions Vorfahren, Unterkunft und Versorgung.

Aus dem Rinnsal wurde ein stetiger Zustrom. 1848 entdeckte der Zimmermann James Marshall, der für Sutter eine Mühle am South Fork des American River baute, etwas Glitzerndes im Wasser. Er kratzte an dem gelben Stein. Er war weich. Danach gab es für die Maidu, Patwin Wintun und Miwok keine Hoffnung mehr.

Der Golden State trägt seinen Namen nicht nur dank der Art, wie das Licht auf die Pazifikküste fällt, dank der goldgelben

Mohnfelder oder der Farbe der von der endlosen Sommersonne gebleichten grasbewachsenen Hügel. Das Edelmetall Gold ist das offizielle Staatsmineral von Kalifornien. »Heureka«, das griechische Wort für »Ich habe es gefunden« und der Überlieferung nach Marshalls Ausruf, als er die Goldklumpen als solche erkannte, steht auf Kaliforniens Siegel, seit es im Jahr 1849 entworfen wurde. Innerhalb von vier Jahren nach Marshalls Entdeckung stieg die Zahl der sich ansiedelnden Menschen im Staat von 14 000 auf 250 000 an, während die indigene Bevölkerung vertrieben und vernichtet wurde. Die Siedler kamen des Goldes wegen und blieben des Wetters, des Lichts, der Blumen wegen.

Der goldene Traum war ein Traum vom Gold.

Als Erwachsene begriff Joan Didion diese Ursprungsgeschichte ziemlich gut. Tatsächlich wurde Expansionismus, der Gedanke des sogenannten »Manifest Destiny«, zum zentralen Thema ihrer Arbeit. Wie mir David Rieff, der Sohn der berühmten Schriftstellerin Susan Sontag, erklärte, war »das amerikanische Imperium eines ihrer großen Themen. Sie hatte es durchschaut. In mancherlei Hinsicht war Joan immer eine Insiderin. Das amerikanische Establishment war ihr Material.«

Ihr Thema war das Inland Empire.

Ihr Thema war das American Empire.

Im Jahr 1948, ein Jahrhundert nach Marshalls Heureka-Moment und in einer Schule, die nur eine kurze Joggingrunde vom Niederlassungsort ihres Ururgroßvaters Matthew Kilgore entfernt war, schwelgte Didion in ihrer »Pionier«-Vergangenheit. Deren Ursprung verortet sie in der als »Mother Lode« oder Hauptader bezeichneten erzreichen Sierra-Nevada-Region, wo »tagsüber Gold gegraben und nachts getanzt wurde«, wie sie in ihrer Abschlussrede schrieb. Mit ihren dreizehn Jahren war ihr mehr an der Lektion über harte Arbeit gelegen als über die Enteignung von Gütern und Land. »Wie leicht wäre es, sich zurückzulehnen und das Resultat der Vergangenheit zu genießen. Aber das dürfen wir nicht. Wir dürfen nicht innehalten und uns zufriedengeben. Wir müssen unserem Erbe gerecht werden, nach Besserem und Höherem für Kalifornien streben.«

Joans Abschlussrede ist uns bekannt, weil sie einen Auszug davon in *Where I Was From* (2003; dt.: *Woher ich kam*) veröffentlichte, dem Buch, worin sie ihre eigene Vereinnahmung der Golden-State-Narrative rigoros auseinandernimmt. Worin sie nach Besserem und Höherem strebt, indem sie mit dem Mythos vom Erbe aufräumt.

Was ich mitunter am meisten an Joan Didion bewundere, ist ihre Fähigkeit, sich der Zufriedenheit entgegenzustellen. Zuzuhören. Sich zu verändern. *Woher ich kam*, nicht *Woher ich komme*. Jedes ihrer Worte ist mit der Präzision einer Maschine gewählt.

Joan Didion wurde am 5. Dezember 1934 im Mercy Hospital in Sacramento geboren. Es war der Höhepunkt der Großen Depression. Sie war das erste Kind von Frank und Eduene, ihr Bruder James (auch Jim oder Jimmy genannt) kam fünf Jahre nach ihr auf die Welt. Ihre ersten Lebensjahre verbrachte sie in bescheidenen Häusern in den zentral gelegenen Vierteln Curtis Park und Poverty Ridge (ein Name aus den Anfangszeiten Sacramentos, bevor die Wohngegend von komfortablen zweistöckigen Häusern dominiert wurde). Eichen, Weiden, Eukalyptusbäume, Kiefern und Platanen säumen die breiten, überwiegend im Raster angelegten Straßen. Mit Ausnahme von ein paar Jahren während des Zweiten Weltkriegs, in denen ihr Vater als Buchhalter für die Armee an verschiedenen Orten der Vereinigten Staaten stationiert war, wuchs Joan hier, in der als »City of Trees« bekannten Stadt auf.

»Ich bin in Sacramento geboren und habe den Großteil meines Lebens in Kalifornien verbracht. Ich lernte schwimmen im Sacramento und American River, bevor die Staudämme gebaut wurden. Ich lernte Autofahren auf den Deichen des Sacramento River«, schreibt sie in *Woher ich kam.* Sie besuchte öffentliche Schulen und ging in die Bücherei im Stadtzentrum zum Lernen. 1953 verließ sie die Stadt, um für vier Jahre an der University of California, Berkeley, zu studieren, und zog anschließend nach New York, wo sie acht Jahre lang bei Zeitschriftenverlagen arbeitete. Sie kehrte nach Kalifornien zurück und lebte vierundzwanzig Jahre lang als Schriftstellerin in L.A., bevor sie wieder nach New York ging, wo sie die letzten dreiunddreißig Jahre ihres Lebens verbrachte. Auch wenn sie nach dem Studium nie wieder in Sacramento wohnte, kehrte sie doch regelmäßig dorthin zurück, um an Feiertagen oder Geburtstagen ihre Eltern zu besuchen, bis Frank und Eduene irgendwann im hohen Alter mit Jim nach Carmel zogen.

Der 2017 erschienene Film *Lady Bird* von Greta Gerwig erzählt die Geschichte einer kreativen, rastlosen jungen Frau, gespielt von Saoirse Ronan, die Sacramento verlassen möchte und sich heimlich für ein Studium an der Ostküste bewirbt. Der Film beginnt mit einem Didion-Zitat: »Wer von kalifornischer Genusssucht spricht, hat noch nie Weihnachten in Sacramento verbracht.«

Als Erwachsene kehrte Didion auch zum Schreiben hierher zurück, und zwar in das große Haus in Fair Oaks, in das ihre Eltern während ihrer Teenagerjahre gezogen waren. Der Ort lag damals noch am östlichen Stadtrand und bildet heute einen vornehmen Außenbezirk zwischen der Arden School und dem Kilgore Cemetery. Als ich einmal dort vorbeifuhr, sah ich ein paar Häuser weiter eine Schar wilder Truthähne umherziehen.

Wildtiere auf den Rasenflächen sind hier kein ungewöhnlicher Anblick. An dem Tag, an dem ich Robert Weidner, Didions Freund aus Unizeiten, in seinem Haus nördlich von San Francisco besuchte, stand draußen in der Einfahrt ein Reh mit zwei Kitzen, als ich gerade fahren wollte. Das eine sah uns noch eine Weile neugierig an, bevor es zu seiner Familie davonsprang.

Eines schönen nachmittags im Sommer nach Didions Tod fuhr ich über den Pacific Coast Highway nach Trancas, dem Stadtteil von Malibu, in dem sie von 1971 bis 1978, mit Ende dreißig und Anfang vierzig, gewohnt hatte. Orte waren ihr beim Schreiben nicht bloß Schauplätze, sondern vielmehr Persönlichkeiten, deren Einfluss auf Menschen und Ereignisse sie lebhaft schilderte. Auch die Epochen ihres eigenen Lebens lassen sich anhand von Orten einteilen – Zeit und Raum bilden eine Einheit. Von all ihren Wohnorten – Sacramento, Berkeley, Manhattan, Portuguese Bend, Franklin Avenue, Brentwood Park, wieder Manhattan – ist mir Trancas der Inspirierendste, Verlockendste. Hier wohnte sie mit ihrem Mann und ihrer Tochter in einem Haus auf einer Klippe, zwischen dem Pacific Coast Highway und dem Ozean. Ein südkalifornisches Leben wie aus dem Bilderbuch: das Meer, Prominente, ein Sportwagen und eine kleine Gruppe kreativer Freunde, darunter ein gutaussehender Handwerker namens Harrison Ford. (Halten Sie hier einen Moment inne und stellen sich vor, wie der künftige Han Solo in Ihrer hippen Malibu-Hütte beim Reparieren herumwerkelt.) Als berühmte Schriftstellerin und Journalistin bekam Didion Besuch von Nachrichtensendern, die sie mit dem rauschenden Meer im Hintergrund interviewten. Das große Wohnzimmer hatte rote Terrakotta-Fliesen, weiße Wände, eine Redwood-Decke und eine zum Meer ausgerichtete Glaswand. Das hereinfallende Sonnenlicht, erklärte sie, sei so hell gewesen, dass sie nach und nach all ihre Stühle in dunkle Ecken verschoben hätten.

»Sie lebten dort einfach in ihrer eigenen Szenerie und Szene, jeder war da«, erzählt Katrina van den Heuvel, Chefredakteurin der US-amerikanischen Zeitschrift *The Nation*. Deren Mutter, die Schriftstellerin Jean Stein, mietete 1973 – dem Jahr der Watergate-Verhandlungen – ein Haus in Trancas. Joan und Jean besuchten einander, was sie für den Rest ihres Lebens beibehielten. »Sie waren an der frischen Luft und aßen mit Blick aufs Wasser.«

Malibu ist sowohl eine millionenschwere Strandvillenoase von Film- und Musikstars als auch ein Paradies für Surfer und Surferinnen, die ihre Freizeit zwischen Van und Wellen verbringen. Ganze Abschnitte der felsigen Küste sind für die Allgemeinheit nicht zugänglich, obwohl das Bundesgesetz und zahlreiche Gerichtsurteile den öffentlichen Zutritt zum gesamten Küstenbereich garantieren. Der aus Michigan stammende Architekt John Lautner baute hier einige seiner beeindruckendsten Häuser, Betongebilde mit Felswänden im Wohnzimmer. Doch es gibt auch genügend Stellen, wo einfache Leute wie ich mit den Füßen ins Wasser können: den für seine legendären Surfspots bekannten Zuma Beach oder kleinere öffentliche Strände wie El Sol und El Matador. Von hier bis Big Sur gibt es zahlreiche Küstenabschnitte, an denen man einfach zwischen der Straße und dem Pazifik halten und von Sonnenauf- bis Sonnenuntergang surfen kann.

In Songs der 1970er-Jahre wird dieser idyllische Lebensstil romantisiert: »Ventura Highway« von America (1972) (»Where the days are longer/The nights are stronger/Than moonshine«), »Summer Breeze« von Seals and Crofts (1972) (»Blowin' through the jasmine in my mind«) und »It Never Rains in Southern California« von Albert Hammond (1972) (»But girl, don't they warn ya/It pours, man it pours«). Das beliebteste Spielzeug junger Mädchen in meinem Alter – Quintanas Alter – war die Malibu-Barbie: eine sonnengebräunte, blonde Modepuppe mit schickem Outfit und Strand-Van.

Mir ist klar, dass all das – Strände, Glamour, Berge, Brandung – ein kalifornisches Klischee darstellt: überdeterminiert, romantisiert, privilegiert. Dennoch nimmt diese Topografie eine wichtige Rolle im Mythos meiner eigenen Kindheit ein: Es ist ein Ort, der mich nachhaltig geprägt hat. Eine meiner ersten Erinnerungen ist eine Fahrt entlang dieser Küstenstraße, mit meinem Bruder, meinen Eltern und Jackie, einer alleinstehenden, sportlichen, abenteuerlustigen Frau am Steuer, die, wie ich später erfahren sollte, Mums lesbische Freundin war. Während Jackie den zweispurigen Freeway entlangkurvte, streckten Brett und ich den Kopf aus dem Fenster wie zwei Hunde und atmeten die Sommerluft ein. Diese Fahrt war für mich ein Erlebnis reiner, unbändiger Freude, ein damals für uns allzu seltenes Gefühl. Als ich vier Jahre alt war, zogen wir von L.A. in eine Kleinstadt in Wisconsin. Meine Erinnerung an diese Küstenfahrt muss von einer frühen Rückkehr an meinen Geburtsort stammen, zur selben Zeit, da die Didion-Dunnes nach Trancas zogen. Malibu ist mein verlorenes Paradies, mein goldener Traum. »Wenn ich Sorgen habe, denke ich ans Meer«, notierte sich Joan 1970 während der Arbeit an ihrem Roman *Play It As It Lays* (dt.: *Spiel dein Spiel*) über eine Frau, die durch Südkalifornien fährt.

Als ich als Erwachsene nach Malibu zurückkehre, Jahrzehnte älter als meine Eltern damals in diesen Hundstagen, sind die Glücksgefühle sofort wieder da. Ich nehme die Kurven des Pacific Coast Highway, spüre das Salz auf der Haut, den Wind im Haar. Trancas liegt im nördlichsten Teil von Malibu. Nach Santa Monica sind es über dreißig Kilometer, bei starkem Verkehr bestenfalls eine Stunde Fahrtzeit. Weit genug, dass sich die Didion-Dunnes (wie sie genannt wurden) ins Beverly Wilshire einmieteten, wenn sie beruflich nach L.A. mussten. Die Atmosphäre hier draußen am Fuße der Santa Monica Mountains ist eher ländlich als städtisch und dürfte der Frau, die an Flüssen und Dämmen aufgewachsen ist, vertraut gewesen sein. Das hiesige Einkaufszentrum, ein Gebäudekomplex aus Holz, in dem Joan ihre Einkäufe erledigte und Neuigkeiten mit den Nachbarn austauschte, trägt den Namen Trancas Country Market, wobei die angebotenen Waren allerdings nur für ziemlich gut Betuchte erschwinglich sind. Die Geschichte beginnt mit dem Land.

Ich halte beim El Pescador State Beach, einem staatlich geschützten Strand etwa einen Kilometer vor Didions Haus in Trancas. Auf dem Parkplatz stehen nur ein paar wenige Autos. Ein kurzer Fußweg führt hinunter zum Strand. Das Wasser ist aquamarin, der Sand weiß, der Himmel azurblau. Es ist ein relativ windstiller Sommertag und das Meer zwar etwas wärmer als in meinem Wohnort San Pedro, aber doch ziemlich frisch, als ich in eine Welle eintauche. Es ist schwer zu beschreiben, wie unglaublich friedlich und schön die kalifornische Küste sein kann: Meer und Himmel sind unendlich weit und blau, frei von Verschmutzung, Lärm, Negativität. Wir sind ein Dutzend Leute in der kleinen Bucht, die zu beiden Seiten von zurückhaltend anmutenden, exotischen Häusern eingefasst ist, die, obwohl sie den öffentlichen Blick herausfordern, ihn dennoch zu vermeiden suchen. Wenn Sie Natur lieben, so wie ich, so wie Joan – die von sich behauptete, dass sie das Wohnen mit Meerblick immer geliebt hat –, ist es eine wahre Idylle.

Dennoch sollte Joan Didion ihr Paradies verlassen, erst für Tage und Wochen, dann für immer. Sie suchte ihren Jackpot in der journalistischen Erkundung fremder Orte, Menschen und Kulturen. Sie war eine kleine Frau mit enormer intellektueller Neugier, die sie zu Abenteuern fernab von Sacramento führte. Sie interviewte The Doors und Joan Baez, schrieb Drehbücher für Barbra Streisand und Al Pacino. Im Amerika der 1960er-Jahre stellte sie sowohl die Polizei als auch die Gegenkultur an den Pranger. Sie wohnte der Sektion von Leichen in Miami bei. Im kriegszerstörten El Salvador kamen die Toten erst gar nicht bis ins Leichenschauhaus: Sie sah sie halb von Tieren gefressen auf den Straßen verwesen oder am Fuß von Berghängen liegen. In Hawaii schaute sie zu, wie eine Familie im Punchbowl Crater, dem Krater eines erloschenen Vulkans, ihren in Vietnam gefallenen Sohn beisetzte. Sie durchbrach die oberflächliche Rhetorik von Gerichtsverhandlungen von Riverside, Kalifornien, bis New York City. Sie nahm es mit Königen und Königsmachern auf: Ronald Reagan, Bill Clinton, George W. Bush, Dick Cheney, Martha Stewart. Als viele publizistisch Tätige in als Patriotismus getarntes Schweigen verfielen, machte sie darauf aufmerksam, wie die Bush-Regierung die Anschläge vom 11. September dazu nutzte, ihre reaktionäre Agenda von Kriegstreiberei und Zensur durchzusetzen. Zugleich pries sie den Sieg des Schönen über das Banale, ob in der Kunst von Georgia O'Keeffe und Robert Mapplethorpe, den Werken von Ernest Hemingway und Elizabeth Hardwick oder den Orchideen von Amado Vazquez, ihrem Freund aus Malibu.

Didion gelang es, Ereignisse zu durchschauen und zu einem tieferen, oft unbeständigen Kern vorzudringen – und zwar nicht, indem sie viele Fragen stellte, sondern durch Abstand und Beobachtung. »Sie konnte wirklich zuhören!«, erzählte mir 2022 der Fotograf Julian Wasser, dessen Didion-Aufnahmen das studentische Wohnheimzimmer so mancher aufstrebender Autorin schmücken und für ihn selbst eine berufliche Goldader darstellten, wenige Monate vor seinem Tod. »Sie hat nicht geredet, sondern beobachtet.« Die Fähigkeit, mit der eigenen Umgebung zu verschmelzen, um eine Szene genau zu betrachten, war einer der Schlüssel zu Didions Erfolg. Wie sie in der Einleitung zu ihrer ersten Aufsatzsammlung, *Stunde der Bestie*, schrieb: »Mein einziger Vorteil als Reporterin ist, dass ich von so kleiner Gestalt bin, von so unaufdringlichem Wesen und in geradezu neurotischer Weise um Worte verlegen, dass die Leute eher vergessen, wie sehr meine Gegenwart ihren persönlichen Interessen zuwiderläuft.«[5]

Die Rache der Introvertierten.

In Tom Wolfes *The New Journalism* (1973) wurde Didion als nur eine von zwei Frauen erwähnt (die andere war Barbara Goldsmith). Wolfe verkündete in der Einleitung, dass die in seinem Buch genannten Autoren »den Roman als Spitzenreiter unter den literarischen Gattungen vom Thron stoßen und damit erstmals seit einem halben Jahrhundert einen Richtungswechsel in der amerikanischen Literatur einläuten«. Doch dies war in erster Linie eine Revolution der weißen Männer; ein neuer Journalismus, der sich vom alten in nichts unterschied. Zwar wurde mit Genreüberschreitungen und immersiver Berichterstattung experimentiert, doch der Journalismus der 1960er war im Grunde eine Männerparty. Indem sie über Verbrechen, Bürgerkrieg, Drogen, Politiker und Rockstars berichtete, ebnete Didion den Weg für Schriftsteller, für Kalifornier und für Frauen.

Didion hatte ein sicheres Gespür für die feinen Details, ein Gehör für das perfekte Zitat. 1967 fuhr sie nach San Francisco, um dahinterzukommen, was es mit all den jungen Leuten auf sich hatte, die ihre Heimat verließen und zu Tausenden in den Stadtteil Haight-Ashbury pilgerten. Man sprach vom »Summer of Love«, doch Didion begegnete der Szene mit einem essenziellen journalistischen Werkzeug: Skepsis.

Statt einfach nur in Ämtern und Pressestellen tätige Personen zu interviewen (was sie durchaus auch tat), begab sie sich an die Treffpunkte und in die Wohnungen der jungen Leute, die dem neuen Lebensstil auf der Spur waren. Dieses Eintauchen in das tatsächliche Leben der Individuen anstelle des Rückgriffs auf bestehende Ansichten oder Interviews läutete tatsächlich eine neue Form von Journalismus ein. »Als ich in jenem Spätfrühling 1967 das erste Mal nach San Francisco kam, wusste ich nicht einmal, was ich dort herausfinden wollte, und so sah ich mich einfach eine Zeitlang um und schloss ein paar Freundschaften«[6], schrieb sie. Über Wochen hinweg spielte sie Mäuschen.

Das Resultat, »Stunde der Bestie«, ist ein Bravourstück der altbekannten Schreibregel »Show, don't tell« (Zeigen statt Erzählen). Joan umreißt immer neue Szenen mit Musikern, Künstlerinnen, Polizisten, Veranstaltern, jungen Leuten und den Kindern junger Leute, die sich unter anderem in einem Verhörraum, einem Ort namens Warehouse und bei einem Konzert von Janis Joplin mit Big Brother and the Holding Company abspielen. Didion erklärt nicht, sie beschreibt, und zwar oft in einem Bewusstseinsstrom, der einen LSD-Trip nachzuahmen scheint: »Sie sind alle hübsch, zwei haben noch Babyspeck, und eine tanzt allein mit geschlossenen Augen«[7], beschreibt sie die Mädchen, die mit den Rockbands abhängen. Sie lässt ihre Objekte auch selbst zu Wort kommen. »Seit ein paar Monaten hab ich jetzt 'ne Alte, vielleicht macht die mir was Besonderes zum Abendessen, und ich komm drei Tage lang spät nach Haus und sag ihr, ich hab 'ne andere gevögelt, na ja, vielleicht schreit sie 'n bisschen rum, aber dann sag ich: ›So bin ich halt, Baby‹, und dann lacht sie und sagt: ›So bist du, Max.‹«[8]

»Stunde der Bestie« ist zugleich einfühlend und erschreckend: ein Bild der Gegenkultur nicht als Revolution, sondern als Dissolution. Joan stürzte sich in den Aufruhr der Welt, sah sich alles genau an und schrieb es auf.

In dem 2017 erschienenen Dokumentarfilm *Joan Didion: The Center Will Not Hold* (dt.: *Joan Didion: Die Mitte wird nicht halten*) beschreibt Didion das Heureka-Erlebnis bei ihrem Interview mit Susan. Die Fünfjährige trug weißen Lippenstift und war im »High-Kindergarten«, wie das Kind es ausdrückte. Susan war auf einem LSD-Trip.

Dies war der journalistische Jackpot, die Enthüllung, die Didion für die vielen Wochen geduldiger Beobachtung entlohnte und das düstere Fundament hinter der fadenscheinigen »Love and Peace«-Rhetorik bloßlegte.

»Es war reines Gold«, erzählt Joan den Filmmachern mit einer Geste ihrer langen dünnen Arme, die von Altersflecken übersät sind, und ein kleines Lächeln erhellt das vertraute, mittlerweile von Falten gezeichnete Gesicht. »Für solche Momente lebt man, wenn man an etwas schreibt.«

2

NOTIZBUCH

Joan Didions Korrespondenz mit der Welt begann im Alter von fünf Jahren. Das staubige Haus in dem ruhigen Viertel von Sacramento beherbergte zwar ihren Körper, doch ihr ruheloser Geist war unterwegs zu fernen Orten. Als sich ihre Mutter um Joans kleinen Bruder kümmern musste und ihr nicht mehr die gewohnte Aufmerksamkeit schenken konnte, drückte sie, die ehemalige Bibliothekarin, ihrer Großen kurzerhand einen Schreibblock in die Hand, »mit dem vernünftigen Vorschlag […], ich solle aufhören zu quengeln und lieber lernen, mich zu amüsieren, indem ich meine Gedanken aufschrieb«[1], wie sich Didion später in »On Keeping a Notebook« (1966; dt.: »Gedanken über das Notizbuch«) erinnert. Und so begann Joan Didion zu schreiben.

Ihr erster Eintrag in jenem ersten Notizbuch war eine kurze Geschichte, worin die Protagonistin in der Arktis einschläft und erfriert, nur um in der Sahara aufzuwachen und dort in der Mittagshitze zu sterben. Wie Didion selbst bemerkte, zeigt dieser erste Versuch im fiktionalen Schreiben »einen gewissen Hang zum Extremen, der mich bis ins Erwachsenenleben verfolgt hat«[2]. Die fünfjährige Didion hatte ihre großen Reisen noch vor sich. In ihrer Heimatstadt Sacramento, wo die Temperatur im Sommer regelmäßig an die vierzig Grad erreichte und die Regenfälle im Winter den Sacramento und American River über die Ufer treten lassen konnten, müssen ihr Tundra und Wüste als verlockende, wenn auch gefährliche Alternativen erschienen sein. Die eigenen Gedanken niederzuschreiben, wurde für sie mehr Berufung als Zeitvertreib. Im Laufe der folgenden acht Jahrzehnte sollte Didion eine der angesehensten Stimmen ihrer Generation werden, bekannt vor allem für ihre besondere Fähigkeit, über Orte zu schreiben.

Ich stelle mir die Hand vor, die den Stift hielt: lange, ausdrucksstarke Finger, helle Haut, manikürte Nägel. Didion hatte eine geneigte Handschrift, in der die Buchstaben nicht immer verbunden waren. Hier und dort verrät eine Lücke im Wort, dass sie dort, nur ganz kurz, den Stift abgesetzt hat – um dann den Schreibfluss wieder aufzunehmen. Sie schrieb meist mit Tinte, manchmal mit Bleistift, in ihren Briefen mit leicht kursiver Schrift und herrlich geschwungenen *P*s, *Q*s, *D*s, *J*s und *R*s: eine unverkennbare Handschrift, die in ihren vielen Briefen und Dankeskarten gut lesbar ist, in ihren eigenen Notizen, Aufzeichnungen und Revisionen getippter Manuskriptseiten eher weniger.

Joan Didion schrieb und schrieb. Worte wurden immer und immer wieder überarbeitet. Ein Blick in die ersten Entwürfe ihrer großen Werke – *Stunde der Bestie, Das weiße Album, Miami, After Henry* (1992; dt.: *Nach Henry / Sentimentale Reisen)* – macht demütig; zugleich ist es beruhigend, den Vorgang aus Imagination, Selbstzweifel, Kürzung und Überarbeitung vor Augen zu haben. Die Worte sind nicht perfekt geordnet aus Joan Didions Kopf hervorgesprungen und fein säuberlich auf dem Papier gelandet. Ganze Passagen sind gestrichen. Didions Sorgfalt wird ersichtlich im Endprodukt. Dahin zu kommen, kostet Zeit und Arbeit: Notizen machen. Abtippen. Getippte Seiten mit roter Tinte, blauer Tinte oder auch mit Bleistift redigieren. Wieder abtippen. Und das Ganze von vorn.

Es ist zugleich einschüchternd und inspirierend, ihre Unterlagen durchzusehen.* IHRE Unterlagen. Die handgeschriebenen Notizen, die immer neu abgetippten Entwürfe. Auf linierten gelben Seiten. Auf Grußkarten. Auf cremeweißem, blauem und gelbem Schreibmaschinenpapier. Auf der Rückseite von Visitenkarten, Umschlägen und Wiedergabelisten von Flugzeug-Entertainment-Systemen. Notieren. Revidieren. Auf den Punkt bringen. Ein so vertrauter und doch so eindrucksvoller Prozess. Der breite linke Rand ihrer getippten Seiten, das knittrige Velinpapier. Seiten mit rechteckigen Ausschnitten. An andere Seiten geheftete Ausschnitte getippter Notizen. Ein ständiges Überlegen. Überarbeiten. Der Prozess hinter dem vertrauten Resultat. Der Blick hinter die Kulisse.

Ein ausgeschnittener Zeitungsartikel über das Massaker auf

---

* Die Manuskripte und Notizen zu ihren ersten Büchern bis einschließlich *After Henry* (1992) werden in der Bancroft Library in Berkeley aufbewahrt. Weiteres Material wurde nach ihrem Tod durch die New York Public Library erworben und wird ab 2025 für die Öffentlichkeit zugänglich sein.

den Jungferninseln. Ein abgeschriebenes Pablo-Neruda-Gedicht über die Müdigkeit, laut Didions Anmerkung aus einem *Esquire*-Magazin von 1974. Ein Stück Notizpapier mit zwei handgeschriebenen Sätzen: »Ich habe mir immer gewünscht, unter Wasser zu leben« und »Wenn es mir nicht gut geht, denke ich ans Meer«. Ein Brief mit maschinengeschriebenen Anmerkungen von ihrem geliebten Herausgeber Henry Robbins: »Schau dir doch bitte die ersten Absätze auf S. 2–3 nochmal genauer an.« Anmerkungen von »JGD«, ihrem Mann John Gregory Dunne: »Sie sollte die Zigarette eher abklopfen als ausdrücken.« Hier und da ein brauner Fleck am Papierrand: Kaffee? Cola? Bourbon?

Die Sätze entwickelten sich. In *Spiel dein Spiel*, Didions zweitem, 1970 erschienenen Roman, geht es um eine Schauspielerin, Maria, die einen Nervenzusammenbruch erleidet. Ein früher Handlungsentwurf beschreibt Marias erste Filmrolle wie folgt: »Sie spielt eine junge Surferin, die das Surfen aufgibt und ihre Noten verbessert, nachdem sie von den Mitgliedern einer Motorradgang vergewaltigt wurde.« Diese Hintergrundgeschichte wird in den folgenden Entwürfen immer weiter reduziert bis zur veröffentlichten Version: »Ein Mädchen, das von den Mitgliedern einer Motorradgang vergewaltigt wurde.« Warum? Die Anmerkungen bieten keine Erklärung für diese Kürzung der Geschichte. Was war die Ausgangsidee und warum wurde sie geändert? Bestrafte Didion das Mädchen dafür, dass es lieber surfen ging als zur Schule? Oder kritisierte sie diese Art sexistischer Hollywood-Klischees? Erschien ihr die Kritik aussagekräftiger, wenn sie prägnant und somit generalisiert war? Bei Didion wurden keine Worte verschwendet, man verdiente sie sich.

Pauschale Antworten oder offensichtliche Substantive vermied Didion gewissenhaft. Um den »Schimmer« zu definieren, der laut ihrem 1976 erschienenen bahnbrechenden Essay »Why

I Write« (dt.: »Warum ich schreibe«[3]) die Bilder in ihrem Kopf umrahmt, ging sie eher noch näher heran, statt herauszuzoomen. Nie die einfache Erklärung wählen. Oder wie Jim Morrison, eine der bekanntesten Personen, die sie zum Gegenstand ihres Schreibens machte, sang: *Break on through to the other side.*

Unter den Notizen zu *Spiel dein Spiel* befindet sich ein abgerissener linierter Zettel. Darauf steht oben unterstrichen der Name »Maria«. Die ersten zwei Sätze sind schwer zu lesen – »Als kleines Mädchen …«, lautet der Anfang –, doch der letzte Satz ist klar erkennbar: »Es ist schlimm, an der Westküste Amerikas deprimiert zu sein.«

Seit dem Tag, an dem ihre Mutter ihr den Notizblock schenkte, verspürte Didion »den Zwang […], Dinge aufzuschreiben«[4]. Im Laufe der Jahre beschrieb sie Hotelpapier, Manuskriptränder, und ja, Notizbücher. Tagebücher waren das nicht. »Wer ein Notizbuch führt, ist von einer ganz anderen Sorte«, schrieb sie 1966. »Der Sinn meines Notizbuches war also nie und ist es auch heute nicht, ein akkurates Tatsachenprotokoll dessen zu haben, was ich getan oder gedacht habe. Das wäre ein völlig anderer Impuls, ein Instinkt für die Wirklichkeit, um den ich andere zuweilen beneide, den ich aber nicht besitze.«[5] Vielmehr brachte sie Gedanken, Zitate, Vorstellungen zu Papier. Sie hielt fest, was in ihrem Kopf geschah, nicht die Realität. »*Erinnere dich, wie es war, du zu sein:* nur darum geht es immer.«[6]

Joan Didion war eine wahre Schriftstellerin, eine Meisterin ihrer Kunst. Es ist kaum verwunderlich, dass ihr Tod am 23. Dezember 2021 im Alter von siebenundachtzig Jahren eine ganze Welle an Nachrufen, Ehrungen, Tweets und Memes ausgelöst hat, gefolgt von der unvermeidlichen Gegenreaktion. Sechs Monate nach ihrem Tod war Didion auf den Titelseiten drei verschiedener Zeitschriften erschienen (*The Atlantic*, *Alta* und *Document*). Sie hatte ganze Generationen dazu inspiriert, zu genauen Beobachtern der Welt, unerbittlichen Reporterinnen, unsentimentalen Kritikern, innovativen Erzählerinnen und peniblen Stilisten zu werden. Sie verfasste Memoiren, Drehbücher, Literatur und Essays und war Mitbegründerin des literarischen Journalismus. Obwohl sie Gedichte liebte und in ihren eigenen Werken gern zitierte – allen voran das titelgebende Yeats-Gedicht in *Stunde der Bestie* –, verfasste sie selbst, soweit mir bekannt ist, nur ein Gedicht, und zwar für Dunnes Buch *Vegas*. Den größten Erfolg erreichte sie in ihrem dritten Akt mit dem Memoir-Bestseller *The Year of Magical Thinking* (dt.: *Das Jahr magischen Denkens*), das 2005 mit dem National Book Award ausgezeichnet wurde, und sie blieb solange schriftstellerisch tätig, bis sie durch ihre Parkinsonerkrankung ihrer Bewegungs- und Sprechfähigkeit beraubt war.

Andere Autorinnen und Autoren bewundern Didion für ihren sprachlichen Ausdruck, der zugleich originell und präzise war. Selbst die, die ihre politische Haltung hinterfragen, erkennen ihre künstlerische Fähigkeit an. Jedes Wort hat seinen Grund und jeder Grund sein Wort, und sie alle sind unvergleichlich und unverkennbar Didion. Noch dazu verband sie ihre Worte zu einem musikalischen Fluss, der ebenso mitreißend wie kontrolliert ist. »Grammatik ist ein Klavier, das ich nach Gehör spiele, denn in dem Jahr, da die Regeln erklärt wurden, habe ich wohl in der Schule gefehlt«, erklärte sie in »Warum ich schreibe«. »Was ich von Grammatik verstehe, ist allein ihre grenzenlose Macht. Durch eine Veränderung der Satzstruktur verlagert sich die Bedeutung dieses Satzes so klar und eindeutig, wie die Position einer Kamera die Bedeutung des fotografierten Objekts verändert.«

Doch die Verehrung Didions unter Schreibenden ist mehr als nur Idolatrie: Sie inspiriert zur Nachahmung. Auch wenn ihre politischen Ansichten manchmal durch Privilegien verblendet scheinen, auch wenn sie cool bleibt, wenn andere kochen: Wie hätte man sich nicht wünschen sollen, Joan Didion zu sein? Ihren Status als globaler Literaturstar und zeitlose Stilikone erlangte sie nicht etwa durch schamlosen Ausverkauf ihres unfehlbaren Talents, sondern weil sie ihre Sache einfach so gut beherrschte. Wer hätte gedacht, dass man sich mit einem überragenden Intellekt und einem Gespür für Worte eine Corvette Stingray und ein Haus am Strand verdienen konnte? Nun, nach Didion wusste jeder, dass es geht.

Didion wird auch deswegen unter Autorinnen und Autoren geachtet, weil sie viel *über* das Schreiben schrieb. In Essays und Interviews gab sie immer wieder Rat und Zuspruch. Wie sie der Fotografin Jill Krementz erzählte, schlief sie immer im selben Raum mit den Büchern, die sie fast fertiggestellt hatte: »Irgendwie bleibt das Buch bei einem, wenn man direkt daneben schläft.« Auch heißt es, dass sie ihre Manuskripte in den Gefrierschrank legte, wenn sie nicht weiterkam. Indem sie ihren eigenen kreativen Prozess darlegte, entmystifizierte sie die Kunst des Erzählens für ganze Generationen – sie gab den Staffelstab von Hemingway – »einem Mann, dem Worte wichtig waren« – an uns weiter. Ihre Worte helfen uns, unser Handwerk und unsere Passion zu verstehen. Sie belehrte nicht bloß, sondern gab uns das nötige Rüstzeug mit. Stilmittel erkennbar zu machen – »politische Fiktionen«, wie sie sie nannte, zu enthüllen –, war eines ihrer obersten Ziele. Schreiben war für sie mehr als nur eine Berufswahl, es war eine Mission – wer sie war, warum sie war, wie sie war: »Ein Mensch, der seine konzentriertesten und leidenschaftlichsten Stunden damit verbringt, Wörter auf einem

Stück Papier anzuordnen«, heißt es in »Warum ich schreibe«. »Ich schreibe immer, um herauszufinden, was ich denke, was ich betrachte, was ich sehe und was es bedeutet. Was ich mir wünsche und was ich fürchte.«

Wem auf Anhieb klar ist, was sie mit diesen Worten meint, der muss wohl selbst der schreibenden Zunft angehören.

Wenn ich nicht schreibe … »Es ist schlimm, an der Westküste von Amerika deprimiert zu sein.«

Was nicht heißen soll, dass man schreiben muss, um Joan Didion zu verehren. Eines der faszinierenden Dinge an »La Didion«, wie der Schriftsteller Richard Rodriguez sie nennt, ist, dass sie noch sechs Jahrzehnte nach dem Beginn ihrer Karriere Mode, Film, Songs und Memes inspiriert. Mit einundachtzig Jahren wurde sie zum Werbegesicht für das Luxuslabel Céline. Ihre Worte liefern das Epigraph für Greta Gerwigs Coming-of-Age-Film *Lady Bird*. 2020 verfilmte Dee Rees (*Mudbound*, *Bessie*) Didions Roman *The Last Thing He Wanted* (1996; dt.: *Nach dem Sturm*). Ihr Werk inspirierte zwei Titel des 2022 erschienenen Albums von Singer-Songwriter Andrew Bird, »Atomized« und »Lone Didion«. Wie Bird in einem E-Mail-Interview erklärte, will »›Atomized‹ Yeats' Gedicht ›The Second Coming‹ und Didions ›Slouching Towards Bethlehem‹ aktualisieren – zwischen den dreien liegen jeweils fünfzig Jahre«. Im selben Jahr fertigte die Künstlerin und Bassistin Jill Emery ein Porträt von Didion, neben The Pretenders, Bob Dylan und The Stooges. Didion wurde schließlich nicht zuletzt durch ihre Artikel über und Bekanntschaft mit Rockstars zu einer Kulturikone der 1960er-Jahre.

Didions anhaltenden Nachklang bei Generationen von Träumern und »Memern« zu kontextualisieren, war eine der Absichten hinter diesem Buch. Doch ich wollte auch einen Blick hinter den Hype werfen, auf das Werk, das ihn überhaupt erst ausgelöst hat, und dieses Werk mit dem außergewöhnlichen Leben jener Frau in Verbindung bringen, die es erschaffen hat. Eine umfassende Biografie zu schreiben, war dagegen nicht meine Absicht. Das gelang Tracy Daugherty 2015 mit *The Last Love Song* bereits mit Bravour, und solange der Rest von Didions Aufzeichnungen noch nicht öffentlich zugänglich ist, steht eine wirklich »umfassende« Biografie noch aus. Vielmehr wollte ich das unmittelbare Vermächtnis Didions nachvollziehen und ihre eigene Geschichte verorten, indem ich die Schauplätze ihres Lebens und Schreibens besuchte. Dabei habe ich mich mit vielen der Menschen unterhalten, die sie am besten kannten: Familie, Freundinnen und Freunde, Kolleginnen und Kollegen, Fans. Dies ist nicht ihre ganze Geschichte, eher eine Art Notizbuch, der Versuch einer Erinnerung daran, was es hieß, zu verschiedenen Orten und Zeiten Joan Didion zu sein. Ich finde es faszinierend, welche Veränderung sie durchgemacht hat – von der Sacramento-stämmigen Goldwater-Republikanerin zur Upper-East-Side-Liberalen, von der stolzen Pioniertochter zur ersten weißen Autorin, die sich für die fälschlich beschuldigten Angeklagten im Central-Park-Vergewaltigungsfall eingesetzt hat. Eine Joan d'Arc. Auf meinen Reisen durch Seiten und Orte ist mir eine Person begegnet, die so viel mehr war als die zierliche Frau mit der riesigen Sonnenbrille, die sich mit weit mehr als Hippies, Rockstars und Santa-Ana-Winden beschäftigt hat und auf schöne, aber schonungslose Weise die Geschichten aufdeckte, die wir uns selbst und einander erzählen, um zu leben.

Die Entwicklung dieser Geschichte ist fragmentarisch, notizbuchartig. Wie Didions eigenes Schaffen reflektiert sie zu einem gewissen Grad die von ihr prophezeite Atomisierung. Nicht als Protokoll von Ereignissen, sondern eher als assoziative Kartenlegende, wobei jedes Kapitel nach einem Objekt benannt ist, das in Didions Vorstellung eine wichtige Rolle einnimmt – Gold, Schlange, Hotel, Orchidee – und damit Zeit und Raum überbrückt und umspannt. Hin und wieder bringe ich auch eigene Erfahrungen in die Erzählung ein. Als Autorin war Joan sehr sachkundig und unvoreingenommen, der besondere Reiz ihrer Texte liegt oft in der persönlichen Note, die sie in ihr Werk einfließen ließ. Ihr erster Artikel für das *Life*-Magazin war nicht die geplante Reportage über den Vietnamkrieg (ihr Redakteur wollte sie nicht dorthin schicken, mit der Begründung, »die Jungs« würden das schon übernehmen). Stattdessen schrieb sie, sie sei im Royal Hawaiian Hotel in Honolulu, »anstatt unsere Scheidung einzureichen. Ich erzähle das nicht etwa, um vor Ihnen ein Bekenntnis abzulegen, sondern weil ich möchte, dass Sie, wenn Sie mich lesen, genau wissen, wer ich bin und wo ich bin und was in mir vorgeht«[7]. Diese extrem zurückgezogene Frau lebte ein extrem öffentliches Leben. Das ist einer der Gegensätze, der ihre Geschichte so interessant und auch nachvollziehbar macht.

Ich habe Joan nie persönlich kennengelernt, geschweige denn interviewt. Für mich war sie eine lebende Legende, jemand, dessen Werk ich – stets aus der Ferne – gelesen, unterrichtet, bewundert, imitiert habe. Doch als ich mich weiter in ihr Leben und Schaffen vertiefte, wurde mir klar, wie sehr sich unsere Welten berührten. Sie wurde ein Jahr nach meiner Mutter geboren, ich zwei Jahre nach ihrer Tochter. Wir sind beide Töchter Kaliforniens. Wir haben zur selben Zeit in New York gelebt, sie allerdings als Prominente in der Upper East Side und ich als Punkerin in der Lower East Side. Wir haben beide geschrieben, um zu leben. Und ans Meer gedacht, wenn wir Sorgen hatten.

Über eine so unglaublich talentierte Schriftstellerin zu schreiben, ist eine Freude und Bürde zugleich. Es ist, als würde man einen Film über Hitchcock drehen oder einen Song über

Joni Mitchell schreiben. Eine von Didions Schreibübungen bestand darin, Seiten aus Büchern von Ernest Hemingway abzutippen. Dasselbe habe ich mit ihren gemacht. Ich dachte, wenn ich nur in ihre Fußstapfen trete, könnte ich lernen, wie Joan zu laufen. Viele ihrer Kniffe habe ich mir abgeschaut: Extrem lange Sätze, deren Glieder so kunstvoll miteinander verwoben sind, dass sie wie Seidentücher dahingleiten. Diese Selbstgespräche werden abgelöst von extrem kurzen Sätzen: zwei, drei, manchmal vier Wörter. Bestimmte Wendungen – Schlüsselkonzepte – werden wie Liedrefrains wiederholt. Geschichten, die schrittweise aufgedeckt werden, in größer werdenden, sich überschneidenden Kreisen. Eine Ich-Erzählerin, deren Stimme oft erstaunlich, wenn auch auf verschmitzte Weise, einsichtsreich ist. Ein distanziert beobachtender Blick, der etwas vernichtend Abschätziges haben kann.

Einige dieser Kniffe werden Ihnen hier begegnen, wobei manche bewusste Spielereien sind, andere so sehr Teil meiner Art zu schreiben, dass mir gar nicht bewusst ist, dass sie gestohlene Ware sind. Und obwohl sich die Landkarten unseres Lebens stellenweise überschneiden, könnte ich doch Didions Gang nie imitieren. Er ist so einzigartig wie ihre Handschrift. Wie jede Handschrift. Ich bin unendlich dankbar dafür, wohin mich die Reise durch ihr Leben und Schaffen geführt hat, und hoffe, dass auch Sie in diesem Buch einen Wegweiser finden.

3

SCHLANGE

Joan Didion hatte eindeutig einen gewissen Hang zum Goth. Seit ihrer ersten Kurzgeschichte über den Tod in der Wüste wurde sie von düsteren Themen angezogen: Kannibalen, Bikern, Jim Morrison, Dick Cheney. Ihr liebstes Haus war die historische Gouverneursvilla in Sacramento, ein imposantes Herrenhaus mit gotischen Bögen und viktorianischen Kuppeln. Als Jugendliche, aber auch noch Jahre später fuhr sie gerne zum Matthew Kilgore Cemetery am Stadtrand, um dort zu parken und auf den Kotflügel ihres Autos gelehnt ein Buch zu lesen. Mit diesem gut einen Hektar großen, von Grabsteinen aus weißem Marmor bedeckten Areal war sie tief verbunden: Ihre

Ururgroßeltern Matthew und Massa Kilgore und deren Kinder und Enkelkinder liegen an der südöstlichen Seite des Friedhofs begraben. Die Kilgores hatten versucht, hier, im Osten von Sutter's Fort, eine Ranch aufzubauen, doch die Überschwemmungen zwangen sie dazu, näher zum Sacramento River zu ziehen, wo Erddeiche angelegt worden waren. Der Obelisk, der die letzte Ruhestätte der beiden aus Ohio stammenden Ahnen markiert, steht noch heute; in der Inschrift festgehalten ist das genaue Alter Matthews (einundachtzig Jahre und zwei Tage) und Massas (siebenundsiebzig Jahre, vier Monate und neunundzwanzig Tage) zum Zeitpunkt ihres Todes in den Jahren 1882 und 1876.

Jahrzehnte später zog sich deren versonnene Nachfahrin regelmäßig an diesen noch immer ruhigen Ort zurück, um in Gesellschaft toter Seelen zu lesen. Als Joan eines Tages dort vorfuhr, glitt eine Klapperschlange hinter einem zerbrochenen Grabstein hervor und verschwand im Gras. »Ich bin nie wieder ausgestiegen«, schrieb sie in *Woher ich kam.*

Joan Didion war wie besessen von Schlangen. In ihren Texten sind sie – oder vielmehr die Angst vor ihnen – auf fast absurde Weise präsent. Bei meiner Recherche zu diesem Buch habe ich wiederkehrende Motive im Text mit bunten Post-its markiert. Rot stand für Schlangen. Meine Didion-Bibliothek ist ganz von Rot gesäumt.

Die Schlangen tauchen erstmals im dritten Absatz ihres ersten Buches auf, *Run River* (1963; dt.: *Menschen am Fluß*), das in Sacramento spielt. Everett, Ehemann der Hauptfigur Lily, besitzt einen .38er-Revolver, mit dem er einmal eine Schlange erschossen hat – eine Vorausdeutung noch größerer Gewalt. In Kapitel 6 erinnert sich Lily daran, wie sie Angst hat, weil sie Schlangen in einem Bewässerungsgraben befürchtet, und Everett sie hochhebt und beruhigt. In Didions berühmtem »Liebeslied« an John Wayne heißt es: »In Durango hatte es Ahuehuete-Bäume gegeben; einen Wasserfall, Klapperschlangen.«[1] In *Spiel dein Spiel* nehmen Schlangen eine so zentrale Rolle ein, dass das Titelbild der Originalausgabe eine in sich verschlungene Schlange ziert; Quintana nannte es »das Schlangenbuch«. In ihrem Essay »Los Angeles Notebook« (1965–67; dt.: »Notizen aus Los Angeles«) hört Didions Nachbar eine Klapperschlange. In *Blue Nights* (2011; dt.: *Blaue Stunden*) ruft die Haushaltshilfe »Vibora!« aus, um eine neugierige Sozialarbeiterin abzulenken. In »Gedanken über das Notizbuch« erinnert sich Joan, wie sie einmal eine schwarze Schlange überfahren hat. In »California Notes« (2016; dt.: »Kalifornische Notizen«[2]) berichtet sie von »Klapperschlangen im Gras« und der kalifornischen Schriftstellerin Gertrude Atherton, die »Schlangen mit einer Axt entzweit«. (Endlich ein feministisches Vorbild nach Didions Geschmack!) In einem Artikel für die *Vogue* von 1961 nimmt sie Bezug auf den Aberglauben, Selbstachtung sei »eine Art Amulett gegen Schlangen«[3]. Bei einer Fahrt durch das Death Valley im Jahr 1965 meint sie, eine Klapperschlange zu hören, »aber mein Mann meint, das sei ein Wasserhahn, raschelndes Papier, der Wind«[4]. Im selben Jahr bekennt sie in »Aufzeichnungen einer Tochter des Landes«: »Ich war ein nervöses Kind, das Angst vor tiefen Stellen und Angst vor Schlangen hatte, und vielleicht fing da schon mein Irrtum an.«[5]

In dem Dokumentarfilm *Die Mitte wird nicht halten* befragt sie ihr Regie führender Neffe Griffin Dunne zu ihrer Schlangenobsession. »Ich hatte sie ständig im Hinterkopf«, erklärt sie. »Man musste ihnen aus dem Weg gehen.«

Dann dreht sie den Spieß um: »Hast du bei dir Schlangen?«, fragt sie und verzieht das Gesicht.

»Ich nehme mir einfach eine Harke und töte sie«, versucht Dunne sie zu beruhigen.

»Schlangen töten ist dasselbe wie Schlangen haben«, gibt sie unbeeindruckt zurück.

Die Schlange ist natürlich ein sehr gängiges literarisches Motiv, im Buch Genesis spielt sie sogar den Urbösewicht. Die Verfechter der Idee vom Manifest Destiny erklärten den Westen Amerikas, in den Worten des Journalisten John L. O'Sullivan, zum Garten Eden, »der uns durch die Vorsehung zugeteilt wurde zur freien Entwicklung unserer sich jährlich vervielfachenden Millionen« (will sagen, der weißen Siedlerinnen und Siedler). Als Jugendliche war Didion vom Pastoralen angetan. In einer Evelyn-Waugh-Rezension für *The National Review* schrieb sie 1962: »die Vertreibung aus dem Paradies ist unsere eine große Geschichte«; »geistige Härte« – jene moralische Klarheit, deren Seltenheit sie bedauerte – werde »fast ausnahmslos auf Distanz gehalten, so wie Eva die Schlange hätte halten sollen«.

Die Sinnfälligkeit der Schlangenmetapher wird dem rhetorischen Talent der Königin des literarischen Journalismus vielleicht nicht gerecht. Doch für Didion war es keine symbolische Angst, sondern eine ganz reale. Sie wuchs in einer Landschaft auf, in der es viele Schlangen gab. In Kalifornien gibt es fast fünfzig Arten, darunter sieben giftige Klapperschlangenarten. Schlangen waren mehr als ein literarisches Motiv für Joan: Sie verkörperten eine sehr reale, aber auch ursprüngliche, vererbte Angst.

Der ebenfalls aus Sacramento stammende Robert Weidner, mit dem Joan zu Collegezeiten zusammen war, erinnert sich an einen Vorfall zu Beginn ihrer Beziehung, der die Szene am Wassergraben in *Menschen am Fluss* inspiriert haben könnte.

Ein Highlight des Gesellschaftslebens in Sacramento sind die Flusspartys: Zusammenkünfte am Ufer des American und des

Sacramento River, auf Booten oder sogar in den Flüssen selbst. In der Zeit zwischen der High School und der University of California, Berkeley, besuchte Didion das Junior College in Sacramento. Dort lernte sie Maurice Read kennen, der ein guter Freund wurde; er stellte ihr seinen Freund Robert Weidner vor. Bob weiß noch, wie sie einmal bei einer Flussparty ankamen – ein Biergelage, wie er es nennt. »Sie wollte nicht aus dem Auto aussteigen«, erinnert er sich. »Sie hatte Angst vor Schlangen. Ich habe sie beruhigt und ihr gesagt: ›Keine Sorge, ich pass schon auf dich auf.‹ Dann ist sie mit mir ausgestiegen.« (Read erinnert sich etwas anders an die Geschichte: sie brachten ihr das Bier zum Auto, wo sie den ganzen Abend sitzen blieb. Vielleicht war das eine andere Flussparty.)

Statt sich galant um sie zu kümmern, war der Mann, den Didion später heiratete, leider ebenfalls herpetophob. »Wo ich auch hingehe, ich rechne immer damit, Schlangen zu sehen«, schrieb John Gregory Dunne in einem Artikel mit dem Titel »I Hate Them« für die *Saturday Evening Post*. Tatsächlich erscheint Joans Schlangenwahn nichtig im Vergleich zu dem von John. Vielleicht lag darin ihr anhaltendes Interesse an den beinlosen Reptilien begründet: Wie konnte es sein, dass sie ihren klugen geliebten Mann in ein zitterndes Wrack verwandelten? Wie konnte seine Furcht so groß sein, dass er sich nicht in die Natur wagte, in der sie aufgewachsen war – sich noch nicht einmal in den Central Park wagte?

Es war Joans Großvater – Eduenes Vater Herman Jerrett, Bergarbeiter und Schriftsteller –, der Joan den »Kodex des Westens« in Bezug auf Klapperschlangen beibrachte: Wenn du eine siehst, bring sie um. Wenn das hieß, dass man aus dem Auto aussteigen und ins Gebüsch hinterher musste, dann war es eben so. Es war die Pflicht gegenüber dem Nächsten, der dem Geziefer über den Weg läuft und dann vielleicht nicht über den Luxus eines Autos, einer Schusswaffe oder Axt verfügt.

Joan Didion jagte unerbittlich Schlangen in Menschengestalt und verteilte dabei die Früchte der Erkenntnis. Man könnte es sogar als ihr zentrales Anliegen bezeichnen: die Aufdeckung von Korruption, Lügen, Grausamkeit, Heuchelei und Machtmissbrauch.

Dank ihrer Hollywood-Partys, bei denen sie Autorinnen und Autoren, Persönlichkeiten aus der Politik, Kunstschaffende und Stars zusammenbrachte – eine Tradition, die sie später an die New Yorker Upper East Side mitnahm –, und ihren denkwürdigen Betrachtungen über L.A., New York und Miami neigen wir dazu, Joan Didion als weltgewandte, urbane Person zu sehen. Dabei ist ihre Identität ganz wesentlich dadurch geprägt, dass sie in ländlicher Umgebung aufgewachsen ist. In jungen Jahren wollte sie Meeresforscherin werden, und in einer Welt, in der Mädchen in den MINT-Fächern gefördert werden, wäre sie das vielleicht auch geworden. Eine Liebe zur Natur – vor allem zu Blumen, Meer und Himmel – genau wie eine Furcht vor Natur – vor Bränden, Überflutungen und Schlangen – belebt ihre Texte und macht im Kern aus, wer Joan Didion war. »Meinen Sie nicht, dass Menschen manchmal von der Landschaft geprägt sind, in der sie aufwachsen?«, bemerkte sie 1971 in einem Interview. »Hier ist ein Bild des Valley. Diese ganz bestimmte, vollkommen ebene Landschaft und die Vorstellung, dass dort etwas wächst und gedeiht, bildet die Grundlage für absolut alles, was ich denke oder tue oder bin.«

Der Donner Lake liegt in den Bergen der Sierra Nevada auf etwa eintausendachthundert Metern, hundertsechzig Kilometer vom Zentrum Sacramentos entfernt. Er ist bohnenförmig und von

»Holzhütten« gesäumt, deren Kaufpreis bei 700 000 Dollar aufwärts liegt. Es ist ein typischer Urlaubsort, ein Erholungsgebiet nur dreißig Kilometer vom größeren und bekannteren Lake Tahoe entfernt, wo man angeln, wandern, paddeln und Boot fahren kann. Allerdings ist dieser Bergsee benannt nach einem der berüchtigtsten Ereignisse der amerikanischen Geschichte: Im Jahr 1846 schlug eine Gruppe Siedlerinnen und Siedler, bekannt als die Donner-Reed Party oder nur Donner Party, eine vermeintliche Abkürzung zum Central Valley ein und geriet am damaligen Truckee Pass in einen Schneesturm. Die Männer, Frauen und Kinder, die dort monatelang festsaßen, ernährten sich von ihren Pferden, Hunden und schließlich den verstorbenen Mitreisenden. Dieser Fall von Kannibalismus, einem Manifest Destiny anderer Art, das von einem Ouroboros – einer den eigenen Schwanz verschlingenden Schlange – verkörpert wird, lebt in den geografischen Namen dieser Tourismusregion fort.

Als Jugendliche ging Joan im Donner Lake schwimmen und war fasziniert von dessen makabrer Vergangenheit. Dabei ging es aber um mehr als um die Lust am Schaurigen: Ihre eigenen Vorfahren hätte beinahe dasselbe Schicksal ereilt. Nancy Hardin Cornwall, Didions Ururgroßmutter mütterlicherseits, reiste mit der Donner Party, entschied sich aber klugerweise gegen die Abkürzung durch Truckee und für den allgemein anerkannten Weg nach Oregon. Didions Abstammungslinie lehrte sie, der Konvention zu folgen, ihre Faszination jedoch galt dem unbetretenen Pfad. Ein Foto der Sierra Nevada nahe des Donner Lake hatte, vielleicht als mahnendes Beispiel, einen Platz in ihrem Arbeitszimmer sowohl in Brentwood als auch im Haus ihrer Eltern.

Wie ihre Mutter Eduene der Didion-Seite von Joans Familie gern in Erinnerung rief, waren ihre Vorfahren sogar noch vor den Kilgores in den Westen gekommen. Joan Didion wuchs mit den Überlieferungen der Cornwalls, der Jerretts, der Kilgores und Reeses auf. Eine Appliqué-Arbeit von Nancy Cornwall hing in ihrem Haus in Malibu und ihrer Wohnung in New York. Sogar in *Woher ich kam*, ein Buch, in dem Didion mit ihren eigenen mythischen Wurzeln abrechnet, spürt man ihren eigensinnigen Stolz auf diese Pionierabstammung, vor allem auf die starken, nüchternen Matriarchinnen und die Wagnisse, die sie auf der Suche nach einem neuen Leben eingingen: »Diese Frauen in meiner Familie müssen wohl pragmatisch und ihrem tiefsten Instinkt nach radikal nüchtern gewesen sein, geneigt, mit allem und jedem Bekannten zu brechen.« Für Didion hieß die Loslösung von ihren Wurzeln, ihren Wurzeln nachzugehen.

Die eigene Herkunft bis zur Amerikanischen Revolution zurückverfolgen zu können, wie Didion es kann, ist keine geringe Auszeichnung in einer Nation, in der die überwiegende Mehrheit von späteren Einwanderern abstammt. Vor allem in Kalifornien, der letzten Grenze, dem Ort, an dem »uns hier, unter dem ungeheuren gebleichten Himmel, der Kontinent ausgeht«[6], wie Didion schrieb, kann nur eine kleine Bevölkerungsgruppe ihre Herkunft fünf Generationen im Goldenen Land selbst zurückverfolgen. In meinem Freundeskreis in L.A. bin ich eine der wenigen, die auch nur annähernd so weit kommen, und ich komme nur auf drei Generationen. Ich besitze ein Bild von dem Haus, in dem mein Großvater geboren wurde: ein zweistöckiges weißes Holzhaus, umgeben von Wildnis. Es sieht aus, als stünde es mitten im Nirgendwo, befand sich aber tatsächlich in Downey, jenem östlichen Vorort von L.A., in dem später das Apollo-Raumfahrtprogramm, das älteste durchgängig betriebene McDonalds-Restaurant und das in den 1970ern bekannte Geschwister-Pop-Duo Carpenters beheimatet war.

Natürlich ist einer der Gründe, warum nur so wenige Kalifornierinnen und Kalifornier ihre Herkunft bis in vergangene Jahrhunderte zurückverfolgen können, dass unsere Vorfahren die Menschen, die vor uns da waren, vernichtet und vertrieben haben. Diese europäischen Nachfahren, die wir früher Pioniere nannten und heute als Siedlungskolonistinnen und -kolonisten bezeichnen, kamen aus dem Osten. Sie kamen von Farmen in Ohio und Kleinstädten in Arkansas. Sie waren auf der Suche nach einem besseren Leben: nach Land zum Pflügen, einem Neuanfang, Religionsfreiheit, einem Ort zur Familiengründung, Indigenen, die es zu konvertieren und/oder zu kontrollieren galt. Sie suchten nach Gold.

Didions Urgroßvater mütterlicherseits war ein 49er – einer von Hunderttausenden Goldsuchern, die man nach dem Spitzenjahr des Goldrauschs benannte. Sein Sohn war Bergarbeiter, Geologe und Schriftsteller. Herman Daniel Jerrett brachte seiner Enkelin Joan bei, wie man Golderz von Serpentin unterscheidet (ein grünes Metall, das nach seiner Schlangenhaut ähnlichen Erscheinung benannt ist), obwohl damals, wie Didion sich erinnert, »der Abbau von Gold nicht mehr lohnenswerter war als der von Serpentin, und die Unterscheidung eine rein theoretische oder vielleicht auch Wunschdenken«. Jerrett verfasste zwei Bücher über Eldorado: Seine Liebe zur Wissenschaft und zum Schreiben gab er an seine Enkelin weiter. In *California's El Dorado – Yesterday and Today* klingt bereits Joans kalifornischer Stolz an – der Drang, der Bedeutung Kaliforniens in der Geschichte des Kontinents Geltung zu verschaffen – und ihre eigene, pragmatische Prosa: »Ich bin kein Historiker«, schrieb ihr Großvater, »und auch kein Journalist, bloß ein Einheimischer Eldorados, der in der drängenden Hoffnung schreibt, die Aufmerksamkeit der amerikanischen Öffentlichkeit und Touristen fremder Gefilde auf ein Land zu lenken, von dessen historischer Bedeutung, Fruchtbarkeit, landschaftlichen Wundern, angenehmem Klima und natürlichem Reichtum noch so wenig bekannt ist.«

Eine Form von Beschönigung, die der kürzlich verstorbene Soziologe und Historiker Mike Davis in seiner bahnbrechenden Geschichte von Los Angeles, *City of Quartz*, als Sunshine-Mythologie beschreibt – ein Bürgerstolz, der ohne die unbequeme Erwähnung von Völkermord auskommt. Interessanterweise kategorisiert Davis Joan Didions Werk als das Gegenteil des Sunshine-Mythos: L.A. Noir. Tatsächlich ist die Enkelin jedoch gar nicht so weit vom Stamm gefallen: Wie ihr Großvater liebte auch sie ihren Heimatstaat – auch wenn sie sich über ihn beklagte.

Hermans Frau beeinflusste Joan noch auf andere Art. Edna Magee Jerrett hatte einen Sinn für die schönen Dinge des Lebens, »auch wenn sie genug über das Leben in den Bergen wusste, um aus Vorsicht vor Schlangen jeden Morgen ihre Schuhe auszuschütteln«. Sie schenkte ihrer Enkelin etwa ein kleines Kristallfläschchen mit Elizabeth Ardens »On Dit« und einen Hut »von feinstem italienischem Stroh, mit französischen Seidenkornblumen und einem schweren Satin-Label mit der Aufschrift ›Lilly Dache‹«. Auch diese Modelektionen sollte Didion nicht vergessen. Als sich Joan Jahrzehnte später mit einer anderen Frau einen Sitz im Taxi zur Front in El Salvador teilte, erkannte sie das Parfum ihrer Mitfahrerin: Arpège.

Didions Großmutter väterlicherseits, Ethel Reese, war die Urenkelin von Matthew Kilgore, dem Patriarchen, nach dem der Familienfriedhof benannt ist. Sie bekam zwei Jungen, Frank Reese und Robert Eldridge, und starb noch während deren Kindheit an der Spanischen Grippe. Ihr Ehemann Joseph Frank

Didion, Joans Großvater, war Immobiliengutachter und Mitglied im Schulrat. Seine zweite Frau, Genevieve, war eine Grande Dame aus der Stadt, die sich an der Gründung des Sacramento State College beteiligte, Unterkünfte für obdachlose Kinder organisierte, Spenden für die Denkmalpflege sammelte, alte Häuser kaufte und restaurierte und zweiunddreißig Jahre lang im Schulrat von Sacramento tätig war, nachdem sie die Stelle von ihrem Mann übernommen hatte. Eine Schule im Norden Sacramentos ist nach Genevieve Didion benannt. »In meiner Kindheit war meine Großmutter die Berühmtheit in der Familie«, erzählt Joans Cousine Julia Armstrong-Totten. (Deren Mutter Mary war eines der drei Kinder von Joseph Frank und Genevieve.) »Wenn über die Didions gesprochen wurde, ging es immer um meine Großmutter.« Neben ihren vielen gesellschaftlichen Errungenschaften organisierte Genevieve Didion auch die Anpflanzung eines Kamelienhains beim State Capitol. Möglicherweise war es diese stattliche Matriarchin, von der Joan ihre Liebe für Blumen geerbt hat.

Armstrong-Totten erinnert sich an ihre Großmutter als eine respekteinflößende, aber fürsorgliche Frau. Ihre Cousine hat dagegen weniger gute Erinnerungen an Genevieve, vermutlich hatte sie die Einstellung ihres Vaters zu der »alten Hölle auf Rädern« übernommen, wie er (Jeanne Didion zufolge) seine Stiefmutter nannte. In *Woher ich kam* widmet Joan ihren Großmüttern Ethel Reese und Edna Jerrett lyrische Passagen, während sie Genevieve Didions geschichtliche Schönmalerei subtil verhöhnt. Genauso wenig Gutes hat sie über den Mann zu sagen, »den ich zwar manchmal als ›Großvater Didion‹ bezeichnete, aber von meiner frühesten Kindheit bis zum Tag seines Todes 1953 nie mit einer vertrauteren Anrede als ›Mr. Didion‹ ansprach«. Joans Kritik an der »erstaunlichen Verschlossenheit« des strengen

Familienoberhaupts erinnert an das Sprichwort vom Glashaus und den Steinen.

Frank Reese Didion, in seiner Familie als Sonny bekannt, war still wie sein Vater und ebenso spindeldürr. Es gab zwei Typen bei den Didions: Die dünnen Ruhigen und die kräftigeren Gesprächigen. Und Gegensätze zogen sich an: die Gesprächigen heirateten Zuhörer. Frank und Eduene heirateten am 1. Januar 1934, an seinem sechsundzwanzigsten Geburtstag, sie war dreiundzwanzig. Kaum ein Jahr später kam ihr erstes Kind zur Welt, Joan. »Es gab da eine Veranlagung zu einer sehr dünnen, zierlichen Statur – besser kann ich es nicht beschreiben – die Joan definitiv abbekommen hatte«, erzählt Armstrong-Totten.

Joans einziges Geschwisterkind wurde 1939 geboren. Jim kam eher nach seiner lebhaften, extrovertierteren Mutter. Im selben Jahr zogen die Didions in Sacramento in ein zweistöckiges Haus auf der U Street mit Zederschindeln und Ziegelsäulen. Nichts Besonderes, aber ein schönes Haus in einer guten Gegend. Dann, am 7. Dezember 1941, änderte sich alles.

Jahrzehnte später beschrieb Joan den japanischen Angriff auf einen US-Marinestützpunkt kurz nach ihrem siebten Geburtstag als das große prägende Ereignis ihrer Generation. Als sie 1966 zum ersten Mal Pearl Harbor besuchte, weinte sie von dem Moment an, da sie das Schlachtschiff Utah im fünfzehn Meter tiefen Wasser sah, bis das Tourboot den Geschützturm der Arizona passierte.

Der Zweite Weltkrieg stellte Didions Leben auf den Kopf, trennte sie von Sacramento und allem, was sie kannte. »Nichts blieb, wie es war«[7], schrieb sie in »Letter from Paradise, 21° 19′ N, 157° 52′ W« (1966; dt.: »Brief aus dem Paradies, 21° 19′ N, 157° 52′ W«). Ihr Vater verpflichtete sich zum Militärdienst, und 1942 und 1943 zogen die Didions von Sacramento nach Tacoma, nach Durham, nach Colorado Springs, wo Frank jeweils als Buchhalter für die Armee arbeitete. Im Vergleich zu dem, was andere Familien im Zweiten Weltkrieg durchmachten, war die Belastung durch das Umherziehen gering, doch »es war … keine behütete Kindheit«, wie Didion mit charakteristischem Understatement in *Blaue Stunden* schrieb. Joan sah ihre Mutter zum ersten Mal auf einer der vielen Straßen der Innenstadt weinen, als sie aus einem von Frauen und Kindern überfüllten Militärwohnungsamt kam und wieder einmal kein Zimmer bekommen hatte; »das Fass war wohl übergelaufen, ein Tag zu viel, an dem es keine Unterkunft für uns gab«. In North Carolina mietete die Familie ein Zimmer im Haus eines Predigers und dessen Familie. Eines Tages sah Eduene, wie Jim aus seinem Laufstall heraus nach etwas griff, und erstarrte: Gerade außer Reichweite lauerte eine Viper, ein Nordamerikanischer Kupferkopf.

Als der Frieden eintrat, musste die Familie in Sacramento neu anfangen. Die Didions zogen nicht wieder nach Poverty Ridge, sondern in eine Quonsetbaracke in einem unterentwickelten Gebiet im Osten der Stadt. Die während des Kriegs produzierten Leichtbauunterkünfte aus gebogenem Wellblech dienten vielen Familien nach dem Zweiten Weltkrieg als provisorische Behausungen. Obwohl es kaum mehr als eine Barackensiedlung war, sehnte sich die Familie später nach der Zeit dort zurück. »Ich weiß noch, wie Eduene mir erzählte, dass es ihr von all ihren Wohnorten der liebste gewesen war«, erzählt Armstrong-Totten. »Es muss ein richtiges Abenteuer gewesen sein.«

Während dieser Jahre besuchte Joan die Arden School, die, wie sie in ihrer Rede an der UC Riverside erklärte, »in einer Gegend lag, die gerade im Wandel von einer ländlichen in eine vorstädtische Region begriffen war. Es war die Art Schule, an der die einen Schäferhunde hielten – Hunde zum Hüten von Schafen – während die anderen edle Old English Sheepdogs besaßen.« (Ich glaube nicht, dass sie mit Haustieren aufgewachsen ist, als Erwachsene hatte Didion aber einen Bouvier des Flandres und einen Wheaten Terrier.) Sie beschrieb ein Haus umgeben von nackter Erde. Sie und Jimmy wünschten sich ein Schwimmbad: In Sacramento kann es im Sommer bis zu 49 Grad heiß werden, und es ist fraglich, ob es in der Quonsetbaracke ein Badezimmer, geschweige denn eine Klimaanlage gab. Frank schlug vor, sie sollten einfach mal anfangen zu graben. Ihr Cousin John denkt gerne daran zurück, wie er die Verwandten dort besuchte. Im Sacramento von damals gab es einen Klassenunterschied zwischen Joans Vater Frank und seinem Bruder Bob. Nach dem Tod ihrer Mutter wurden die beiden Jungen voneinander getrennt: Frank wohnte bei seinem Vater und seiner Stiefmutter Genevieve, während Bob zu seiner Tante Pearl kam. »Joan stand auf der einen Seite der Familie, wir auf der anderen. Wir waren kleine Rotzbengel, sie lebten dagegen in einer ganz anderen Welt«, erzählt Bobs Sohn John.

Doch auf dem Land waren die beiden Brüder gleichgestellt. Wenn die beiden Haushalte zusammenkamen, herrschte oft schallendes Gelächter. Die Didions waren richtige Komiker und Geschichtenerzähler, meint Jeanne. Und obwohl sie eher einsilbig war, hatte auch Joanie diese Seite an sich. »Sie hatte diesen wunderbaren Humor, den sie mit ihrem und meinem Vater teilte, und sie hatte manchmal auch etwas Neckisches, Kokettes«, erzählt ihre Cousine. »Sie konnte unglaublich herzlich sein. Ich habe sie nie als nicht herzlich erlebt.«

Und doch war es hier, in jener Blechhütte am Flussufer, wo Joan gelernt haben muss, sich vor Schlangen in Acht zu nehmen.

Es waren Boomzeiten für Amerika, besonders für Kalifornien, und der bis dahin dilettantische Frank Didion fand seine Berufung im Immobilienbereich. Ethel Reese hinterließ ihren Söhnen unter anderem einige erstklassige Anwesen. Joans Vater entwickelte, verkaufte und reinvestierte dieses Erbe nach und nach, kaufte sorgsam ausgewählte Ranches und unbebaute Grundstücke an und behielt sie im Blick, um sie gewinnbringend zu verkaufen. Jimmy schaute sich das Handwerk bei ihm ab, übernahm schließlich den Familienbetrieb und wurde zum Vorsitzenden von Coldwell Banker Commercial und CEO des Immobilien- und Investmentunternehmens CB Richard Ellis.

Auch Joan besaß das familiäre Geschick für Immobilien: Sie wurde bekannt für ihre schönen Häuser in Portuguese Bend, Malibu und Brentwood Park. Damit teilte sie noch ein weiteres Interesse mit Genevieve, die sich ehrenamtlich dafür engagierte, alte Wohnhäuser in Sacramento zu renovieren. Sie war es auch, die 1949 mit Joseph Frank das Gebäude kaufte, das heute gemeinhin als das »Didion-Haus« bekannt ist. Joans Familie zog in das stattliche vierstöckige viktorianische Wohnhaus mit seinen Säulen und Veranden ein, das an der Ecke 22nd und T Street liegt. Hier, in diesem Haus, das sie mit einer Hochzeitstorte verglich, erhielt Didion auch ihren Ablehnungsbescheid von der Stanford University, den sie an ihre Zimmerwand heftete.

Nach Joseph Frank Didions Tod im Jahr 1953 zog Genevieve in die Hochzeitstorte und Joan mit ihrer Familie in ein eigenes Haus am östlichen Stadtrand nahe der Arden School, wo die Truthähne umherzogen. Joan kehrte noch Jahrzehnte später immer wieder in das märchenhafte Landhaus mit seiner rondellartig angelegten Einfahrt und dem Teich zurück, um in ihrem alten rosa Zimmer mit dem Foto vom Donner Lake zu schreiben.

»Sie wollte nie erzählen, woran sie gerade arbeitete«, erinnert sich ihre Cousine Jeanne Didion.

Die Didions waren in Sacramento wohlbekannt. Der Haushaltswarenladen »Didion Hardware«, der von Joans Onkel Bob Didion geführt wurde, war eine Institution in der Nachbarschaft. Joans Großvater und Stiefgroßmutter hatten wichtige Stellungen in den zentralen gemeinnützigen Organisationen inne. Neben seinen bürgerlichen Aktivitäten engagierte sich Joseph Frank Didion auch in der Bruderschaft Native Sons of the Golden West, die sich dem Andenken an die glorreichen Tage Kaliforniens, insbesondere der Goldrausch-Ära, widmete. Genevieve war in der entsprechenden Schwesternschaft aktiv, den Native Daughters.

Wie bei vielen amerikanischen Institutionen war die Ideologie der White Supremacy fester Bestandteil dieser Organisationen. »Eine weitere Aktion, der wir uns seit einem Vierteljahrhundert widmen, ist ›Kalifornien den Weißen‹«, heißt es in einem Jahresbericht der Native Sons, der ein Jahr nach Joans Geburt veröffentlicht wurde. »Diese Arbeit ist heute genauso wichtig wie vor fünfundzwanzig Jahren, denn Organisationen in diesem und anderen Staaten der Pazifikküste arbeiten darauf hin, dass Japan durch den Kongress eine Quote zugestanden wird, die den Staatsangehörigen dieses Landes die Einreise genauso erlaubt wie Weißen. Die Wachsamkeit unserer Ordensmitglieder wie auch der American Legion und der American Federation of Labor hat bislang noch jeden Schritt in diese Richtung verhindert, und ich bin sicher, dass es uns mit derselben Wachsamkeit auch in Zukunft gelingen wird, jeden Plan im Interesse dieser Orientalen zu vereiteln, der ihnen das Privileg einer Einwanderungsquote für dieses Land einräumen soll.«

Es ist ironisch, dass die Kamelien, die Genevieve am kalifornischen Kapitol gepflanzt hat, asiatische Importe waren.

Durchforstet man die amerikanische Geschichte – in Bezug auf Militär, Arbeit, Fraternität, Literatur –, begegnet man Schlangen.

Um Joan Didion und ihren Lebensweg zu verstehen, muss man um ihre Verwurzelung im Land und jenen tiefgreifenden amerikanischen Konservatismus wissen – darum, woher sie kam. Ich weiß nicht, ob Joan exakt diese Passage bekannt war, die ich im Center for Sacramento History in Genevieves Unterlagen fand; dass die Golden Sons and Daughters eine rassistische Grundlage hatten, muss ihr aber sehr wohl bewusst gewesen sein, die Rhetorik war durchaus typisch für solche Organisationen jener Zeit. Mit Sicherheit wusste Joan aber, dass ihre Mutter begeisterte Anhängerin der John Birch Society war, einer 1958 gegründeten rechtsextremen Organisation, die antikommunistisch, antifeministisch und antiföderalistisch war und Verschwörungstheorien zugeneigt. Eduene erklärte ihrer Tochter einmal, dass sie das Wort »Klasse« nicht verwendeten: »So denken wir nicht.« Nicht über Klassenunterschiede nachzudenken, kann man sich natürlich nur leisten, wenn der eigene gesellschaftliche Stand nie ein Hindernis war. Mit zwölf Jahren las Joan *Middletown*, die berühmte Studie über amerikanische Kleinstadtkultur des Soziologenpaars Lynd von 1929, und begann ihre Eltern zu sozialwirtschaftlichen Strukturen auszufragen, wie sie später in *Woher ich kam* schrieb. Ihr Misstrauen dem »Big Government« und der politischen Klasse gegenüber legte Joan jedoch nie ganz ab, und wie auch ihre Eltern wählte die junge Didion 1964 den erzkonservativen Barry Goldwater. In den 1960ern verfasste sie Buchrezensionen für den *National Review*, eine von William F. Buckley Jr. herausgegebene

Zeitschrift für die republikanische kulturelle Elite – in erster Linie, weil Buckley einer der wenigen Redakteure war, die ihr Talent erkannten, obwohl sie eine Frau war.

Manche Kritiker können Didion diese Ursünden nicht verzeihen. »Sie hat mir überhaupt erst gezeigt, dass ich über Sacramento schreiben kann, dass Sacramento sogar eine literarische Landschaft ist. Insofern hat sie mir mein Leben als Schriftsteller geschenkt. Keine kleine Gabe!«, meint Richard Rodriguez, der in Sacramento »als Sohn mexikanischer Einwanderer« aufgewachsen ist. »Aber ich habe auch schon früh erkannt, dass wir Differenzen haben, die unsere Gemeinsamkeiten oder Ähnlichkeiten stets überragt und mich abgeschreckt haben.«

Doch das Sacramento, dem Didion sentimental verbunden blieb, wie es so vielen von uns mit unseren Heimatorten ergeht, ist nicht das Sacramento des Kamelienhains, den sie sogar belächelte. Es sind ihre früheren Mitschülerinnen und Mitschüler, mit denen sie bei den Flusspartys zusammen Bier trank. Im Jahr 1988, als sie zurück nach New York zog und für die *New York Review of Books* über die Vorwahlen und Parteitage zur Präsidentschaftswahl berichtete, vermisste sie die alten Freundinnen und Freunde aus Sacramento noch immer, vielleicht mehr denn je: »Es war kein Zufall, dass sich die Leute, mit denen ich auf der Highschool gerne zusammen war, gerne an Tankstellen aufhielten«, schrieb sie in »Insider Baseball«[8]. »Sie hatten nicht für ein Amt in der Schülerschaft kandidiert. Sie hatten weder Yale noch Swarthmore noch DePauw besucht, sich noch nicht einmal dort beworben. Sie waren eingezogen worden und hatten die Grundausbildung in Fort Ord durchlaufen. […] Sie zahlten ihre Rechnungen oder auch nicht, machten Anzahlungen auf Reihenhäuser, führten ihr Leben in jenem gesellschaftlichen und wirtschaftlichen Randbereich, der in Washington und unter denen, die sich gedanklich in Washington verorteten, als ›da draußen‹ bezeichnet wurde.« Vielleicht weil sie selbst entfremdet in einer Regierungsstadt aufgewachsen war, sah sich Didion seit jeher selbst als »da draußen«.

Bei genauer Lektüre von Didions Werk wird deutlich, dass es ihr in erster Linie darum ging, den moralischen Bankrott des Mythos vom Goldenen Land und die gesamte Rhetorik des westlichen Expansionismus zu entlarven. Ihr Thema war das amerikanische Imperium. Es dauerte Jahre, bis sie dies vollständig begriff und artikulierte, zum Teil weil sie sich, insbesondere zu Lebzeiten ihrer Eltern, dagegen zur Wehr gesetzt hatte. »Ich wollte Kalifornien nicht verstehen, denn ganz gleich zu welcher Ansicht ich käme, sie wäre eine andere als das Kalifornien, von dem mir meine Mutter und mein Vater erzählt hatten«, erklärte sie 2006 in einem Interview. Bestimmte Themen – etwa das Schicksal der Miwok oder die Ausbeutung mexikanischer Einwanderinnen und Einwanderer auf den Feldern, die ihrer Familie gehörten – würde sie nie öffentlich zur Sprache bringen. Doch in den Reden, Essays und Aufzeichnungen, die im Jahr 2003 nach dem Tod ihrer Eltern in *Woher ich kam* veröffentlicht wurden, entblößt und entfernt sie Schritt für Schritt die Scheuklappen ihrer eigenen Vergangenheit. Sie bedauert ihren Schulmädchen-Optimismus und dekonstruiert die Trugschlüsse ihres ersten Romans, *Menschen am Fluss*, und dessen Fortschreibung des Pioniermythos. Sie hinterfragt kalifornische Erzählungen von Autoren wie Josiah Royce, Frank Norris, William Faulkner oder Joan Didion. Sie dokumentiert ausgrenzende Einrichtungen, vom kulturellen Bohemian Club bis hin zur Highschool-Gang »Spur Posse«. Befreit von der Loyalität zu ihrer Mutter – der Frau, die ihr mit fünf Jahren die Mittel und Motivation zum Schreiben gab und der sie so tief verbunden war, dass sie deren sterbliche Überreste im selben Kolumbarium beisetzen ließ wie die John Gregory Dunnes, Quintana Roos und schließlich ihre eigenen – konnte Joan Didion endlich alles loslassen: »den Traum von Amerika, die ganze Verzauberung, der ich mein Leben lang unterlag«. Wie schon ihre Vorfahrinnen bricht sie mit allem und jedem ihr Bekannten.

Herman Daniel Jerrett brachte seinen Nachkommen bei, jede Klapperschlange in Sicht sofort zu töten. Doch als Eduene Didion den Kupferkopf an Jims Gitterbett sah, erstarrte sie. Und als Joan Didion Jahre später die Klapperschlange auf dem Kilgore-Friedhof sah, stieg sie nicht einmal aus dem Auto. Die Didion-Frauen missachteten den Kodex des Westens.

Es gibt noch andere Möglichkeiten, Phobien zu bewältigen und die eigenen Ängste statt deren Auslöser zu besiegen. Als Kind mochte Didion ängstlich, schwach und nervös gewirkt haben. Doch unter der labilen Fassade entwickelte sie einen eisernen Kern. Sie lernte, nicht mehr vor ihrer Furcht davonzulaufen oder sie auszumerzen. Sie stellte sich ihr, sah ihr ins Angesicht und bezwang sie.

Im Jahr 1970 verbrachten Joan Didion und John Gregory Dunne einen Monat auf Rundreise durch die Südstaaten Amerikas. Unterwegs auf Nebenstrecken, den »Blue Highways«, fuhren sie von Kleinstadt zu Kleinstadt, unterhielten sich mit Friseuren, Schriftstellern und Politikern, Schwarzen wie Weißen. »Ahorne und Grubenottern«, wie sie in *South and West* (2017; dt.: *Süden und Westen*) schrieb, dem Buch, in dem sie die Odyssee Jahrzehnte später dokumentierte. Ihr Aufbruch zur anderen Seite der Mason-Dixon-Linie war mit romantischen Vorstellungen ländlicher Südstaatenkultur verknüpft. Sie kehrte aufgeklärt und beunruhigt zurück.

Auf einer regnerischen Fahrt machten die Didion-Dunnes irgendwo zwischen New Orleans und Biloxi an einer Reptilienfarm Halt. Eine Touristenfalle mit kriechenden Würgetieren scheint eine seltsame Wahl als Zwischenstopp für zwei Schlangenphobiker, doch sie gingen hinein. Joan und John sahen Affen, Abgottschlangen in Transportkisten und weit und breit keinen Inhaber oder Angestellten. Als sie im Gespräch mit einer anderen Familie im Reptilienhaus standen, bemerkte Joan, dass die leer geglaubte Kiste, an die sie sich angelehnt hatte, einen Kupferkopf beherbergte. Sie rannten durch den Regen zurück zur Straße. »Ich rutschte aus und fiel in den Schlamm, und einen Moment überkam mich die irrationale Panik, der Schlamm und alles um mich her sei voller Schlangen«, schrieb sie.

In *Das Jahr magischen Denkens* bezeichnet Didion Erinnerungen als das, »was man eigentlich vergessen will«. Auf die Frage eines Interviewers vom *Sactown Magazine*, ob ihr die Auseinandersetzung mit der Erinnerung beim Schreiben helfe, darüber hinwegzukommen, antwortete Didion: »Ich habe dabei immer das Bild einer Schlange im Kopf. Eine Schlange wird einem nicht gefährlich, wenn man nur weiß, dass sie da ist. Solange man sie die ganze Zeit im Blick behält, wird sie einen nicht beißen. In gewisser Weise behalte ich also die Schlange im Blick.« Die Jugendliche, die sich nicht traute, aus dem Auto zu steigen, wurde zu der Frau, die nacheinander Kritiker, Politiker und Polizisten ins Visier nahm. Sie sah dem Tod ins Angesicht, verwandelte ihre Tragödie in einen National Book Award. Didion lernte, die Macht der Beobachtung und die Macht der Grammatik zu beherrschen. Wer braucht da noch Gewehre?

Joan Didion in San Francisco, 1956.

4

SCHREIBMASCHINE

Joan Didion schaut direkt in die Kamera, die Hand vor dem Mund zur Faust geballt – wie zur Veranschaulichung, dass es ihre Hände sind, mit denen die stille Denkerin spricht. Durchaus passend, dass in Nancy Ellisons ikonischer Schwarz-Weiß-Aufnahme von 1976 eine mechanische Schreibmaschine das halbe Bild einnimmt.

Didion brachte sich das Tippen und das Schreiben als Jugendliche bei, indem sie Geschichten von Ernest Hemingway und Joseph Conrad auf einer Olivetti Lettera 22 abschrieb. Ihr Ziel: »zu lernen, wie die Sätze funktionierten«, wie sie in *The Paris Review* berichtete. So begann ihre Vertiefung sowohl in den physischen Akt als auch in das Handwerk des Schreibens. Man kann es als eine Art maschinelles Lernen bezeichnen. »Ich bin nur ich selbst, wenn ich an der Schreibmaschine sitze«, verriet Didion einmal einer Redakteurin des *Ms. Magazine*.

Irgendwann kaufte ihr Vater im Zuge einer seiner Geschäftsideen gleich eine ganze Ladung Schreibmaschinen vom Typ Royal 200, von denen eine zu Didions Begleiter wurde. Sie nahm sie überallhin mit. Auf ihrer Packliste in *Das weiße Album* führt sie eine Schreibmaschine als Handgepäckstück auf. Dabei dachte sie weniger daran, im Flugzeug zu schreiben, vielmehr wollte sie beim Warten am Flughafen »mit dem Tippen der täglichen Aufzeichnungen anfangen« – eine der vielen lehrreichen Lektionen der Joan Didion. Auch als sie 1955, als Zwanzigjährige, nach einem Monat als Gastredakteurin der *Mademoiselle* allein mit dem Zug von Boston nach Sacramento fuhr, muss sie eine Schreibmaschine mitgeschleppt haben. Unterwegs schrieb sie ihrer College-Freundin und Kollegin bei *Mademoiselle* Peggy LaViolette auf Hotelpapier zahlreiche Briefe. »Da ich nicht der Typ dafür bin, mich haltlos ins Abenteuer zu stürzen, habe ich mir einen Sitzplatz für mich allein gesucht, mich mit Weidenkorb, Schreibmaschine und abgegriffenen alten Zeitschriften verbarrikadiert und geglaubt, ich könne so die ganze Nacht durchschlafen«, ist in einem solchen Schreiben zu lesen.

Viele Schriftstellerinnen und Schriftsteller gewöhnen sich so sehr an einen bestimmten Schreibprozess, dass es ihnen schwerfällt, sich auf ein anderes Schreibinstrument umzustellen; manchen gelingt es nie. Neil Gaiman, der Science-Fiction-Autor, schreibt seine Romane nach eigener Aussage bevorzugt in Langschrift. Ich selbst drucke meine Texte aus und lektoriere sie auf dem Papier – dieselbe Methode, die, wie ich einmal erfreut feststellte, Didion später in einem Interview auch Hilton Als empfahl. Im Laufe der Jahrzehnte tauschte Didion das Notizbuch erst gegen die mechanische, dann die elektrische Schreibmaschine, dann gegen den Computer aus und demonstrierte so abermals ihre Offenheit gegenüber dem Fortschritt. Dennoch beklagte sie sich 1978 in einem Brief an die Autorin Maxine Hong Kingston über den Wechsel zur elektrischen Schreibmaschine und bemerkte, zusammen mit einem Umzug und dem Aufgeben des Rauchens habe ihr »die Umprogrammierung [...] übermäßig viel Stress bereitet«. Als sie 1987 auf Computer umstieg, lernte sie die Möglichkeiten der Textbearbeitung in den Schreibprogrammen zu schätzen. »Es eröffnete mir die Möglichkeiten, die mir die Geometrie hätte bescheren sollen«, so ihr Fazit.

Schreibende haben von Natur aus ein großes Interesse an den Schreibprozessen ihrer Kolleginnen und Kollegen. Wir schreiben, weil wir lesen, und lesen – zum Teil – auch, um zu erfahren, wie andere schreiben. Didion war ein Bücherwurm. Wenn sie nicht gerade auf dem Kotflügel ihres Autos las, traf sie sich freitagsabends mit ihrem Kumpel Maurice oder ihrer Freundin Nancy Kennedy (deren Bruder Anthony später Richter am Obersten Gerichtshof wurde und bei Joans Gedenkfeier eine Rede hielt) fernab von Schlangen in der Bücherei von Sacramento. Die Fotos und Videos der Häuser, in denen sie lebte, zeigen Bücherstapel bis unter die Decke. Unter den Gegenständen, die 2022 bei der Versteigerung ihres Anwesens verkauft wurden, befanden sich Didions Sammlungen der Werke von George Orwell, Elizabeth Hardwick, Joyce Carol Oates und Norman Mailer. Joan war allgemein eine rege Kulturkonsumentin, wobei ihr breit gefächertes Interesse sowohl Hoch- als auch Populärkultur galt: Eine ihrer Anthologien ist nach einem Gedicht von Yeats, eine andere nach einem Beatles-Album benannt. Auch wenn ihr

Freund und Schriftstellerkollege Calvin Trillin ihr Haus in Brentwood gern als »Literaturkonsulat der Westküste« bezeichnete, finanzierten sie und Dunne es doch überwiegend durch anspruchslose Hollywood-Aufträge. Sie liebte Rockerfilme, interviewte Jim Morrison für die *Saturday Evening Post* und Joan Baez für die *New York Times*, verfasste einen bedeutenden Essay über Georgia O'Keeffe und war eng befreundet mit der Künstlerin und Autorin Eve Babitz (*Slow Days, Fast Company*) sowie der Autorin und Drehbuchautorin Nora Ephron (*Harry und Sally*).

Auf YouTube findet sich ein Interview mit Joan aus dem Jahr 1971, veröffentlicht vom Center for Sacramento History. Ein Teil der Audiospur fehlt, aber die Aufnahmen von Didion in ihrem Arbeitszimmer im Haus auf der Franklin Avenue sind, nun ja, ein echter Goldfund. Sie trägt einen etwas ausgestellten braunen Minirock und ein schwarzes T-Shirt mit V-Ausschnitt und Verschluss am Rücken. Ihr schulterlanges rotblondes Haar hat sie wie üblich hinter die Ohren gesteckt, und auf ihren Wangen zeichnen sich Sommersprossen ab. Als sie über das Aufwachsen in ländlichen Regionen redet, hört man ihr deutlich an, dass sie aus dem Valley kommt. Damit meine ich nicht das San Fernando Valley, sondern jenen näselnden Tonfall des Central Valley, der fast schon an den Südstaatenakzent erinnert und den sich Didion, wie sie erzählt, von den vielen Geflüchteten der Oklahoma Dust Bowl abgeschaut hat, mit denen sie zur Schule ging. Das war ihre Art zu sprechen: nicht mit dem englischen Akzent einer Vanessa Redgrave, die Didion in der Bühnenfassung von *Das Jahr magischen Denkens* verkörperte, oder den vornehm kristallklaren Konsonanten von Barbara Caruso, die das Hörbuch zum selben Text gesprochen hat, sondern wie ein sommersprossiges Mädchen vom Land. Die Kamera schwenkt über gefüllte

Bücherregale und Bücherstapel auf dem Schreibtisch, verweilt auf Bänden, die Didion und Dunne geschrieben haben. Joan schneidet einen Zeitungsartikel aus, auf dem Aktenschrank im Hintergrund einige locker angeordnete braune Umschläge, in denen vermutlich noch viele weitere Artikel stecken. Sie redet darüber, dass sie sich den Kopf über ein falsch gesetztes Komma zerbrechen kann, räumt aber ein, dass sich diese Sorgfalt nicht auf ihre Haushaltsführung überträgt. (Dies ist das geheime Leben der Schriftstellerinnen: Wir können nicht zugleich gute Mütter, Ehefrauen, Töchter, Schriftstellerinnen, Köchinnen *und* Haushälterinnen sein.) Sie sitzt auf einem schwarzen Ledersofa mit Kissen im Leopardenprint, raucht eine Zigarette und liest ein Taschenbuch, das aufgeschlagen auf ihrem Schoß liegt.

»Ich mag Wörter, und ich liebe es auszuprobieren, was man mit Wörtern machen kann«, sagt sie. »*Spiel dein Spiel* ist ein sehr kurzer Roman. Ich habe fünf Jahre lang daran gearbeitet, und als ich fertig war, dachte ich, jedes Wort wäre genau richtig. Jetzt kann ich es überhaupt nicht lesen, weil mir Wörter oder Sätze ins Auge springen, von denen ich meine, sie ändern zu müssen.«

In einem Schreibseminar riet Didion einmal einer der Teilnehmenden, um eine Schreibblockade zu durchbrechen, müsse man erst einen Satz schreiben, dann noch einen und noch einen.

Wer Schriftstellerin sein will, muss schreiben.

Dabei war das Schreiben nicht ihr erster Berufswunsch: Sie wollte Schauspielerin werden. »Damals war mir noch nicht klar, dass beides demselben Impuls entspringt«, berichtete sie in *The Paris Review*. »Es ist Illusion. Eine Darbietung. Der einzige Unterschied liegt darin, dass man das als Schriftsteller alles alleine machen kann.«

Ebenso beschreibt Didion in dem Fernsehinterview von 1971 die Macht des Schreibens als einsamen Akt der Vorstellungskraft: »Das Schreiben bietet mir einen völlig legitimen Vorwand, um allein zu sein und kleine Fantasien zu spinnen.«

Ich stelle mir vor, wie eine jugendliche Joan Didion allein in ihrem Zimmer an der Schreibmaschine sitzt. Sie legt das Papier immer wieder neu ein, bis der obere Rand genau gerade liegt. Sie tippt auf die Tasten, die Buchstaben in schwarzer Tinte auf das dünne Papier prägen. Wenn die Schreibwalze, in der das Papier steckt, ihren Weg zurückgelegt hat, schiebt sie sie zurück und beginnt mit der nächsten Zeile. Während sie sich mit der Mechanik der Olivetti vertraut macht, bildet sie Ernest Hemingways »perfekte« Sätze nach, wie sie sie nannte. Sie macht sich mit der Simplizität seiner Wortwahl, der Wirkungsmacht seiner zweckmäßigen Syntax vertraut. »Die Anordnung dieser Sätze hatte irgendwie eine magnetische Wirkung auf mich. Weil sie so schlicht waren – oder vielmehr schlicht wirkten, obwohl sie es nicht sind«, erklärte sie in *The Paris Review*.

Und Didion lernt, als Frau für sich zu sein. Weder Sekretärin noch Stenografin noch all die anderen Helferinnenrollen, die man Frauen an Schreibmaschinen zuwies, sondern Schriftstellerin.

Lone Didion.

Bob Weidner war fünf Jahre lang mit Joan Didion zusammen, während ihres Studiums und ein Jahr nach ihrem Abschluss. Er erinnert sich an die Szene in der Wohnung in Berkeley, die er sich damals mit Joans und seinem gemeinsamen Freund Maurice Read teilte, als sie alle Studenten waren: »Oft war seine Freundin da. Maurice und ich lernten für die Uni, Libby [Reads Freundin] wahrscheinlich auch. Und Joan schrieb immer irgendwas auf der Schreibmaschine. Aber ich habe mir nie angesehen, was sie da schrieb.« (Das war vielleicht der Grund dafür, dass die Beziehung nicht länger als fünf Jahre hielt.)

Berkeley war nicht Joans erste Wahl.

Joan Didion wollte auf die Stanford University, die als bestes Institut an der Westküste galt. All ihre Freundinnen und Freunde bewarben sich und wurden angenommen. Sie nicht.

Später schrieb sie, dass sie überlegte, ein Fläschchen Pillen zu schlucken, während sie dasaß und den Ablehnungsbescheid ansah. (Auch wenn sie die Schauspielerei an den Nagel gehängt hatte, war eine Tendenz zur Melodramatik wohl noch vorhanden.) Schließlich heftete sie den Brief an ihre Zimmerwand.

Statt einen Selbstmordversuch zu wagen, schrieb sich Joan Didion für ein Semester am Sacramento Community College ein und bewarb sich an der University of California, Berkeley. (Sie war so sicher davon ausgegangen, in Stanford angenommen zu werden, dass sie sich nirgendwo sonst beworben hatte.) Den folgenden Sommer und Herbst verbrachte sie damit, Autokinos zu besuchen und zu Partys am Fluss zu gehen. Im Frühjahr trat sie der Studentenschaft von Berkeley bei.

»Sie ist also doch noch gut ausgegangen, meine einzige Erfahrung mit jener höchst konventionellen Mittelklassenkonfrontation, Kind versus Zulassungsausschuss«, schrieb sie sechzehn Jahre später in einer Kolumne für die *Saturday Evening Post*. Der Aufsatz liefert eine immer noch aktuelle Ermahnung an Eltern, ihr Leben nicht durch ihre Kinder auszuleben: »Mit 17 Jahren die eigene Rolle im Leben zu finden, ist schon schwer genug, ohne dass einem noch ein fremdes Skript aufgedrängt wird.«

Berkeley liegt in den Hügeln östlich des San Francisco Bay, etwa einhundertdreißig Kilometer südwestlich von Sacramento. Zu Joans Studienzeiten war es mit dem Zug oder über die Highways 40 und 24 zu erreichen, die mittlerweile durch die Interstate Highways 80 und 5 ersetzt wurden. Doch es gab und gibt noch heute einen anderen Weg zum Campus, der einen Eindruck davon vermittelt, wie die Region vor den Interstates und den Vororten und Doppelhäusern aussah: Folgt man von Sacramento aus der Flussuferstraße über das Delta in die Berkeley Hills, fährt man direkt durch Joan Didions Vergangenheit.

Der Sacramento River ist ein breiter, nutzbringender Strom, der größte Fluss in Kalifornien. Er verläuft von den Bergen im Norden bis hinab ins Central Valley, wo er durch Dämme, Aquädukte und Deiche geführt und umgeleitet wird, um den Staat mit Wasserkraft zu versorgen, Trinkwasser für das weit entfernte Los Angeles zu liefern und Farmen, Ranches und Weingärten zu bewässern. Didion war fasziniert von den technischen Feinheiten, die aus dem überwiegend trockenen Staat einen der weltgrößten landwirtschaftlichen Anbieter machten. 1977 besuchte sie in ihrer Heimatstadt das Kontrollzentrum des California State Water Project und war begeistert. »Es hat sich so ergeben, dass meine eigene Ehrfurcht vor dem Wasser immer die Form ständigen Nachdenkens darüber angenommen hat, wo sich das Wasser gerade befindet, in einem zwanghaften Interesse an dem Wasser selbst, nicht an der Wasserpolitik, sondern an der Bewegung des Wassers durch Aquädukte und Siphone und Pumpen und Deiche und Dämme und Wehre und Dränagen, an der Wasserführung im großen Rahmen«[1], schrieb sie in *Das weiße Album*.

Daneben ist der Sacramento River auch ein Freizeit- und Erholungsort. Unter den vielen Ruder- und Motorbooten sieht man in dem tiefen Gewässer nicht selten Segelboote vorbeiziehen. Mit dem Raddampfer Delta King wurden ehemals Reisende über Nacht von der San Francisco Bay nach Sacramento befördert, unterwegs gab es Glücksspiele und Alkohol. Heute liegt er zum Hotel umfunktioniert dauerhaft in der historischen Altstadt Sacramentos vor Anker, an der Uferpromenade, die in den 1960er-Jahren im Rahmen eines Sanierungsprojektes erneuert wurde, das, wie Didion schrieb, aus »demselben Geist gesellschaftlichen Patriotismus« entsprang, der ihre Großmutter zum Pflanzen des Kamelienhains bewegt hatte. Joan bezeichnete die Holzgehwege der neu gestalteten Front Street in *Woher ich kam* als »nichts als ein Motiv, ein dekorativer Effekt« – ein Spaziergang durch jene künstlich kreierte Pioniernostalgie besiegelte die endgültige Entzauberung ihrer gesamten Kindheit. Die Bootsfahrerin in mir konnte der Gelegenheit nicht widerstehen, mich auf diesem umfunktionierten Stück kalifornischer Geschichte einzumieten. In den Nächten auf der Delta King wurde ich vom Bellen dreier Kalifornischer Seelöwen geweckt, die vom Pazifik herangeschwommen waren und sich auf einem Deck am gegenüberliegenden Flussufer niedergelassen hatten. Sogar Buckelwale wurden in Johann Sutters ehemaligem Revier schon gesichtet. Es ist eine Region, in der sich Meer und Fluss begegnen, wo sich Salzwasser mit Süßwasser mischt, wo sich Farmer und Fischer die Hand reichen.

Zum Schutz vor Hochwasser ist der Sacramento River zu beiden Seiten von Deichen gesäumt, auf denen die Uferstraßen verlaufen. Wenn Didion Sacramento in nördliche oder südliche Richtung verließ, dann auf diesen aufregenden, gefährlichen Straßen. Auf den zweispurigen Asphaltwegen gibt es keinen Seitenstreifen, nur die Wipfel der stattlichen Eichen, Ahorne und Walnussbäume, die weiter unten wachsen. Es ist ein jäher Abgrund, der zwei Stockwerke tief zu Farmen auf der einen, dem Fluss auf der anderen Seite abfällt. Kein Wunder, dass zwei der Figuren in *Menschen am Fluss* hier bei einem Autounfall ums Leben kommen; die Scheinwerfer, die das dunkle Wasser durchbrechen, signalisieren dabei das Ende ihrer verbotenen Affäre.

Manchmal kreuzen die Straßen kleine Kanäle, die zu Umgehungsstraßen führen, welche Teil der komplizierten Hochwasserschutzpläne sind, oder sie überqueren den Fluss selbst. Sacramento ist bekannt für diese Brücken, die überwiegend aus Stahl gefertigt sind; in Greta Gerwigs Film fahren Lady Bird und ihre Mutter über solche Brücken. Viele der zweistöckigen Farmhäuser sind aufgrund des Hochwassers auf ebenerdige Untergeschosse gebaut. Hier werden Mais, Birnen, Trauben, Kirschen, Weizen, Spargel, Reis und vieles mehr angebaut. In *Menschen am Fluss* befürchtet Everett ständig, der Damm könne brechen und seine Hopfenfelder vernichten. Heute fordern Schilder von Weingärten und Winzereien mutige Flussstraßenhelden heraus. Die Kombination aus schmalen Nebenstraßen und Weinproben scheint mir allerdings keine gute Idee zu sein.

Wenn man weiterfährt, erreicht man bald die Deltaregion, wo die Flüsse Sacramento und San Joaquin zusammenfließen und in die Bucht münden. Das gesamte Mündungsgebiet hat ein gewisses Mississippi-Flair, von Hausbooten bis hin zu Fischerhütten, Flusskrebsen und Bauern in Pick-ups. Fährt man noch etwas weiter, vorbei am Mount Diablo und durch Contra Costa County, erreicht man Berkeley von den Hügeln aus, sodass sich unter einem die Bucht wie eine blaue Decke zum Golden Gate hin ausbreitet – der Pazifikhorizont, von dem Didion nie genug bekam. »Ein Spätnachmittag an der Westküste endet damit, dass der Himmel noch einmal alle Register zieht«, sagte sie 2006.

Berkeley ist in erster Linie Universitätsstadt. Die 1868 gegründete Hochschule, die auch als »Cal« bekannt ist, war die erste der staatlichen »land-grant universities« und ist bis heute der Starcampus im angesehenen öffentlichen Hochschulsystem. Die stattliche, idyllische Anlage erstreckt sich am Fuß der bewaldeten Hügel, wo Didion den Schein des Bevatron sah, eines Teilchenbeschleunigers, mit dem während Joans erstem Studienjahr subatomare Teilchen namens Antiprotonen nachgewiesen wurden. Ein Bach fließt an dem Sather Tower vorbei, in dem zu jeder Stunde die Glocken eines Carillon erklingen, vorbei an der Bancroft Library und bis zum eleganten bronzenen Sather Gate. Hier studierte Joan ein Jahrzehnt vor dem Free Speech Movement, mit dem Berkeley zum Synonym für die Protestbewegung der Vietnam-Ära wurde. Während ihrer eigenen Studienjahre, 1953–1956, machten erstmals die Beatniks auf sich aufmerksam, vor allem im nahegelegenen San Francisco, wo der Buchladen und Kleinverlag City Lights zu ihrem Mekka wurde. Didion hielt nicht viel von deren »Pseudo-Avantgarde«, wie sie ihrer Freundin Peggy schrieb.

Auch fand sie sich nicht gleich in Berkeley ein. Sie wurde Mitglied von Delta Delta Delta, einer internationalen, ursprünglich an der Boston University gegründeten Sorority-Studentenverbindung, zog aber nach ihrem ersten Jahr aus dem Verbindungshaus aus. Auf den Porträtfotos der Tri Delta im Uni-Jahrbuch von 1954 tragen alle der zweiundvierzig hellhäutigen Frauen, so auch Joan, einen kurzen Pagenschnitt; als eine der wenigen Schwestern wagt sie jedoch ein modisches Statement und trägt kein weißes Oberteil. Didion war ihr Leben lang kein besonders angepasster Gruppenmensch. Sie ging mit Weidner aus, und als der eine Zeit lang mit der Küstenwache unterwegs war, schrieb sie ihm Briefe. »Es waren keine normalen Briefe, wie die meisten Leute sie schreiben; sie hatte immer etwas wirklich Interessantes zu sagen«, so Weidner. (Die Briefe wie auch andere Weidner-Dokumente fielen Jahre später einem Brand zum Opfer.)

Joan war still, introvertiert. In Sacramento waren ihr Talent und Intellekt nicht ernst genommen worden. Das sollte sich nun ändern. »Sie erzählte mir einmal, dass einer ihrer Lehrer, ein

Englischlehrer an der McClatchy Highschool, ihr gesagt hätte, sie würde niemals Schriftstellerin werden. Das gab ihr zusätzlichen Ansporn, dem Lehrer das Gegenteil zu beweisen«, meint Bob.

In Berkeley, an der Schreibmaschine, verschaffte sie sich mit Essays, Artikeln und Kurzgeschichten allmählich Gehör. Gemeinsam mit ihrer Freundin Peggy betreute sie für die Campuszeitung *The Daily Cal* die Mode-Sonderausgaben. Und als der Schriftsteller W. H. Auden den Campus besuchte, führte sie ein Interview mit ihm. »An der Uni hat sie immer große Autoren und andere wichtige Leute interviewt, das half ihr dabei, ihre Schüchternheit zu überwinden. Sie hörte immer jedes kleine unscheinbare Detail in einer Unterhaltung heraus und konnte dann daran anknüpfen«, erinnert sich Weidner.

Vor allem bei dem Literaturmagazin *Occident* fand Didion eine Plattform für ihren kreativen Intellekt. Bis zu ihrem letzten Semester hatte sie sich dort so weit hochgearbeitet, dass in der Frühjahrsausgabe von 1956 eine Kurzgeschichte von ihr erschien. Es ist bemerkenswert, wie viele Motive und Schauplätze dieser ersten veröffentlichten Geschichte mit dem Titel »Sunset« später typisch Didion werden sollten. Hier zeichnet sich bereits alles ab, was sie in den kommenden siebenundvierzig Jahren darüber aussagen sollte, woher sie kam. Obwohl es nicht explizit erwähnt wird, spielt die Geschichte doch eindeutig im Central Valley: Ein alter Friedhof mit Gräbern der Kilgores kommt darin vor, ein Fluss, goldgelbe Felder, Eichen und Weiden (aber keine Schlangen!). Die Hauptfigur ist eine Frau Mitte zwanzig, die unglücklich verheiratet ist mit einem Mann im Alter ihrer Mutter. Zentrales Thema ist bereits hier Didions Desillusionierung von den goldenen Träumen, mit denen sie aufgewachsen war: Das Grundstück war aufgeteilt, das Haus ihrer Kindheit verkauft worden. »Ich habe immer geglaubt, dass ich eines Tages ins Valley zurückkehren und dort leben würde. Nun war das nicht mehr möglich. Es ist nichts mehr geblieben.« Didion war nur gut hundert Kilometer von ihrer Heimat entfernt, doch es hätten ebenso gut zehntausend sein können.

In Berkeley fand Didion Lehrer, die ihre Intelligenz und Kreativität erkannten und ihr neue Sichtweisen auf Literatur und Schriftstellerei eröffneten. Bei dem angesehenen Professor und Theoretiker Mark Schorer studierte sie den New Criticism. In ihrer Bachelorarbeit diskutierte Didion die philosophischen Implikationen von Henry James' Methode: »Denn James' Interesse galt letztlich dem Schönen, dessen Wahrnehmung und Organisation, der Kunst – darin scheinen mir Zweck und Absicht seines ganzen Schaffens zu liegen.«

In »Sunset« und ihrer Abschlussarbeit waren Didions Sprache und Stil bereits ausgefeilt. Sie beherrscht den Fluss der Wörter, als schwämme sie im American River. Sie lässt ihre Sätze mit Bindewörtern beginnen wie eine Musikerin eine neue Strophe, und wiederholt Worte, um einen bestimmten Rhythmus zu betonen. Die Motive sind Didion pur: Wahrheit und Schönheit in der Literatur, Leben und Sterben im Central Valley. »Nun hatte sie ihren Beschluss gefasst, den Beschluss, das Grab ihres Vaters in der Dämmerung zu besuchen, und so fuhren sie weiter, vorbei an den Eichen und Weiden, die man immer erst dann richtig wahrnimmt, wenn die Sonne beinahe untergegangen ist.«

Ihr Dozent Henry Nash Smith gab ihr für ihre Abschlussarbeit die Bestnote, mit dem Kommentar: »Ich denke, dass Sie wirklich bemerkenswerte Fähigkeiten als Kritikerin haben.«

Zu dem Zeitpunkt war Didion bereits aufgebrochen und hatte nicht nur die Verunglimpfungen der Gatekeeper Sacramentos hinter sich gelassen, sondern gleich den Golden State.

Die Disziplin, die sich Didion durch die Arbeit an der Schreibmaschine aneignete, blieb ihr sieben Jahrzehnte lang erhalten. »Wenn ich an einem Buch arbeite, schreibe ich meine Sätze immer wieder ab«, sagte sie 2006. »Ich fange jeden Tag wieder bei Seite 1 an und tippe alles ab, was ich geschrieben habe. Das bringt mich in den richtigen Rhythmus.«

Im Jahr 2004, neun Monate nach dem plötzlichen Tod ihres Mannes, setzte sich Joan Didion an den Computer. Die Fähigkeit, klar zu denken, war ihr abhandengekommen. An der Tastatur fand sie sich wieder. Drei Monate später vollendete sie das Buch, das ihr größter Bestseller werden sollte und ihr die lang überfälligen Auszeichnungen bescherte. »Es war, als würde ich mich an die Schreibmaschine setzen und bluten«, erzählte sie *O, The Oprah Magazine*.

5

GEBÄUDE

Noch ein Bild: San Francisco, Nob Hill 1956, in Schwarzweiß. Möglicherweise die Kreuzung von Mason und California Street, die Joan Didion fünf Jahre später in »San Francisco Job Hunt«, ihrem zweiten Artikel für eine nationale Zeitschrift, *Mademoiselle*, beschrieb: »Wenn man an der Ecke steht, blickt man die schwindelerregend lange California Street hinab bis direkt in die Bucht – beinahe wie in einen Brunnen.« Joan steht vor einer Straßenbahn, dahinter ein Backsteinbau. Die schicke Studentin trägt einen dunklen, selbstgenähten Mantel und hält einen weißen Hut in beiden Händen. Ihr Haar ist zu einem Bob mit kurzem Pony geschnitten, sie trägt dunklen Lippenstift und schaut im Dreiviertelprofil in die Ferne: eine Audrey Hepburn der Westküste. Das Mädchen vom Fluss ist zur Großstadtfrau geworden.

Dieses Foto, eine Aufnahme von Bob Weidner, legte Didion ihrer Bewerbung zum Prix-de-Paris-Wettbewerb der *Vogue* bei, der als Hauptpreis eine Reise in die Stadt der Lichter versprach. Der Wettbewerb selbst war ein alter Kindheitstraum: Als sich die Familie während des Zweiten Weltkriegs einmal wieder in einer fremden Stadt wiederfand, sah Eduene eine Annonce dafür. Sie projizierte ihren eigenen Traum von einem weltgewandteren Lebensstil auf ihre Tochter und riet ihr, sich irgendwann einmal selbst zu bewerben. Joan erhielt den Traum am Leben.

Für eine Frau von »wirklich bemerkenswerten Fähigkeiten« war die Bewerbung eine ziemlich stumpfsinnige Übung. Die Anweisung lautete: »Stellen Sie eine Wochenendgarderobe zusammen, die in eine kleine Reisetasche passt – eine Garderobe, wie sie auf einer Doppelseite der *Vogue* vorgestellt werden könnte. Beziehen Sie auch die am Wochenende geplanten Unternehmungen ein.« (Vielleicht gab diese Übung den Anstoß zu einer der bekannteren Arbeiten Didions: einer Packliste, die in *Das weiße Album* aufgenommen wurde.) Und: »Schreiben Sie einen Schönheits-Artikel für eine College-Ausgabe der *Vogue*. Beschreiben Sie ein ideales und durchführbares Programm aus täglichen und wöchentlichen Schönheitsroutinen für ein College-Mädchen – zur Pflege von Gesicht, Händen, Figur etc.« Das typische Frauenmagazin-Material.

Nach den Modeausgaben des *Daily Californian* schrieb Didion solche Texte im Schlaf. Später erzählte sie, dass sie über den

Architekten William Wilson Wurster schrieb, der damals Dekan der Architekturschule der Berkeley University war. Das bezog sich wohl auf die Aufgabe »Schreiben Sie einen Artikel von 300 Wörtern über eine herausragende Persönlichkeit aus ihrem Hauptstudienfach«, wobei Joans Hauptfach eigentlich nicht Architektur, sondern Englisch war. Es war ihre Zimmernachbarin Shirley Stephenson (später Friedman), die dekorative Kunst und Architektur studierte. Vielleicht umging Didion die Richtlinien, weil Wurster wie sie selbst aus dem Central Valley (Stockton) kam und Berkeley-Absolvent war, und sein Stil des »alltäglichen Modernismus« ebenso wie ihrer von den weiten Ebenen und dem milden Klima Kaliforniens beeinflusst war. Ihm wird die Gestaltung des ersten Ranch-Hauses zugeschrieben, womit er anspruchsvolles Design für die Mittelklasse erschwinglich machte. Dass sich Didion entschied, über ihn zu schreiben, zeigt ihre Bandbreite nicht nur als Literaturstudentin, sondern auch als Kulturkritikerin – sowie ihr besonderes Faible für Design. Didion konnte sich eine banale Schreibaufgabe zum Anlass für ein echtes Statement nehmen.

Vielleicht aufgrund des blühenden Immobiliengeschäfts ihres Vaters war Didion zeitlebens an Häusern interessiert – an der Frage, wie das menschliche Schutzbedürfnis zu einer Kunstform erhoben werden kann. Ihr Interesse galt nicht nur dem Stil, sondern auch der Konstruktion: Den Hoover Dam und das kalifornische Wassersystem beschrieb sie mit der Ehrfurcht eines Nerds aus dem Westen. Ihre eigenen beneidenswerten Unterkünfte zeugten von dem familiären Händchen für gute Lage, ihrem sicheren Gespür für Design und ihrer privilegierten Erziehung. Sie verfasste Essays über die amerikanische Mall, die Getty-Villa, die Herrenhäuser von Newport und die Gouverneursresidenzen in Sacramento (die alte viktorianische sowie die von Ronald Reagan errichtete Residenz, die damals im Jahr 1977 ebenso wenig von Gouverneuren bewohnt waren wie heute, eine unübersehbare Verschwendung von Steuergeldern durch ein generationsübergreifendes Vermächtnis überparteilicher Amtsträger – politische Selbstinszenierung gehörte ebenso zu Didions Themen). Die alte Gouverneursvilla, die sie als Jugendliche einmal besuchte, war ihr damals »das liebste Haus auf der Welt, und wahrscheinlich ist sie es immer noch«[1]. Ihre Klassenkameradin von der McClatchy Highschool, die Tochter des damaligen Gouverneurs Earl Warren, feierte in dem dreistöckigen viktorianischen Prunkbau eine Party. »Die Schlafzimmer sind groß und privat und mit hohen Decken, und sie führen nicht zum Swimmingpool, und man kann sich vorstellen, in einem davon ein Buch zu lesen oder zu schreiben oder die Tür zuzumachen und bis zum Dinner vor sich hin zu weinen«[2], schrieb Didion 1977.

Im Jahr 1929 veröffentlichte die englische Schriftstellerin Virginia Woolf einen Essay über die Schwierigkeiten, als Frau zu schreiben. Einen eigenen Raum zum Lesen und Schreiben zu haben, die Tür hinter sich schließen und weinen zu können, war ein so zentraler Punkt ihres feministischen Aufrufs, dass Woolf dem einflussreichen Aufsatz den Titel »Ein Zimmer für sich allein« gab. Doch Didions Weigerung, Woolf zu lesen, wurde Anlass zu einer Auseinandersetzung zwischen ihr und ihrer Freundin Eve Babitz über die Privilegien – wie ein großes Haus –, die Joan als selbstverständlich nahm.

1956 gewann Joan Didion mit ihrem Wurster-Essay und weiteren Stücken den Prix de Paris der *Vogue*. Doch eigentlich wollte sie keinen der beiden Preise annehmen: eine zweiwöchige Reise nach Paris oder tausend Dollar in bar. Sie wollte einen Job in

New York. In ihrem ersten Studienjahr hatte Didion noch einen anderen Wettbewerb gewonnen: Sie wurde eine von zwanzig Gastredakteurinnen der Zeitschrift *Mademoiselle* in Manhattan. Im Sommer 1955 wohnte sie einen Monat lang im berühmten Frauenhotel Barbizon und lief die paar Blocks zum Büro auf der Madison Avenue. Die Stadt hatte es ihr angetan, und so bat sie auch jetzt darum, den Preis gegen eine Anstellung eintauschen zu dürfen.

Sie bekam die Stelle bei der *Vogue*.

Doch wie ihr damaliger Freund berichtet, zögerte Didion. (Darin war sie in guter Gesellschaft: 1951 hatte eine Studentin des Vassar College den Prix de Paris gewonnen, mit einem Stück über Menschen, die sie gern gekannt hätte. Jacqueline Bouvier lehnte den Preis schließlich zugunsten besserer Möglichkeiten ab und wurde wenige Jahre später als Jackie Kennedy weltbekannt.) Wollen und Tun waren zweierlei. New York war weit von Sacramento entfernt, räumlich wie geistig.

»Es widerstrebte ihr, nach New York zu gehen, es machte ihr Angst. Sie war damals etwas schüchtern«, erinnert sich Weidner. »Ich sagte zu ihr – und das waren meine genauen Worte, ich erinnere mich, als wäre es heute früh gewesen – ich sagte, Joan, wenn du nicht gehst, wirst du dich den Rest deines Lebens fragen, was aus deinem Leben geworden wäre, hättest du es doch getan.«

Joan ging nach New York. Nach nur einem Jahr hatte die Stadt sie verändert. »Alles, wonach sich diese Generation sehnt, ist Sicherheit und Gruppenzugehörigkeit«, schrieb sie 1957 in einem Brief an ihre Familie, »und was soll aus der Welt werden, wenn nie jemand bereit ist, diese Sicherheit zu riskieren, um Großes zu erreichen?« Jahrzehnte später erklärte sie Hilton Als: »Ich war nie überzeugt von Menschen, die nie von zu Hause weggehen. Es scheint mir eine der Aufgaben des Lebens zu sein.«

In den kommenden acht Jahren war New York City Didions Universität, ihre berufliche Ausbildung, ihr sexuelles Erwachen, ihr Spielplatz, ihr Herzschmerz, ihr Zuhause.

Auf der Lexington Avenue zwischen 43rd und 44th Street erhebt sich das dreißigstöckige Graybar Building. Umgeben von modernistischen Meisterwerken der Jahrhundertmitte, behauptet sich das Gebäude in Midtown Manhattan neben der Grand Central Station mit Blick über die Avenue aufs Chrysler Building – wahrscheinlich *mein* liebstes Gebäude der Welt. (Und ich habe das Tattoo zum Beweis.) Das fünfstöckige Eingangsportal des Graybar wird bewacht von sechs Meter hohen steinernen Reliefs an der Fassade, Schutzfiguren in langen Roben darstellend. Im Inneren glänzen Terrazzoböden, und schon der Briefkasten wird dank Blumenfries, Stundengläsern, Vasen und einem geflügelten Helm zum goldenen Art-déco-Objekt, das zum stilvollen Briefeinwurf einlädt.

Die *Vogue* wird herausgegeben vom Verlag Condé Nast, der 1956 seinen Hauptsitz im Graybar Building hatte. Von hier aus konnte Didion die Leuchtreklame der Zeitschriften *TIME* und *Life* über der Rockefeller Plaza sehen. (Für die *Life* sollte sie später Kolumnistin werden.) Nach der Arbeit verließ sie das Graybar unter den Blicken der Adlerkopffiguren des Chrysler Buildings und machte sich über die Lexington Avenue auf den Weg zu ihrer Wohnung in der Upper East Side, vorbei an Schaufenstern und Restaurants, Taxis und Bäumen, durch »die flimmernde Luft, all die süßen Verheißungen von Geld und Sommer«[3]. Joan Didion verliebte sich in New York, in das Gefühl, »jede Minute, jeden Tag, jeden Monat könnte etwas Außergewöhnliches geschehen«[4], wie sie in »Goodbye to All That« (dt: »Das Ende vom Lied«) schreibt.

»Das Ende vom Lied«, geschrieben 1967, ist einer der großartigen Artikel Didions. In schwellender, lyrischer Prosa beschreibt sie, wie es ist, als junger Mensch, als junge Frau in der besten Stadt der Welt zum ersten Mal auf sich gestellt zu sein, die Schwelle zum Erwachsensein zu übertreten, sich den eigenen Lebensunterhalt zu verdienen, die ganze Nacht auf und unterwegs zu sein. Die langen expositorischen Absätze scheinen nie lang genug zu sein, so leicht ist ihr Rhythmus, so reizvoll ihr Humor: Bräuchte sie Geld, so könne sie jederzeit »für mehrere Zeitungen eine Kolumne unter dem Namen ›Debbi Lynn‹ schreiben oder Gold nach Indien schmuggeln oder ein 100-Dollar-Callgirl werden«[5]. Hier der typisch Didion'sche Blick, Gehörsinn und Riecher fürs Detail, so etwa für bestimmte Parfums wie in diesem Fall Fleur de Rocaille und L'Air du Temps. Hier auch ihre Liebe zu Wörtern: *Terrinen, Chiffon, klösterlich.* Hier die Sätze, die mal Hemingwayesk aus nur zwei Wörtern bestehen (»Wermut-Cassis.«), mal aus achtundsechzig à la Henry James, immer jedoch am Ball bleiben, nie den Faden von Subjekt zu Prädikat und zurück verlieren. Und hier das Thema, die Ich-Erzählerin und Identifikationsfigur, Joan Didion, Porträt der Künstlerin als junge Frau.

Ironischerweise ist dieser Artikel ihre Absage an den Big Apple. Die Gerüche werden schal, der Rausch zum Kater, der Liebhaber zum Peiniger, die Arbeit zur Routine. Doch wie schön die Nacht vor dem Morgen danach!

Es ist keine ungewöhnliche Geschichte. Darin liegt ein Stück weit ihr Reiz; so mancher kann sich in Joans Erzählung über die Stadt wiedererkennen. Sie wandelt auf den Spuren von Sister Carrie, der Titelheldin von Theodore Dreisers 1900 erschienenem gleichnamigen Roman, die aus dem ländlichen Wisconsin über Chicago nach New York kommt (Hallo!), um ihr Glück in der Schauspielerei zu versuchen, Didions erster Liebe. Jacqueline Susann verwertete die Geschichte der tragischen Mimin in ihrem 1966er Trash-Hit *Das Tal der Puppen*. Sylvia Plaths Roman *Die Glasglocke* basiert auf ihren eigenen Erfahrungen bei *Mademoiselle*, wo sie nur zwei Jahre vor Didion ein Volontariat absolvierte. Doch die unbarmherzige Geldgier Manhattans desorientierte und deprimierte die Dichterin aus Massachusetts, Gefühle, die auch Didion irgendwann erleiden sollte. Um einiges später, in den 1990ern, schrieb Candance Bushnell eine Zeitschriftenkolumne, nicht für Jugendliche, sondern über ihre eigenen erotischen Erfahrungen – *Sex and the City* wurde gutes Fernsehen und schlechter Film. Und dann war da noch Lena Dunham mit ihrer Comedyserie *Girls*.

Für junge Frauen ist New York City die Stadt schlechthin. Die Freiheit der Anonymität. Das Potenzial zu Ruhm. Die Abwesenheit tratschender Nachbarschaft. Das Publikum. Die 24-Stunden-Imbisse. Das Shopping. Die Zeitungsstände. Das Tanzen. Der Sex. Die Musik. Die Kunst. Das Licht. »Man läuft an einem Schaufenster vorbei, man geht in den Central Park und schwimmt in der Farbe Blau«, schrieb Didion in *Blaue Stunden*.

New York hielt »Außergewöhnliches« für Joan bereit.

New York City war und ist bis heute der Mittelpunkt der amerikanischen Verlagswelt. Wie es Joan 1960 in ihrem *Mademoiselle*-Artikel »San Francisco Job Hunt« formulierte, der vordergründig den Berufsaussichten für Frauen in San Francisco gewidmet, letztlich aber ein Lob an ihre neue Heimat war: »New York ist nach wie vor die einzige amerikanische Stadt, die auf einem komplexen Netzwerk von Branchen basiert, darunter auch den wenigen, in denen man als Frau Karriere und das große Geld machen kann: Mode, Werbung, Fernsehen, Zeitschriften.«

Sämtliche großen Buch- und Zeitschriftenverlage sowie die wichtigsten Zeitungen – die *New York Times* und das *Wall Street Journal* – waren und sind hier angesiedelt. Auch wichtige Akteure aller anderen Medien – Fernsehen, Radio, Plattenfirmen, Film, Werbung – sind in der Stadt vertreten, wenngleich Los Angeles in puncto bewegte Bilder NYC den Rang abläuft. Es ist die wichtigste amerikanische Stadt für bildende Kunst, Mode und Theater, ganz zu schweigen vom Finanzsektor. Für angehende Schriftstellerinnen und Schriftsteller mit Schwerpunkt Kultur ist ein Aufenthalt im Big Apple als Initiationsritus schon fast Voraussetzung. Ein Eingeständnis, das ich als jemand, der sich dem gierigen Sog der Stadt zunächst widersetzt, dann nach zwölfjähriger Huldigung daraus befreit hat und schließlich in Miami und L.A. sichere Anlaufstellen fand, nur widerwillig mache. Ich weiß, dass viele große amerikanische Autorinnen und Autoren, vor allem aus Kalifornien, die Station in Gotham City nie absolviert haben. Aber ich weiß auch, dass ich keine Sekunde meiner Dutzend Jahre unter den Lichtern des Chrysler Building bereue, obwohl auch ich irgendwann all dem den Rücken gekehrt habe.

Während ihrer acht Jahre in New York erwarb Joan Didion ihr Handwerkszeug, baute lebenslange berufliche und persönliche Beziehungen auf, lernte, wie es im Verlagswesen zuging, sammelte sehr gute Referenzarbeiten und veröffentlichte ihr erstes Buch. Sie fing klein an, erarbeitete sich ihre Erfolge – mit dem Schreiben von Werbetexten für die *Vogue*. Zu Anfang war sie gelangweilt. »Die Arbeit ist eintönig und stumpfsinnig«, schrieb sie 1957 an ihre Familie. »Ich kann es kaum erwarten, zu kündigen.« Doch dank ihrer schnellen Auffassungsgabe stieg sie in den Rängen der Zeitschrift bald zur Filmrezensentin auf. Der allmonatliche Prozess, Ideen in Absätze auf Hochglanzpapier zu verwandeln – sie mochte »die ganzen Details von Fahnen und

Layout, arbeitete an den Abenden, an denen die Zeitschrift in Druck ging, auch gern spät, saß dann da und las *Variety* und wartete darauf, dass die Schlußredaktion anrief«[6] – befriedigten ihren kreativen Verstand wie auch ihr Ordnungsbedürfnis.

Selbst die alltäglichen Aufgaben waren für sie erfüllend. Viele ihrer ersten Arbeiten für die *Vogue* blieben unsigniert: Anzeigentexte, Bildunterschriften, eine Klatschspalte. Doch gerade in diesen anonymen, reduzierten Räumen erlernte Didion die Beherrschung der Hemingway'schen Kürze, die Kunst, jedes notwendige Wort zu verwenden – und kein einziges mehr. Bei dem Schriftsteller Mark Schorer hatte Didion in Berkeley die Werkzeuge des New Criticism und literarisches Schreiben studiert. Bei der *Vogue* lernte sie die knappe, zweckdienliche Sparsamkeit journalistischer Prosa. Ihre Redakteurin Allene Talmey wies sie an, eine Story von dreihundert Wörtern zu schreiben, und ließ sie dann den fertigen Text auf fünfzig Wörter reduzieren. »Bei uns hieß es, ausführlich schreiben, kurz veröffentlichen, und dadurch lernte Joan zu schreiben«, erzählte Talmey der *New York Times*. Didion selbst verglich die Erfahrung mit »Training bei den Rockettes«, der berühmten Showtanzgruppe von der Radio City Music Hall. Genau wie die hohen Kicks der Rockettes mussten auch die Worte präzise und prägnant sein. »Wir waren Synonymkenner. Wir waren Verbsammler«, schrieb Didion 1978. »Erst bei der *Vogue* lernte ich eine gewisse Leichtigkeit im Umgang mit Wörtern kennen, eine Art und Weise, Wörter nicht als Spiegelbild meiner eigenen Unzulänglichkeit zu betrachten, sondern als Werkzeuge, Spielzeuge, Waffen, die strategisch auf der Seite postiert werden.«

Man beachte die Militäranalogie. In »Warum ich schreibe« bezeichnete Didion das Schreiben als »feindlichen Akt«. »Man versucht, jemand anderem die eigene Sichtweise zu vermitteln, ihm die eigene Vorstellung, das eigene Bild aufzuerlegen«, erklärte sie in einem Interview. Die *Vogue* war ihr Trainingslager. Was den Kadetten eingedrillt wurde, war die Bedeutung von Disziplin, die Einhaltung von Deadlines, die Seite mit Wörtern zu füllen, auch wenn im Kopf nur Selbstzweifel herrschen – und zur richtigen Zeit am richtigen Ort zu sein.

Ein früher Durchbruch gelang ihr, als eine andere Journalistin – »eine echte Journalistin«, im Gegensatz zu Joan, die, wie sie später erzählte, damals nur Redaktionsmitglied war – die Lektion nicht gelernt und das zugewiesene Manuskript nicht geliefert hatte. Die Story war bereits auf dem Cover der Augustausgabe von 1961 angekündigt worden: »Selbstachtung – ihr Ursprung, ihre Macht.« Diesmal ging es darum, aus den fünf Worten der Cover-Vorschau nicht nur eine Wörteranzahl, sondern eine genaue Zeichenzahl zu machen, da das Layout für die Story bereits vorgegeben war. Didion absolvierte die Übung in zwei ein- bis zweistündigen Sitzungen, nachdem sie ihr Tagespensum erledigt hatte, in den leeren Büroräumen der *Vogue* im Graybar. »Rückblickend betrachtet wissen wir schon, wenn wir anfangen, wie man schreibt; was wir aber dabei lernen, ist das, worum es beim Schreiben ging«, sagte sie 2007 in der Dankesrede zur Auszeichnung ihres Lebenswerks von der National Book Foundation mit Blick auf die Entstehung von »On Self-Respect« (dt.: »Über Selbstachtung«).

Jener Essay aus dem Jahr 1961 ist in *Stunde der Bestie* veröffentlicht. Es war jedoch nicht Joans erste Titelgeschichte für die *Vogue*: Schon in der Juniausgabe desselben Jahres erschien ihr persönlicher Aufsatz über Eifersucht. Diese sowie ihr im Oktober 1961 in der *Vogue* erschienener Artikel »Take No for an Answer« stellen frühe Beispiele jenes Genres dar, für das sie am bekanntesten wurde: den Essay in der ersten Person.

In »Jealousy: Is It a Curable Illness?« bleibt Didion überwiegend in der dritten Person. Der Artikel liefert einen flotten Überblick zur Populärpsychologie und zu bekannten historischen und literarischen Größen: Kleopatra, Madame Bovary, Descartes. Dann folgt diese nachhallende Beobachtung: »Da herausragende Schönheit, Intelligenz oder Erfolg anderer Menschen, ganz gleich wie wohlverdient, eine subtile Bedrohung unseres Selbstwertgefühls darstellen, sind uns jene am liebsten, die über irgendeinen schwerwiegenden Makel verfügen, einen erlösenden Beweis ihrer eigenen Sterblichkeit.« Erst auf der zweiten Seite lässt sie die »Ich«-Bombe platzen, und dann auch nur, um eine anonyme Freundin zu beschreiben: »*Ich* kannte einmal eine junge Frau, die sowohl schön als auch begabt war, und die seit der Affäre ihres (vollkommen einvernehmlich) getrennt lebenden Mannes nicht mehr klar denken konnte.« Erst in der vierten und letzten Spalte wird uns ein Einblick in das Leben der Autorin gewährt, als sie uns diese durch und durch Didion'sche Biografie präsentiert: »Mit 18 Jahren trauerte ich darum, dass ich nicht Prinzessin der Rose Parade *und* Mediävistin sein konnte – prädestiniert war ich zu keinem von beidem, denn ich konnte nicht zugleich für *The New Republic* schreiben und meinen Nachmittag beim Tanztee im Palace Hotel in San Francisco verbringen. 1953 gab es niemanden in meinem Bekanntenkreis, der zum Tanztee im Palace ging, aber meine Mutter war einmal dagewesen, im Jahr 1927. Derlei Ansprüche stellen Eifersüchtige an sich selbst: Sie sind einfach nicht zufriedenzustellen.« Hier, mit sechsundzwanzig Jahren, kommen Didions Wunsch, sowohl belesener Bücherwurm als auch Ballkönigin zu sein, ihre Obsession mit der goldenen Vergangenheit und ihr Neid auf Eduenes Vorbild zutage. Sie ist sowohl bescheiden als auch angriffslustig – eine hervorragende rhetorische Kombination.

Für die moralische Schlussfolgerung verzichtet sie interessanterweise auf William Congreves bekanntes Zitat »Die Hölle selbst kann nicht wüten wie eine verschmähte Frau« und wählt stattdessen Chaucer mit Criseydes Ausruf, sie sei »myn owene woman, wel at ese« (etwa: »meine eigene Herrin, frei von Zwängen«).

Didion und keine Feministin? Von wegen. Wer ihre Geschlechterpolitik kritisiert, sollte sich einmal jene ersten Artikel ansehen, in denen Didion nicht nur ihre eigene Herrin ist, sondern auch andere Frauen dazu ermutigt, sich von Zwängen zu befreien und nicht von Eifersucht behindern, sondern von Selbstachtung leiten zu lassen.

Alle drei dieser Erstlingswerke für die *Vogue* sind letztlich Selbsthilfetexte, gespickt mit persönlicher Erfahrung, psychoanalytischer Theorie und literarischen Anspielungen. Aus der Vorgabe (»Take No for an Answer«?!) machte Didion das Beste: Statt einer Abhandlung darüber, ein »Nein« hinzunehmen, ermutigte ihr Essay Frauen dazu, »Nein« zu sagen. Der »Reiß dich zusammen«-Ton dieser Kolumnen liest sich rückblickend ironisch, wenn man bedenkt, wie offen sie schon bald darauf, nur wenige Jahre später, über ihre diversen Neurosen, Zusammenbrüche und Leiden schreiben sollte. Hinter dem entschiedenen Auftreten lässt sich ein leidgeprüfter Mensch erahnen: Es ist von Migräneanfällen die Rede, von Phenobarbital, von Krankenbetten. Nichtsdestotrotz verfehlten ihre ermutigenden Worte nicht ihr Ziel. »Über Selbstachtung« ist einer ihrer häufiger zitierten Artikel, insbesondere unter ebenjenen jungen Frauen, an die Didions Worte 1961 gerichtet waren. Diese Worte hallen auch noch im nächsten Jahrhundert nach: »uns von den Erwartungen anderer zu befreien, uns uns selbst zurückzugeben – darin liegt die große, die einzigartige Kraft der Selbstachtung.«[7]

Dass Didion ihre ersten Verlagserfahrungen bei Mode- und Frauenzeitschriften gesammelt hat, liefert nicht nur einen Einblick in die Karrieremöglichkeiten, die Frauen Mitte des zwanzigsten Jahrhunderts zur Verfügung standen, sondern wirft auch ein Licht auf die Entwicklung ihres Schreibstils. Die Essays lehrten sie, wie man einen scharfen Verstand, einen Kopf voller Bücher und persönliche Erfahrung in Einklang bringt und wie man direkt mit seiner Zielgruppe und für sie spricht. Mehrere Jahre lang waren Frauenzeitschriften die einzigen Verlage, die ihre Texte veröffentlichten. Mit der *Vogue* war sie aufgewachsen, sie wusste also, dass dort wie auch bei *Mademoiselle* sehr gute Redakteure und Autoren arbeiteten. Doch sie schrieb auch ausschließlich für diese Verlage, weil die Welt der Zeitschriften eine extrem chauvinistische war.

»Es war ein völlig geschlechterbasiertes System«, meint der Journalist und Lyriker Calvin Trillin. Während Didion bei der *Vogue* war, arbeitete er mit Didions zukünftigem Mann, John Gregory Dunne, beim *Time*-Magazin. »Die Autoren waren allesamt männlich, und die Rechercheure, wie man sie damals nannte – es ging überwiegend um Faktenüberprüfung, aber sie wurden trotzdem Rechercheure genannt – waren allesamt Frauen. Darunter war eine, Johanna Davis, die so clever war, dass ihr leitender Redakteur sie auch Artikel schreiben ließ, aber sie wurde nicht im Impressum als Autorin aufgeführt.« (Davis war die Tochter von Herman J. Mankiewicz, dem Drehbuchautor von *Citizen Kane*, und Alumna der Westlake School for Girls, die auch Quintana Roo Dunne später besuchte. Sie kam 1974 kurz nach der Veröffentlichung ihres ersten Romans bei einem Autounfall ums Leben.)

»Ihre Zeit bei der *Vogue* ist deshalb so interessant, weil man sieht, wie sie den vorgegebenen Rahmen der Arbeitsaufträge ausgelotet hat«, erklärt Katrina vanden Heuvel, Chefredakteurin von *The Nation*. »Aber die Frauenmagazine – ob *Mademoiselle* und Sylvia Plath, *Vogue* oder *Glamour* – haben Frauen doch auch den Raum gegeben, sich weiterzuentwickeln, nicht unbedingt dort zu bleiben, und dann über die Themen zu schreiben, die sie bewegen.«

»San Francisco Job Hunt« etwa war eine mehrseitige Reportage, die wohl ursprünglich als Selbsthilfe-/Reiseanleitung für junge Frauen gedacht war, die an die Westküste wollten. Didion aber machte daraus eine Studie über die Benachteiligung von Frauen. Auch wenn sie sich später von der Frauenbewegung distanzieren sollte – mit fünfundzwanzig hatte sie keinerlei Illusionen über die Alltäglichkeit von Sexismus. In dem Artikel wird ein Chefredakteur zitiert, der zugibt, dass bei seiner Zeitung mit Ausnahme einer Gesellschaftsredakteurin seit vier Jahren keine Frauen eingestellt wurden. Von der Werbebranche hieß es, so Didions bissiger Kommentar, »dass man mit Gehaltserhöhungen selten und mit einer Versetzung in Positionen außerhalb des Sekretariatsbereichs etwa so oft wie mit einem schweren Erdbeben rechnen kann«. Der ganze lange Artikel liest sich wie eine Externalisierung von Didions eigener innerer Auseinandersetzung damit, warum sie an der Ostküste bleiben sollte statt zu ihren Wurzeln zurückzukehren. Dennoch kann sie es nicht lassen, von der Meeresbrise zu schwärmen: »Das Gefühl der Stadt liegt in ihrer Luft: Sie ist unwahrscheinlich sauber und trägt den Duft des Pazifiks.«

Zuletzt durchbrach Didion doch noch die gläserne Decke des Journalismus, ironischerweise bei einem Blatt, das für seinen Konservatismus bekannt ist. Die *National Review* wurde 1955 gegründet. Ihr Herausgeber William F. Buckley Jr. hatte ein gutes Gespür für Talent und war mehr als zufrieden, eine junge

Autorin aus Kalifornien auf der Suche nach dem Durchbruch zu finden, die noch dazu ein Fan der republikanischen Ikone Barry Goldwater war. Didion für ihren Teil war weniger an den libertär-konservativen Anschauungen des Magazins als vielmehr an Buckleys offener Tür interessiert; schließlich hatte sie sich auch bei progressiveren Publikationen wie *Commonweal* und *The Nation* vorgestellt. Außerdem behandelte sie bei der *National Review* nicht Politik, sondern Bücher und Filme. Daneben schrieb sie heitere Essays im Stil ihrer *Vogue*-Artikel – mit Ausnahme von »I'll Take Romance« und »Marriage a la Mode«, worin sie sich über Frauenmagazine lustig machte. Es sollten noch Jahrzehnte vergehen, bis jemandem auffiel, dass dieser scharfe Verstand zur Analyse von Politik eingesetzt werden konnte und sollte; erst in den 1980er- und 1990er-Jahren schickte Robert B. Silvers, Herausgeber der *New York Review of Books*, Joan Didion zu Parteitagen und Strafprozessen. Dort entstanden ihre wichtigsten und prägnantesten Artikel, jetzt sich von links ihrem Gegenstand nähernd.

Anfang der 1960er-Jahre wurde man in NYC auf Didion aufmerksam. Sie hatte nun auch eine Literaturagentin, Helen M. Strauss. Wenn sie abends vom Graybar nach Hause kam, arbeitete sie, bei aller Liebe zu New York von Heimweh geplagt, an einem Roman über Sacramento. Als 1963 *Menschen am Fluss* bei einem kleinen, nach seinem Gründer Ivan Obolensky benannten Verlag erschien, war Joan achtundzwanzig.

Da war der Reiz des Neuen bereits verblasst. Nach acht Jahren hatte New York seinen Glanz verloren. Wie sie es in »Das Ende vom Lied« ausdrückt, hatte sie »sich zu lange auf dem Jahrmarkt«[8] aufgehalten. Didion liebte das Graybar, die Straßen Manhattans, den Central Park. Doch sie war nie wirklich angekommen. Sie hatte sich noch nicht einmal Mobiliar gekauft, hatte immer nur hier und dort zur Untermiete gewohnt. Als sie schließlich in einer größeren Wohnung auf der East 75th Street landete, brachte sie nur eine Matratze mit Gestell, zwei geliehene Stühle und fünfzig Meter gelber Seide mit, die sie vor die Fenster hängte. Und das von der Frau, deren künftige Behausungen legendär werden sollten: das Torhaus von Portuguese Bend, die Hollywood-Villa, der Bungalow in Trancas, das »Literaturkonsulat« von Brentwood, die Eigentumswohnung in der Upper East Side mit der restaurantreifen Küche. Die Stadt war gut dafür gewesen, Single zu sein, sich zu verlieben, sich das Herz brechen zu lassen, dann einen anderen Mann kennenzulernen und zu heiraten. Aber als es daran ging, sich mit ihrem Mann ein Heim einzurichten, führte Didions Herz sie zurück in den Westen.

6

MANN

Die Bucht Abalone Cove liegt am Fuße von Portuguese Bend auf der Halbinsel Palos Verdes, einer der schönsten und exklusivsten Regionen im Los Angeles County. Aufgrund der hier permanenten Verschiebung von Bodenschichten wurden die Versorgungsleitungen in oberirdischen Rohren entlang der Küstenstraße verlegt, die regelmäßig repariert werden muss. Mein Mann fährt auf diesem Teil der Palos-Verdes-Panoramastrecke gerne besonders schnell, sodass wir nur so hinwegfliegen über die Unebenheiten der Straße. Wir wohnen nur ein paar Meilen südöstlich von hier in der Hafenstadt San Pedro, und dies ist eine unserer Lieblingsstrecken. Vor der Halbinsel ziehen Wale,

Delfine und verschiedene Robbenarten vorbei, während sich Pelikane, Falken, Turmfalken, Fischadler, Raben und Möwen im Wind treiben lassen. An klaren Tagen zeichnen sich dreißig Kilometer vor der Küste die Berge von Santa Catalina Island ab; an bewölkten oder nebligen Tagen würde man nie erahnen, dass dort eine Herde Büffel umherzieht (zurückgelassene Statisten, wie es in L.A. gang und gäbe ist). Direkt gegenüber der Bucht liegt die Wayfarers Chapel, eine aus Holz und Glas gestaltete Kathedrale der Swedenborgianer nach einem Entwurf von Lloyd Wright (dem Sohn des Architekten Frank Lloyd Wright).

Der Weg zum Strand führt eine ziemlich steile und steinige Klippe hinab. Hier kann man wunderbar Gezeitentümpel erkunden, wobei wir schon oft Tintenfische entdeckt haben. Wenn man es richtig abpasst, kann man bei Ebbe durch eine Höhle auf die andere Seite gelangen und … nun, ich überlasse Joan Didion die Beschreibung:

»Wir mussten genau zum richtigen Zeitpunkt im Wasser sein […] Ich hatte jedes Mal Angst, die Woge zu verpassen, zurückzubleiben, mich zu verschätzen. John hatte nie Angst. Man musste den Wechsel der Wogen im Gefühl haben, musste mit dem Wechsel mitgehen. So hatte er es mir gesagt.«

Hier, hoch über ebenjener Höhle, lebten Joan Didion und John Gregory Dunne in einem geräumigen Torhaus, wo Pfauen herumstreiften – ein exotisches Geschenk an die Eigentümer des Anwesens. Es war ihr erstes Zuhause in L.A. und wahrscheinlich auch ihr spektakulärstes. Die Miete lag bei 400 Dollar im Monat, der Hälfte des ursprünglichen Mietpreises, was 2022, unter Berücksichtigung der Inflation, immerhin noch 3500 Dollar entspricht. Für aufstrebende Schriftsteller mit den nötigen Mitteln war es jeden Penny wert.

Didions Passage über die Meereshöhle, die sich ganz am Ende von *Das Jahr magischen Denkens* findet, ist auch eine treffende Beschreibung ihrer Beziehung zu John: Der Sinn für Abenteuer war ihnen gemein, doch er beschützte und unterstützte sie darin auch. Sie lernten sich in New York kennen, heirateten 1964 und lebten zusammen, bis er am 30. Dezember 2003 an einem Herzinfarkt starb. Es war eine schriftstellerische Gemeinschaft und Liebesbeziehung, die in die Geschichte einging, eine echte Partnerschaft, wenn auch nicht ohne Not und Tragik – der berüchtigte Urlaub in Hawaii anstelle einer Scheidung, die Erkrankung ihres einzigen Kindes. Wie Didion in ihrer ersten Kurzgeschichte und ihrem ersten Roman – und tatsächlich ihrem gesamten fiktiven Werk – betonte, hatte sie kein großes Vertrauen in die Ehe. »Die Ehe schien mir immer ein gewagtes Unternehmen, voll schemenhafter Untiefen, unbekannter Sinkhöhlen, möglichem Seelenheil und möglicher Schlaflosigkeit, in-Gesundheit-und-Krankheit-und-mit-Krankheit-muss-man-rechnen«, prophezeite sie 1963 in ihrem *National Review*-Artikel »I'll Take Romance«, wenige Monate vor ihrer Heirat mit Dunne.

Doch sie schaffte es, die Ehe hatte Bestand. Wie auch das Schreiben funktioniert eine Beziehung nicht von selbst, sondern erst durch das eigene Zutun.

»Es braucht zwei Menschen, die bereit sind, die nötige Zeit zu investieren«, erklärte sie einmal der Journalistin Sara Davidson. »Wenn mir bei unserem ersten Kennenlernen irgendetwas an John auffiel, dann, dass er dazu bereit war.«

Gemeinsam schafften sie es.

Trotz ihrer erklärten Skepsis gegenüber der Ehe war Didion nicht aromantisch. Sie bevorzugte einen ganz bestimmten Typus, dem Dunne in seiner selbstbewusst-machohaften, irischen Art entsprach.

Joans Begehren erwachte 1943, in einem Kino in Colorado. Sie »sah den Gang, hörte die Stimme«[1], den breiten, gedehnten Akzent der Leinwandlegende, die da einem Mädchen versprach, ihm ein Haus zu bauen »an der Biegung des Flusses, wo die Pappeln stehen«[2]. Schon mit acht Jahren spürte Didion die »sexuelle Autorität«[3] John Waynes. Der lakonische Western- und Kriegsfilm-Star dämpfte ihren »Hang zur Nostalgie, wenn getanzt werden sollte«, wie sie in *Woher ich kam* eine Vorfahrin beschreibt, und sprach zugleich ihre vom Central Valley geprägten Ideale an. Er verkörperte weniger eine Person als vielmehr einen Ort: »wo ein Mann sich frei bewegen, sich seinen eigenen Kodex schaffen und danach leben konnte«[4], wie sie 1965 in »John Wayne: Ein Liebeslied« schrieb. Wayne entfesselte ihre Libido und ihren Libertarismus.

In dem Porträt, das in der *Saturday Evening Post* erschien, bemerkte Didion, keiner der Männer, die sie geliebt habe, hätte sie je wie John Wayne an jene Biegung des Flusses gebracht. Doch noch im Erscheinungsjahr des Artikels führte Dunne sie an eine andere Biegung: nach Portuguese Bend, ein unendlich viel schöneres Fleckchen als die Wüstenstadt in Bakersfield, wo *War of the Wildcats* (1943; dt.: *Die Hölle von Oklahoma*) – jener Film, in dem Wayne sein Pappel-Versprechen gibt – gedreht wurde. In den folgenden vier Jahrzehnten verschmolzen Joans und Johns Leben wie zu einem.

Dunne war Didions letzte Liebe, aber nicht ganz ihre erste. Von jener Flussparty in Sacramento an, während der Collegezeit und noch ein Jahr nach ihrem Abschluss war Joan mit Robert Weidner zusammen. Einen Gutteil der Beziehung verbrachten sie jedoch getrennt, erst während seiner Zeit bei der Küstenwache und dann während ihrer Zeit in New York. Dennoch hatte der etwas altmodischere Bob wohl die Hoffnung, sie zu heiraten. Getreu der bürgerlichen Sexualmoral der Eisenhower-Ära erklärte er, sie hätten zwar ein wenig herumgemacht, aber keinen Intimverkehr gehabt. Was er allerdings nicht wusste, war, dass Joan schon seit einiger Zeit gelangweilt von ihm war, wie sie ihrer Freundin Peggy LaViolette Powell in Briefen anvertraute: »Bob und ich verstehen uns ganz gut, aber ich will einfach WEG aus Kalifornien, von der Uni, meiner Familie und Bob und mal ein paar Jahre lang etwas ganz Eigenes machen.«

Didions Großstadterfahrungen versetzten ihrer Beziehung mit Weidner den Todesstoß. Bei einem Heimatbesuch traf sie sich mit ihrem Collegefreund zu einem »Wir müssen reden«-Gespräch. Sie hatte jemand anderen kennengelernt, »vögelte« einen anderen, wie sie gesagt haben soll. Ganz die faktenorientierte Journalistin, lieferte sie ihm die Details.

»Sie erzählte mir, wie es körperlich zwischen ihnen war«, erinnert sich Weidner schmerzhaft. »Sie wusste, wie man einen Kerl so zusammenstaucht, dass er weiß, es ist aus und vorbei.«*

Der Typ, den Joan vögelte, war ein berüchtigter Schürzenjäger namens Noel E. Parmentel Jr. Parmentel sprach ziemlich genau ihr John-Wayne-Ideal an: Er war stattlich gebaut, konservativ und sprach mit einem Südstaatenakzent. (Er kam aus Louisiana). In Essays unter anderem für *The Nation*, *National Review* und *Esquire* attackierte er die Glaubenssätze der Linken, Rechten und der Mitte. Sein Freund Dan Wakefield beschrieb den »großen,

---

* Weidner, der in *The Last Love Song* als Bakersfield Bob bezeichnet wird, obwohl er nie in Bakersfield gewohnt hat, wurde schließlich Tech-Unternehmer und ist Hauptsponsor des in Sacramento errichteten Joan-Didion-Denkmals und -Stipendiums. 1961 heiratete er Brenda Gehring, die 2022 verstarb. »Wir hatten sechzig Jahre lang eine absolut perfekte Ehe«, sagt Weidner. »Womöglich war Joans Abfuhr das Beste, was mir je passiert ist.«

schlurfenden freischaffenden Kritiker aus New Orleans« in seinem Buch *New York in the Fifties*: »Schon zu seiner Zeit war Noel die politisch unkorrekteste Person, die man sich vorstellen konnte. Er machte aus ethnischer Beleidigung eine Kunstform und ließ seinen ungeheuerlichen Ruf für sich arbeiten.« Parmentel war provokativ und bekannt dafür, sich bei Dinnerpartys mit anderen anzulegen. In einer Welt, in der Schriftsteller gern ihre Männlichkeit behaupteten, konnte er Norman Mailer als Weichling dastehen lassen. Sich selbst bezeichnete er als »reaktionären Individualisten«. Man kann wohl mit Sicherheit sagen, dass auch er Didions Libido und ihren Libertarismus ansprach.

In *The Last Love Song* schreibt Tracy Daugherty, der die seltene Gelegenheit hatte, den in die Jahre gekommenen Geschichtenerzähler zu interviewen, viel über Parmentels Einfluss auf Didion. Parmentel hatte großen Respekt vor Didions Intellekt und Talent. Er unterstützte sie in ihrer Schreibkarriere, indem er ihr etwa zu Publikationen in der *National Review* verhalf. Als acht Jahre älterer Kenner der Stadt war er ein gut informierter Führer durch deren Bars und Sozialstruktur. Wie Didion war Parmentel unter den New Yorker Liberalen ein Außenseiter und nutzte diesen Unterschied zu seinen Gunsten, was der zurückhaltenden Frau aus Sacramento zweifellos imponiert haben muss. Gutaussehend, gut gekleidet und charismatisch – es war allzu leicht, sich in ihn zu verlieben. Wakefield schrieb von »den Mädchen, die seinem Südstaatencharme verfielen«.

Doch wie Parmentel Daugherty gegenüber zugab, trank er, und zwar viel. Der Südstaatencharme war, so Wakefield, »gespickt mit herabsetzenden Kommentaren«. Er verspottete Didions melancholisches Naturell, nannte sie ein »tragisches Mäuschen« und in Anlehnung an *Hamlet* »die East-End-Ophelia« (lustig, aber gemein). Ein alles andere als stimulierender Einfluss für die junge, körperlich schwache und migräneanfällige Frau in der Fremde; tatsächlich war er für Didion wohl eher gefährlich – sozusagen toxisch männlich. Vermutlich war es das Verhältnis mit ihm, das ihrer Liebesgeschichte mit New York ein Ende setzte, der Grund, warum sie »weinte, bis ich nicht einmal mehr merkte, wann ich weinte und wann nicht«[5], wie sie in »Das Ende vom Lied« schrieb.

Er war es auch, der ihr eine erst Jahre später gefundene Notiz hinter einen Bilderrahmen geklemmt hatte, mit der Aufschrift: »Du hast dich geirrt.« (Worin genau, wusste sie nicht.) Wie ein Stalker. Jemand, der keinen Streit verlieren kann.

Und es war definitiv Parmentel, der Didion 1977, vierzehn Jahre nach ihrer Trennung, mit einer Klage drohte, da ihm zufolge die Figur Warren Bogart in ihrem Roman *A Book of Common Prayer* (dt.: *Wie die Vögel unter dem Himmel*) auf ihm basiere. Es war ein weiterer Versuch Parmentels, seine frühere Geliebte zu kontrollieren und einzuschüchtern: Der Fall hätte rechtlich gesehen gar keine Grundlage gehabt, da die Figur – ausfallend, alkoholsüchtig, todkrank – rein fiktiv und nur für Parmentel selbst als Parmentel erkennbar war.

Allerdings lässt Bogart seiner Exfrau, als sie endlich den Mut aufbringt, ihn zu verlassen, die folgende Nachricht zukommen: »Sag Charlotte, sie hat sich geirrt.«

Schlimm genug, wenn der Schriftsteller der eigenen Kollegin mit einer Klage droht, noch dazu ohne jede rechtliche Basis – es ist unkollegial und unprofessionell. Aber der Karriere einer früheren Geliebten schaden zu wollen, deren Erfolg den eigenen weit überholt hat, Jahre nachdem sie dem eigenen Einfluss entronnen ist, ist mehr als abscheulich.

Doch Noel Parmentel tat Joan auch etwas Gutes: Er half ihr, *Menschen am Fluss* zu veröffentlichen, indem er den Roman seinem Freund Ivan Obolensky vorlegte, der Didions Erstlingswerk dann auch 1963 herausgab. Und er stellte sie einem anderen Schriftsteller vor, den er damals betreute, einem irisch-katholischen Autor aus Connecticut, der für das *Time*-Magazin arbeitete und den sie doch unbedingt heiraten solle.

Was Joan dann auch tat.

Sie hatte sich nicht geirrt.

John Gregory Dunne wurde 1932 als viertes von sechs Kindern geboren; sein Bruder Dominick, auch Nick genannt, wurde ebenfalls Schriftsteller und war vor allem bekannt für seine Gerichtsreportagen. Der Vater der beiden, ein Herzchirurg, erlag einem Herzstillstand, als John gerade vierzehn Jahre alt war. Sie waren eine große irisch-katholische Familie im von englischen Protestanten geprägten Neuengland und hatten ein großes, gastfreundliches Haus in West Hartford, Connecticut; Parmentel nannte sie »die Kennedys von Hartford«. Didion erzählte, sie hätte gleich bei ihrem ersten Besuch in diesem Palast in Neuengland, kurz nach dem Aus ihrer Beziehung zu Parmentel, gewusst, dass sie John heiraten wollte. Sie schrieb diesen Wunsch der im Haus herrschenden Ordnung zu – so anders als die Unordnung in ihrem eigenen Elternhaus, wo niemand Staub wischte und die Dinge gern alt und vergilbt aussehen durften. Die materiellen Annehmlichkeiten schadeten allerdings auch nicht, so bewunderte sie etwa einen Wäscheschrank auf Rollen voller Tischtücher, »wie aus der französischen Wäscherei, in Seidenpapier eingeschlagen«, wie sie Sara Davidson erzählte. Die Didions waren durchaus wohlhabend, aber nicht ganz so gut gestellt – Privatschule, Ostküste, Führungsschicht – wie die Dunnes.

Jahrzehnte später sagte Didion in *Die Mitte wird nicht halten*, sie glaube nicht ans Verlieben. Parmentel hatte vermutlich ihre

Hollywood-geprägte romantische Vorstellung von Leidenschaft zerrüttet. Ohne ihn hatte sie keinen Halt mehr. Vor jenem Besuch in Connecticut hatte sie John bereits seit fünf Jahren gekannt, war aber nach wie vor auf Noel fixiert gewesen. Möglicherweise hielt Dunne nur als Trostpflaster her; es sagt jedenfalls viel aus, dass der Komfort und die Stabilität seines Elternhauses den Ausschlag für ihren Heiratswunsch gegeben haben. Die Verbindung versprach zugleich Sicherheit und sozialen Aufstieg. Anders als die typische Ersatzbeziehung hielt diese jedoch, bis dass der Tod sie schied.

Wie Parmentel war auch Dunne eine imposante Erscheinung. Er war kontaktfreudig, laut und unbeherrscht. Und auch er war sich nicht zu gut dafür, einen Streit in eine Schlägerei eskalieren zu lassen. »Ich glaube nicht, dass er je in richtig brutale, ausgewachsene Prügeleien geraten ist. Aber er hat wohl hier und da ein paar Hiebe ausgeteilt«, sagt Trillin. Dunne schrieb über Masturbation und von Prostituierten zugezogene Tripperinfektionen. Dies war keine weichgezeichnete Hochglanzmagazin-Romanze. Joan zerbrach an ihrer Trennung von Parmentel, John besuchte Huren in Vietnam, während er die Kriegsberichterstattung für das *Time*-Magazin übernahm.

Andererseits verstand Dunne auch Didions Feinfühligkeit: Auch er litt an Migräne, auch er hatte entsetzliche Angst vor Schlangen. Durch seine Art zu reden und zu schreiben kompensierte er ein Stottern aus Kindheitstagen. Er war klug, belesen, konnte sich gut über Bücher und Politik und Gesellschaftliches unterhalten. (Dunne liebte Klatsch und Tratsch, wenn auch nicht ganz so sehr wie sein Bruder Nick, der seine Verlagskarriere darauf aufbaute.)

Und John brachte Joan zum Lachen. Staub und Migräneanfällen zum Trotz waren die Didion-Familien für ihre Ausgelassenheit bekannt. Kritikerinnen und Kritiker sprechen gern die düstere Seite von Joans Werken an, übersehen aber oft ihren Sinn für Humor, ihre schelmische Heiterkeit und gnadenlose Satire. »Sie hatte dieses wunderbare Lachen, das drei, vier Mal größer war als sie«, so ihre enge Freundin Nora Ephron. (Ehrlicherweise ein immer noch recht kleines Lachen.)

»John war sehr wortreich und unglaublich komisch«, meint Griffin Dunne. Nicks Sohn, der Tante und Onkel sehr nahestand, drehte 2017 den Dokumentarfilm »Joan Didion: Die Mitte wird nicht halten« über Didion; auch fünf Monate nach ihrem Tod driftet er noch immer ins Präsens ab, wenn er über sie spricht. »Joan fand ihn urkomisch. Ich habe sie immer eher lachend als schüchtern in Erinnerung. Sie hatte so ein Lachen [Dunne stimmt eine hohe Tonlage an], das diese hohe Oktave trifft, dabei blieben ihre Lippen unbewegt, aber sie hatte ein breites Lächeln auf dem Gesicht und man hörte nur dieses hohe Trillern hervorkommen. Es war ein irgendwie berauschender Klang; und als ich älter wurde, habe ich immer alles gegeben, um ihn zu hören, immer und immer wieder. Das war auch einer der Gründe, warum ich die Doku drehen wollte. Denn sie machte immer auf schüchtern, das zarte Vögelchen, die schreckliche Schicksalsgöttin, die über den Tod und sowas schreibt. Dabei hat sie Humor. Und lacht für ihr Leben gerne.«

Am 30. Januar 1964, neun Monate, nachdem John Gregory Dunne sie zum ersten Mal mit nach Connecticut nahm und sie sich in die Tischwäsche der Familie verliebte, heirateten Joan und John – Didion und Dunne – in der kalifornischen Mission San Juan Bautista. Die 1797 erbaute malerische Kirche inmitten von hügeligem Ackerland wurde durch zahlreiche Brände und Erdbeben beschädigt, ist aber bis heute ein Mekka der ansässigen katholischen Gemeinde und ein Symbol ihrer spanischen

Vergangenheit. Didion trug während der gesamten Zeremonie eine Sonnenbrille, vielleicht, damit niemand sie weinen sah.

Joan und John ließen sich zunächst in Manhattan nieder. Doch sie beide teilten Didions Eindruck, sie hätten sich zu lange auf dem Jahrmarkt aufgehalten. Sie wollte zurück nach Kalifornien, war aus Sacramento aber womöglich herausgewachsen. Dunne würde NYC jedenfalls nicht gegen »Sactown« austauschen. Los Angeles war neutraler Boden, ein Ort, den sie gemeinsam kennenlernen konnten. Nick, der in der Filmbranche arbeitete, wohnte mit seiner Frau und seinen Kindern dort und gab legendäre Hollywood-Partys. Das weckte das Interesse der Didion-Dunnes. (So wurde das Paar von Freunden genannt. Joan selbst entschied sich für Joan Didion Dunne, wenn es nicht gerade um Veröffentlichungen ging. John war immer John Gregory Dunne.) Joan tauschte ihren Job bei der *Vogue* gegen Auftragsarbeit für Filmrezensionen ein; John ließ sich bei der *Time* beurlauben, kehrte aber nie zurück. Keiner der beiden würde je wieder einem Bürojob nachgehen. Fünf Monate nach der Hochzeit zogen sie nach Los Angeles um. Sie mieteten ein Haus, da sie ursprünglich vorhatten, nur ein paar Monate zu bleiben. Sie verbrachten vierundzwanzig Jahre in Kalifornien.

Harden Gatehouse, auch bekannt als Portuguese Point Gatehouse, liegt, wie der Name verrät, hinter einem großen Holztor auf einem Anwesen, dessen Anlage nie ganz fertiggestellt wurde. Um hineinzugelangen, musste Didion aus dem Auto steigen und die Torflügel öffnen, während ihr Mann in der Corvette auf der dunklen und kurvenreichen zweispurigen Straße wartete. (Ich weiß, Probleme weißer Leute.) Dahinter wartete ein echter Garten Eden, mitsamt der ein oder anderen Schlange. Der Außenbereich wurde von den Olmsted-Brüdern entworfen, deren

Vater den Central Park gestaltet hatte. Wer einen Eindruck von der Landschaft und dem Meerblick bekommen möchte, muss sich nur das große Finale von *It's a Mad, Mad, Mad, Mad World* (dt.: *Eine total, total verrückte Welt*) aus dem Jahr 1963 ansehen, als die Konkurrenten endlich das W finden, das den Schatz markiert: Die Szene wurde beim Gatehouse gedreht. Das W bestand aus schräg zueinanderstehenden Palmen, die einen Rahmen um die blaue Weite bilden – tatsächlich ein wahrer Schatz.

Trillin kam die Didion-Dunnes oft in Portuguese Bend besuchen. »Wir nannten es die Schreibfabrik, weil wir immer alle irgendworan arbeiteten, und danach setzten wir uns zum Essen zusammen«, erzählt er. »Und natürlich zum Tratschen.«

Eine reizende Vorstellung, die teils erst durch die Verbindung zweier Menschen aus wohlhabenden Familien möglich wurde. Aber die Bezeichnung war durchaus passend, in der Schreibfabrik ging es fleißig zu. Das Produkt: Worte auf Papier.

Wenn Schriftstellerpaare heiraten, kann das Ganze so oder so ausgehen: Entweder sie konkurrieren um die paar Aufträge, die ihnen aus der Verlagswelt zukommen, und landen in einer verbitterten Scheidung, oder sie sind einander konstruktive Kritiker, arbeiten einander zu und werden so noch besser und erfolgreicher. In Anbetracht der empfindlichen Egos und prekären Aussichten, die eine Karriere im Literaturbetrieb mit sich bringt – von den eigenen Erfahrungen in meiner ersten Ehe ganz zu schweigen –, erscheint der Autorin der erste Ausgang als der wahrscheinlichere. (Beim zweiten Mal habe ich einen Schreiner geheiratet.) Doch die Didion-Dunnes wurden ein echtes Team, nicht zuletzt, weil sie schon früh in ihrer Ehe lernten, die Schlaglöcher und Fallgruben zu umfahren.

Wenn sie zusammen waren, komplementierten (und komplimentierten) sie einander. Er redete gern, sie hörte gern zu. »Es wurde oft gesagt, dass sie die Sätze des jeweils anderen beendeten, aber meistens war es John, der Joans Sätze beendete«, so Trillin. »Und sie hatten dieselben Gewohnheiten. Sie gingen gern in Restaurants essen, wo man sie kannte, und zu meinem Missfallen waren das oft sehr laute Restaurants. Als sie einmal zusammengefunden hatten, sah ich sie fast nie mehr ohneeinander.«

In der *Saturday Evening Post* hatten die beiden von 1964 bis 1969, als die zweiwöchentliche Zeitschrift eingestellt wurde, sogar eine gemeinsame Kolumne. Ihr Umzug nach Los Angeles kam zu einer Zeit, da die kulturelle Elite der Ostküste auf die Stadt herabsah, und die Didion-Dunnes überzeugten das in Philadelphia ansässige Blatt, das einen großen Teil der amerikanischen Bevölkerung erreichte, sie zu Korrespondenten aus Babylon zu machen. In »Points West« erschienen sie abwechselnd als Verfasser: In der einen Ausgabe schrieb Joan über die Getty Villa oder ihren Hass auf Polizisten, in der nächsten schrieb John über Portuguese Bend oder seinen Hass auf Schlangen. Über der Kolumne war eine Zeichnung der beiden abgedruckt, die – wie römische Büsten – nur ihre Köpfe und Schultern zeigte, ihre Blicke waren direkt dem Betrachter zugewandt. Vielleicht sollte »Points West« ja an den romantischen Reiz von Hollywood-Pärchen wie Katharine Hepburn und Spencer Tracy anknüpfen, oder dem fiktiven Paar Nick und Nora.

Die Didion-Dunnes erfüllten diese Rollen aufs Trefflichste. Sie waren füreinander die ersten Leser und Lektoren und schrieben zu jedem Buch des jeweils anderen haufenweise detaillierte Anmerkungen. Seine Überarbeitungsvorschläge zu *A Book of Common Prayer* tippte Dunne nach Seitenzahlen geordnet in eine Liste. Darunter finden sich so minimale Ausbesserungen wie die Wahl für ein Fischgericht: »116 – Sandbutt. Nein. Austern.« Nach Dunnes Tod beklagte sich Didion, sie habe niemanden, dem sie *Das Jahr magischen Denkens* zeigen könne. (Das Buch wurde aber auch so gar nicht schlecht.)

Es dauerte nicht lang, bis Didion berühmter und erfolgreicher war als Dunne. Wenn er befürchtete, dass man ihn nur benutzte, um an seine Frau heranzukommen, lag er damit wahrscheinlich nicht falsch. Der Lektor Henry Robbins von Farrar, Straus & Giroux arbeitete mit John an dessen erstem Buch, *Delano*, in dem es um den von César Chávez angeführten Streik der Traubenlandarbeiter in Kalifornien ging. In seinen Briefen an den Autor fragte Robbins immer wieder nach Joan. »Übrigens, auch wenn es sehr unprofessionell ist – richte deiner lieben Frau bitte aus, dass sie mich unsäglich auf die Folter spannt, solange ich nicht weiß, ob du sie mit an Bord holen konntest«, schrieb er am 5. Juli 1967. Didion und Robbins sollten bis zu dessen plötzlichem Tod im Jahr 1979 zusammenarbeiten. Sein Verlust ging ihr so nahe, dass sie ihrem nächsten Buch den Titel *Nach Henry* gab.

So mancher Mann würde es nicht ertragen, von seiner Frau in den Schatten gestellt zu werden. Es war jedenfalls ein *plot point*, mit dem sich die Didion-Dunnes auskannten: Immerhin schrieben sie das Drehbuch für die 1976er Neuverfilmung von *A Star Is Born*, ein Film über eine Frau, die ihrem älteren Geliebten die Show stiehlt. Für Dunne, der zwei Jahre älter war als seine Frau, war es vermutlich eine steile Lernkurve, sich mit einer Existenz als Anhängsel anzufreunden; dies war immerhin der Mann, der Dan Wakefield, den Freund der Schriftstellerin Eve Babitz, fragte, ob er ihre Geschichten für sie schrieb, so Wakefield. Doch John lernte, sich im gebrochenen Licht des Ruhms seiner Frau zu sonnen.

»Sie gingen mehrmals die Woche essen, und John sah, wie die Leute an den anderen Tischen die Köpfe reckten, um einen

Blick auf Joan zu erhaschen. Dann rückte er seinen Stuhl immer so zurecht, dass sie Joan sehen konnten«, erzählt Griffin Dunne.

Außerdem konnte John Gregory Dunne eigene große Erfolge verzeichnen, vor allem mit seinem 1977 erschienenen Bestseller-Roman *True Confessions* und dessen Verfilmung mit Robert De Niro (1981; dt.: *Fesseln der Macht*). Zu Hause waren sie Kollegen, ein Team. »Er war ein Schriftsteller, der ihre Arbeit verstand, und sie verstand seine«, meint Griffin Dunne. »Ganz egal was die Außenwelt dachte, ich glaube, sie sahen sich als ein Team, als gleichgestellte Partner.«

Didion und Dunne verfassten gemeinsam Drehbücher, darunter *The Panic in Needle Park* (1971; dt.: *Panik im Needle Park*), *Play It As It Lays* (1970; dt.: *Spiel dein Spiel*) und *Up Close & Personal* (1996; dt.: *Aus nächster Nähe*). Bei weiteren Filmen wurden sie als *script doctors* eingesetzt – um die Werke anderer Autorinnen und Autoren zu retten. Das war die Arbeit, die gutes Geld einbrachte. Joan pochte immer darauf, wie wichtig es war, die Krankenversicherung bei der Writers Guild zu haben. Von der »Industrie«, wie sie in L.A. genannt wird, hielten sie allerdings nicht viel. »Nur für den Regisseur stellen Filme eine künstlerische Aufgabe dar. Daran lässt sich nichts ändern. Es ist die banale Realität«, schrieb sie 1972 in ihrem Absagebrief auf eine Anfrage, einen Artikel über das Drehbuchschreiben zu verfassen. Doch die Farbe des Hollywood-Geldes gefiel ihnen. Wie es die Filmkritikerin Lisa Kennedy in der Zeitschrift *Alta* so vorsichtig ausdrückt, waren sie »vielleicht etwas kaufmännisch, wenn es um Drehbucharbeit ging«.

Griffin Dunne erzählt, wie Joan und John in ihrer Corvette die Küste entlangtourten und sich unterwegs Dialoge ausdachten: John fuhr, Joan schrieb mit. Es ist das ultimative L.A.-Klischeebild: zwei gutaussehende junge Leute, die in ihrer kanariengelben

Corvette in spektakulärer Landschaft die Freeways entlangkurven und dabei Drehbücher schreiben.

Das war zwar Realität, ist aber auch Fantasie. Einmal zu oft um eine enge Kurve gerast, und ihre Ehe wäre um ein Haar verunglückt und ausgebrannt.

Die Probleme begannen in New York. Sie stand am Rande des Zusammenbruchs. »Den Menschen, die mir wichtig waren, tat ich weh«, gestand sie in »Das Ende vom Lied«, womit vermutlich John gemeint war. Die Ehe, die »eine sehr gute Sache war, allerdings zu einem schlechten Zeitpunkt«[6], funktionierte in Manhattan einfach nicht. In L.A. setzten sich die Spannungen fort. Auf den langen Fahrten nach Portuguese Bend, vorbei an dem Benzingeruch und schwarzen Rauch der Ölraffinerien am Harbor Freeway, gab es Streit. (Der Torhaus-Garten muss ihnen nach der hitzigen Fahrt wie das Paradies vorgekommen sein.) Sie stritten oft in diesen Tagen, über alles und nichts.

1967 fuhr Joan mit ihrer Adoptivtochter Quintana Roo zu deren erstem Geburtstag nach Sacramento. Der Vater kam nicht mit. »Mein Mann mag meine Familie, fühlt sich aber in ihrem Haus unwohl«, erklärte Didion in »On Going Home« (1967; dt.: »Über das Nachhausekommen«). Sie versuchte ihn zu entschuldigen: »wenn wir einmal da sind, nehme ich deren Gewohnheiten an, und die sind schwierig, indirekt, bewusst unartikuliert, entsprechen nicht denen meines Mannes.«[7] Dennoch war sie zutiefst enttäuscht. »Die Ehe ist der klassische Verrat.«[8] 1969, in ihrer ersten Kolumne für das *Life*-Magazin, schrieb Didion – nun schon eine bekannte Autorin – über »Türenknallen [...], hospitalisierte Psychotiker, chronische Ängste oder gepackte Koffer«.[9]

Wenige Jahre später, in Malibu, schrie John Quintana an. Joan bot ihrer Tochter an, sie könnten gehen – doch das Kind wollte den Vater nicht verlassen. Stattdessen verließ John sie. Er fuhr ein paar Tage durch den Südwesten und verbrachte schließlich sechs Monate in Las Vegas, wo er seinen ersten Roman schrieb, *Vegas* – über einen Mann, der in der Stadt der Sünde eine Midlife-Crisis hat.

In ihrem Memoir *Miss Aluminium* erinnert sich die Schriftstellerin und Schauspielerin Susanna Moore, wie Dunne eines Abends wutentbrannt aus einem Restaurant stürmte. Joan flehte ihre Freundin an, zu bleiben, und »ließ mich versprechen, dass ich sie nicht mit ihm allein lassen würde«.

In *Die Mitte wird nicht halten* gibt Didion zu, Dunne sei »unglaublich jähzornig« gewesen. »Ihn konnte einfach alles in Rage bringen.«

Die Autorin Caitlin Flanagan, die in einem 2022 in *The Atlantic* erschienenen Artikel einen Auszug aus obigem Hinweis zitiert, spricht von Missbrauch.

Sich Joan Didion als Opfer ehelicher Gewalt vorzustellen, ist erschreckend. Das gilt natürlich für jedes Opfer von Gewalt. Doch für viele verkörpert Didion eine Art mentaler und emotionaler Stärke, die körperlichen Einschränkungen trotzt. Sie war mehr als zierlich, nur knapp über 1,50 Meter groß und wog nie mehr als 45 Kilo. »Sie war eine skelettartige kleine Frau«, so der Journalist Gay Talese. »Ihre Knochen zeichneten sich durch die Kleidung ab.«

Zart wirkende Frauen ziehen in der Regel zwei Arten von Männern an. Die einen wollen sie zum Opfer machen, die anderen sie beschützen. Und manchmal vereinen sich die beiden Impulse in einem dritten Typ Mann.

In einem Brief, den sie möglicherweise nie abgeschickt hat, warf Eve Babitz der befreundeten Didion vor, sie verstecke sich hinter ihrer körperlichen Schwäche und stehe nicht für andere

Frauen – fülligere, dadurch bedrohlicher wirkende und stärker sexualisierte Frauen wie Babitz – ein. Ich stimme voll und ganz zu, dass Didion ein wenig feministische Bewusstseinsbildung nötig gehabt hätte. Doch Babitz lag zugleich auch falsch, denn Didions Körper machte auch sie zu einer Zielscheibe für Gewalt. Als Frau ist man immer Zielscheibe für Gewalt, das ist einer der wesentlichen Punkte des Feminismus.

Didion mochte aussehen wie ein Mäuschen, doch sie hatte den Mut eines Löwen und war nie jemand, der sich bei Gefahr verkriecht. Sie ging durch die Welt wie eine Frau vom zweifachen ihrer Größe, reiste alleine, besuchte Kriegsgebiete, interviewte Rockstars, stellte sich Politikern. Wie jede Frau hatte auch sie ihre Kriegsgeschichten. Mit zwanzig Jahren unternahm sie auf eigene Faust eine Zugreise durch das Land. Als sie im Boston Public Garden auf einer Wiese saß, kam ein Mann auf sie zu und fing an, »die perversesten Dinge zu sagen, die man sich vorstellen kann«, wie sie ihrer Freundin Peggy schrieb. Sie schickte ihn weg, doch er legte ihr die Hand auf den Arm. »Können Sie nicht bitte endlich gehen?«, sagte Joan. Diesmal gab er nach. Am nächsten Tag nahm sie den Nachtzug nach Montreal. Sie wurde davon wach, wie ein Mann versuchte, »sich an mich ranzumachen«. Sie schrie »AUFHÖREN!« und stieß ihn von sich. Später kam er noch einmal wieder und wollte sie überreden, das Wochenende mit ihm zu verbringen.

Im College fuhr ihr Freund Bob ihr einmal nach, als sie nach einem Streit nach Hause lief, und wollte sie dazu bewegen, zu ihm ins Auto zu steigen. Irgendwann wurde er von der Polizei angehalten, die ihn für einen Fremden hielt. Mitte der 1950er-Jahre galt eine junge Frau von vierzig Kilo, die allein zu Fuß nach Hause lief, ganz offensichtlich als mögliches Opfer. Jahrzehnte später ging die soeben verwitwete Autorin durch eine Cafeteria im UCLA-Klinikum, wo ihre Tochter behandelt wurde, als ein gestörter Mann ihr hinterherlief und sie vulgär beschimpfte, so nahe, dass sie seine Spucke abbekam.

Und dann war da noch Parmentel.

Didion fühlte sich zu dem Typ Mann hingezogen, der sie vor solchen Widerlingen beschützen würde. Sie wollte einen John Wayne: stark, aber zärtlich. Weidner war vielleicht nicht weltgewandt genug. Parmentel schien sie eher zu verletzen als ihr zu helfen. Wenn Dunne wütete – und das tat er –, befürchtete sie dann, dass er sie eigentlich gar nicht beschützen, sondern beherrschen wollte?

Ich denke schon. Ich vermute, ihre Befürchtungen waren so groß, dass sie sich eines Abends schutzsuchend an Moore wandte; dass sie eine Scheidung in Erwägung zog.

Von meinen Interviewpartnern hielt jedoch keiner Dunne für gewalttätig.

»Er hatte heftige Wutausbrüche, die schon sehr einschüchternd sein konnten, wenn man sie abbekam oder auch nur miterlebte, und er konnte richtig rumbrüllen«, meint Griffin Dunne. »Aber ich glaube nicht, dass er Joan je etwas angetan hat. Ich glaube nur, er konnte verdammt angsteinflößend sein, wenn er wütend war, und dass sie und Q vor seinem irischen Zorn den Kopf einziehen mussten, was auch immer ihn ausgelöst hat.« Wut kann emotionale Traumata und schreckliche Ängste auslösen. Ich habe schon einige Männer mit Wutproblemen kennengelernt, sie sind nicht angenehm und sollten nicht toleriert werden. Aber das sind Probleme, gegen die man angehen kann und die sich wie jede emotionale Störung bessern können. Mit Zeit, Geduld und wohl auch mit Therapie.

Ich glaube nicht, dass Didion die Art Frau war, die sich einschüchtern ließ. Sie hatte ihre eigenen Neurosen, ihre eigenen

Psychosen, die zweifellos auch für John nicht leicht zu ertragen waren.

Trillin zufolge wurde Didions zerbrechliche Art oft falsch gedeutet. »Einmal rief mich, glaube ich, jemand von der *Times* an und meinte, Joan ginge es nicht gut, weil sie so schwächlich wirkte. Ich meinte dann: ›Sie ist stärker, als sie aussieht.‹ Eigentlich ist jeder stärker, als sie aussieht. Aber sie ist tough. Wenn ich mich nicht irre, war Joan sogar Vorsitzende ihrer Wohnungsgenossenschaft.«

»Joan war eigentlich die Starke von den beiden. In ihrer Art Schwäche lag ein starker Geist und ein starker Wille verborgen«, meint Katrina vanden Heuvel. »Ich glaube, dass sie die Stärkere war, sogar in ihrer Ehe.«

»Ich habe mich oft gefragt, wie es in ihrer Ehe zuging, denn Joan war nun mal, wer sie war. Es war zwar nicht so, als wäre John kein guter Schriftsteller gewesen oder nicht bewundert worden, aber sie stand eben allein auf diesem Podest«, erzählt Julia Armstrong-Totten, Didions Cousine. »Sie waren voneinander abhängig. Es war eine richtig symbiotische Beziehung. Aber ich glaube, sie kam besser ohne ihn klar, als es ihm ohne sie ergangen wäre, auch wenn er das nie zugegeben hätte.«

In *Die Mitte wird nicht halten* bekennt Didion, dass John ihr Verteidiger war: »Er war der Schutzwall zwischen mir und der ganzen Welt.«

Didion erzählte Davidson, zu Anfang hätten sie und Dunne sich die Hälfte der Zeit gestritten. Am Ende stritten sie nur noch ein Zehntel der Zeit, aber waren unzertrennlich. »In den ersten Jahren streitet man, weil man einander nicht versteht; in den späteren, weil man sich versteht.«

Statt sich scheiden zu lassen, arbeiteten sie an ihrer Ehe.

Im verdammten Royal Hawaiian Hotel.

In Hawaii begann »ein Leben in völliger Zweisamkeit, wie es in modernen Ehen praktisch ohnegleichen ist«, schrieb Nick Dunne nach dem Tod seines Bruders.

Als sie schließlich in ihr letztes Haus in der New Yorker Upper East Side zogen, war ihr gemeinsames Leben vollkommen aufeinander abgestimmt. Morgens gingen sie im Central Park spazieren (ob Dunne nun sein Temperament unter Kontrolle bekam oder nicht, immerhin hatte er wohl seine Angst vor Schlangen bewältigt). Sie frühstückten entweder im 3 Guys Restaurant oder im Carlyle Hotel. (Sie gingen gerne essen und hatten einen teuren Geschmack.) Sie arbeiteten in ihren benachbarten Arbeitszimmern, tauschten Neuigkeiten aus, baten einander um Rat, wenn sie bei einem Stück nicht weiterkamen.

Joan Didion war eine starke Karrierefrau, die oftmals über Scheidung und gescheiterte Familien schrieb, deren eigenes Leben aber ganz ihrer kleinen Familie gewidmet war. »Ich glaube nicht, dass er immer Recht hat, genausowenig glaubt er, dass ich immer Recht habe, aber wir sind einander eben der Mensch, dem wir vertrauen«, schrieb sie in *Das Jahr magischen Denkens*. »Unsere Interessen und Investitionen sind zu keiner Zeit getrennt.«

»Was ich später lieben lernte, war nicht das, was ich zu Beginn geliebt habe«, sagte Didion, nachdem ihr Partner nach vierzig gemeinsamen Jahren verstorben war. »Später hatten wir so viele Erinnerungen, ein gemeinsames Leben, und wir waren die einzigen Menschen darin.«

7

STINGRAY

Die Protagonistin von *Spiel dein Spiel* hat in zwei Filmen ihres mittlerweile getrenntlebenden Ehemannes die Hauptrolle gespielt. Die Tochter der beiden wurde in eine Anstalt eingewiesen und Maria (»man spricht es Mar-*ai*-ah«, wie sie zu Beginn erklärt) ist schwanger von einem anderen Mann. Der Roman erzählt aus verschiedenen Blickwinkeln die Geschichte ihres Zusammenbruchs. Maria verbringt ihre Vormittage damit, durch das Autobahnnetz von L.A. zu fahren, in der Mobilität und Isolation ihrer Corvette Stingray findet sie inneren Frieden und Freiheit. In einer von Joan Didions bekanntesten Passagen beschreibt die Autorin ein Manöver, das wohl jeden anspricht, der diese bekannten Strecken schon einmal gefahren ist: »Sie kehrte immer wieder zu diesem verzwickten Abschnitt südlich des Autobahnkreuzes zurück, wo ein erfolgreicher Übergang von Hollywood zum Hafen einen diagonalen Wechsel über vier Spuren erforderte. An dem Nachmittag, als es ihr endlich, ohne einmal zu bremsen oder bei der Radiomusik aus dem Takt zu kommen, gelang, war sie beschwingt und schlief in jener Nacht einen traumlosen Schlaf.«

Didion beschrieb das Navigieren auf einer vierspurigen Autobahn ohne Beifahrer so prägnant wie das Navigieren durch eine Meereshöhle mit Dunne. Sie schrieb über Bewegung, und sie schrieb über Orte, und oft griff beides ineinander über.

Zu den Gefahren des Pazifiks zählen auch die Kreaturen, die sich dort in den Sand eingraben. Eine wahre Küstenbewohnerin weiß, dass sie den Grund mit den Füßen testen muss, wenn sie durch das Wasser watet, andernfalls könnte sich der giftige Stachel in ihre Haut bohren, der dem Stingray oder zu Deutsch Stechrochen seinen Namen verleiht. Joan war eine Abenteurerin, die sich ihre Schritte genau überlegte.

Didion hatte für schnelle Autos ebenso viel übrig wie für schöne Häuser; genau wie Maria besaß sie eine 1969er daytonagelbe Corvette Stingray und wohnte in einer Hollywood-Villa. Niemand beschrieb das Fahren in Los Angeles besser als Joan Didion (obwohl der englische Architekturkritiker Reyner Banham ziemlich nahe darankam). Sie erfasste dabei das Wesen der Stadt, wie es durch ihr Hauptverkehrsmittel definiert ist, ganz ohne Herablassung, zelebrierte es sogar. Die »Erfahrung des Freeways« sei »die einzige säkulare Gemeinschaft von Los Angeles«, schrieb sie in *Das weiße Album*. »Einfach nur den Freeway zu befahren ist nicht dasselbe, wie daran teilzunehmen. Jeder kann auf dem Freeway ›fahren‹, und viele Leute, die dafür keine Begabung besitzen, tun das auch, zögern hier, widerstehen dort, verlieren den Rhythmus des Spurwechsels, denken darüber nach, woher sie kommen, wohin sie fahren. Die, die tatsächlich daran teilnehmen, denken nur daran, wo sie gerade sind. Wirkliche Teilnahme verlangt eine völlige Unterwerfung, eine Konzentration, die so intensiv ist, dass sie narkotisch zu sein scheint, ein Freeway-Rausch. Der Kopf wird klar. Der Rhythmus übernimmt.«[1]

Man beachte, wie auch in dieser Passage der Rhythmus übernimmt: Durch Aneinanderreihung von Verben wird erst beschleunigt, dann mit zwei knappen Aussagesätzen abgebremst. Eine Autorin, die die Hand fest am Steuer hat. Auffällig ist auch, dass Joan immer von Freeways statt von Highways spricht. Didions Liebe zum Automobil wies sie jedenfalls als kalifornische Schriftstellerin aus. Julian Wassers Bilder von ihr mit der Corvette werden im Netz noch öfter geteilt als Bilder von ihr mit der Schreibmaschine – auch hier die Verbindung von Frau und Mechanik.

Doch in Didions Universum hat alles Gute auch sein Schlechtes. Die Autokultur und modernes Wohnen zählen sowohl zu den besten als auch zu den schlechtesten Seiten von L.A.. Die Millionen Menschen, die jeweils für sich zu ihren klimatisierten Privatdomizilen fahren, bescheren der Stadt nicht nur ihren tödlichen Smog, sondern tragen auch zu jener existenziellen Malaise bei, die Didion ebenfalls besser beschrieb als alle anderen: die Vereinsamung. Der Zerfall des sozialen Abkommens, den sie in *Stunde der Bestie* bedauert, steht im Mittelpunkt ihres gesamten Werks – in der Mitte, die »nicht hält«, wie sie es ausdrückt. Maria fährt zwar den ganzen Vormittag umher, aber niemals irgendwohin.

Spiel dein Spiel ist Didions zweiter Roman, erschienen im Jahr 1970. Dieser und ihre 1968 veröffentlichte Aufsatzsammlung *Stunde der Bestie* etablierten die Autorin als wichtige neue Größe der amerikanischen Literatur. In ihrer Besprechung zu *Stunde der Bestie* schrieb die *New York Times* von einer »reichen Darbietung der mitunter besten Prosa, die heute in diesem Land geschrieben wird«. Die *Los Angeles Times* ernannte Didion zur Frau des Jahres. In L.A. traten die Didion-Dunnes in die Fußstapfen von Johns Bruder Dominick und verkehrten mit der Hollywood-Prominenz: Schauspielerinnen und Schauspielern, Regisseuren, Produzenten, Filmmogulen. Schon bald gehörten sie selbst zur Hollywood-Prominenz – gemeinsam mit Nick produzierten sie ihren ersten Film, eine Adaption des Romans *Panik im Needle Park*, zu der Joan und John das Drehbuch schrieben. Für ihr Porträt einer jungen Frau aus dem Mittleren Westen, die durch Heroinabhängigkeit in die Sexarbeit abrutscht, wurde Kitty Winn bei den Internationalen Filmfestspielen von Cannes als beste Darstellerin ausgezeichnet. *Needle Park* war außerdem das Debut eines jungen Schauspielers aus der South Bronx namens Al Pacino, der einen Gauner und Drogendealer darstellte. Für die moderne *Romeo-und-Julia*-Geschichte zogen Joan und John in ein heruntergekommenes Hotel in Manhattan und verbrachten mehrere Monate unter Junkies. Der von Jerry Schatzberg gedrehte Film enthält schonungslose Darstellungen von Heroin spritzenden und überdosierenden Junkies.

Didion und Dunne schrieben noch weitere Filme zusammen, darunter ihr Drehbuch zu *Spiel dein Spiel* aus dem Jahr 1972. Manche dieser Drehbücher wurden nie produziert, und sie machten gutes Geld – wöchentlich sechsstellige Beträge –, indem sie die Drehbücher anderer Autoren ausbesserten. Mehr noch als der Journalismus und die Romane war es diese Arbeit, mit der sie sich die Häuser und den Sportwagen finanzierten.

Da war auf der einen Seite die Joan Didion, die sich zu Recherchezwecken in zwielichtigen New Yorker Vierteln unter Drogensüchtige begab. Doch sie war auch die Frau mit der Corvette, die sich in Rockstar-Kreisen bewegte und – selbst schon fast ein Star – den schnelllebigen L.A.-Lifestyle pflegte.

Die Didion-Dunnes fanden sich in L.A. ein wie Schulkinder in die Sommerferien. Kurz nach Quintanas Adoption im Jahr 1965 mussten sie aus Portuguese Bend wegziehen, da sie sich das Torhaus mit dessen Inhaber und seiner Frau teilten und ein Kind mit Babysitter im Mietvertrag nicht vorgesehen war. Sie fanden schließlich ein großes, zweistöckiges Mietshaus auf der Franklin Avenue, einen Block südlich vom Runyon Canyon Park und einen Block nördlich vom Hollywood Boulevard: zwischen Kojoten und Ausreißern. Wie das Hollywood-Viertel war auch das Haus damals noch etwas heruntergekommen. Das hielt die Didion-Dunnes jedoch nicht davon ab, es in einen glamourösen Swinging-Sixties-Hotspot zu verwandeln. Joan mochte schüchtern wirken, doch sie und ihr Mann gingen gern unter Leute, in Vorstellungen und Restaurants, um zu sehen und gesehen zu werden. Außerdem hatten sie gerne Gäste. Griffin Dunne erinnert sich lebhaft an ein Event in der Franklin Avenue zur Veröffentlichung von Tom Wolfes Buch *Der Electric Kool-Aid Acid Test*, einem Klassiker des New Journalism. Dunne war damals erst dreizehn Jahre alt, aber da sein Idol Janis Joplin da sein würde, nahmen ihn seine Eltern mit. Immerhin waren Nick und Lenny Dunne jahrelang selbst bekannte Hollywood-Gastgeber gewesen, auch wenn sie von den Didion-Dunnes allmählich übertroffen wurden. Jahrzehnte später drehte Griffin einen Kurzfilm, der auf diesem Abend basierte. Dunnes *Duke of Groove* ist so eindeutig die Vorlage für *Almost Famous* (2000; dt.: Almost Famous – Fast berühmt), dass dessen Regisseur Cameron Crowe

Dunne Lizenzgebühren zahlen sollte. Die Party hatte, wie auch in Dunnes Film dargestellt, alles, was man von einem wilden Sechziger-Jahre-Hollywood-Gelage anlässlich eines Buchs über LSD erwartet: Sex, Drogen, Rockstars und Regisseure, in jedem von Kerzenschein erhellten Raum (Didion liebte Petroleumlampen). Janis kam tatsächlich, allerdings erst, nachdem Griffin schon gegangen war. Stattdessen lernte er einen halluzinierenden Otto Preminger kennen; der Jugendliche hielt den deutschen Regisseur fälschlicherweise für den Schauspieler, der Oberst Klink in der Nazi-Sitcom *Hogan's Heroes* (1965–1971; dt.: *Ein Käfig voller Helden*) spielte.

Die meisten der Didion-Dunne-Partys waren kleinere Dinner-Angelegenheiten. Einladungen hierzu waren heiß begehrt, denn zum Freundeskreis gehörten Filmemacher (Richard Leacock, Frank Pierson), Schauspieler (Harrison Ford, Warren Beatty – der ganz vernarrt in Joan war), Kunstschaffende (Francesco Clemente, Eve Babitz) sowie Autorinnen und Autoren (Christopher Isherwood, Nora Ephron, Jean Stein). Der Galerist Earl McGrath, der später Manager der Plattenfirma der Rolling Stones wurde, gehörte zu ihren besten Freunden, seine Frau Camilla hielt als Fotografin viele dieser Zusammenkünfte fest. Als Gast saß man etwa zwischen dem Politiker Jerry Brown und einer Dragqueen, dem Fernsehproduzenten Norman Lear und der Journalistin Narda Zacchino. Ihrer Cousine zufolge stellten Joans Eltern einmal fest, dass sie mit Prostituierten am Tisch saßen, die John in Las Vegas kennengelernt hatte. Als die Didion-Dunnes 1971 das Haus in Malibu kauften, ließen sie das rauschende Nachtleben ein Stück weit hinter sich, stattdessen fanden sie eine Strand-Community: den Schriftsteller Brian Moore und seine Frau Jean, die Schauspielerin Katharine Ross und den Kameramann Conrad Hall. Ihre Partys waren die Fahrt wert.

Gay Talese war bei einem dieser Dinner in Trancas zu Gast. »Ich hatte einen ganz wunderbaren Abend«, berichtet der Mitbegründer des literarischen Journalismus. »Sie hatten noch andere Gäste da – Hollywood-Leute, wie zu erwarten war. Und wie zu erwarten, kann ich mich nicht an sie erinnern. Aber ich weiß noch genau, wie sorgfältig sie das Essen zubereitete. Da war ein großes Wohnzimmer mit Blick auf den Strand, und sie stand in der Küche und kochte. Sie war sehr, sehr akribisch und außerdem sehr charmant.«

1972 wurden die Didion-Dunnes von dem Fotografen Henry Clarke in ihrem Haus in Trancas für das *Vogue*-Magazin aufgenommen. Darunter ist ein Foto von Didion, die zwei Zöpfe trägt und in der Küche eine Mahlzeit zubereitet. Neben ihr auf der rosa gefliesten Arbeitsfläche steht einer ihrer großen orangefarbenen Le-Creuset-Töpfe, dahinter sorgfältig gestapelte Gewürzgläser. Früchte hängen in Drahtkörben über Kräutertöpfen. Es ist das Reich einer Liebhaberin der guten Küche, ein Lebensmittelschrein, wie er einer Julia Child, M. F. K. Fisher oder Alice Waters würdig wäre. (Kochbücher und Fishers Buch *The Art of Eating* waren unter den Bänden, die bei der Versteigerung von Didions Nachlass für Tausende Dollar verkauft wurden.) Das Foto ist eine der seltenen Aufnahmen, bei denen Didion in die Kamera lächelt.

Auch wenn sie über viele verschiedene Themen schrieb, wurde sie in ihren Dreißigern gewissermaßen zur Chronistin der Reichen und Berühmten: Sie schrieb über Titanen der Filmindustrie, die Prominenten von Newport, die Sängerin Joan Baez (die Kartoffelsalat mit den Händen aß) und Jim Morrison (Didion sah einmal zu, wie er ein gezündetes Streichholz an den Latz seiner schwarzen Kunststoffhose führte). Auch Dunne schrieb nicht nur für, sondern auch über Hollywood (in seinem Buch *The Studio* und später in *Monster*).

Im L.A. der 1960er- und 1970er-Jahre fand Didion eine Freiheit, die sie vom Schwimmen im American River oder einem Spaziergang durch die Straßen Manhattans kannte. Sie stieg barfuß in Flugzeuge ein, ging im Bikini im Supermarkt einkaufen. Das ist die Joan, die man so oft auf den Fotos sieht, lässig in bequemer Kleidung und fast immer mit Zigarette zwischen dem rechten Zeige- und Mittelfinger. In Julian Wassers Aufnahmen sieht man sie an ihre Stingray gelehnt oder darinsitzend in einem langärmeligen, knöchellangen Kleid, den Blick direkt in die Kamera gerichtet. Oft ist ihr Körper bis auf Gesicht und Füße vollständig bedeckt; sie war eher der Typ verhüllte Göttin als sexy Go-go-Girl. Sie lächelte nicht unbedingt. Aber das hieß nicht, dass sie sich nicht amüsierte.

»Lächelnde Menschen fotografiere ich nicht gerne«, erklärte Wasser. »Das wirkt so unecht. Sie war sehr natürlich.«

Didion hatte einen ausgeprägten Schreibstil und schrieb gern über Stil. Eines der Kennzeichen ihrer Prosa ist ihre Konkretheit. In *The New Journalism* spricht Wolfe dabei von »status life details«: kleine Informationsfetzen, die Bände sprechen. Teils weil sie oft über Frauen und Berühmtheiten schrieb und weil sie *selbst* Frau war, die noch dazu ihre ersten Schritte bei *Vogue* und *Mademoiselle* gemacht hatte, haben bei Joan Didion viele dieser Details einen Modebezug: Schnitt, Farbe, Stoff, Marke. Wer diese Beschreibungen oberflächlich oder materialistisch nennt (wie es manche Kritiker getan haben), versteht nicht, worum es beim deskriptiven Schreiben geht – und verrät seine Voreingenommenheit in puncto Geschlechterrollen. Didion dafür zu kritisieren, dass sie über Kleidung schreibt, ist, als würde man sich beschweren, dass Hemingway über das Angeln schreibt.

Didions Ausbildung in der Zeitschriftenwelt lehrte sie, dass der Teufel (und manchmal auch der Engel) im Detail steckt.

Das Hochzeitskleid, das sie bei Ransohoff's Department Store in San Francisco kaufte. Die Babyausstattung von Saks zu Quintanas Geburt. Das schwarze Woll-Challis-Kleid von Henri Bendel, als Q vier Jahre alt war. Der »schmuddelige Crêpe-de-Chine-Schal«[2], den eine Frau in einem Hotel in Delaware trug. Fotos von einer fünfjährigen Quintana in einem Cashmere-Rollkragenpullover oder »abgeschnittenen Jeans und einer Levi-Jeansjacke mit Metallnieten«. Das »schwarze Seidenkleid«, das Joan an dem Abend trug, als sie Henry Robbins kennenlernte. Die Christian-Louboutin-Schuhe, die Q bei ihrer Hochzeit trug: »heller Satin mit knallroten Sohlen«. So wie Eduenes Mutter ihre Enkelin gern mit Kleidung beschenkte, kleidete diese Enkelin offenbar gern ihre Tochter ein.

Das Central Valley aus Didions Kindheit war nicht gerade das Epizentrum der Eleganz, doch die wunderbare Welt der Zeitschriften brachte Mode und Stil nach Sacramento. Joans Interesse am Verlagswesen begann früh. Schon als Kind besah sie sich mit ihrer Cousine Brenda die Outfits in der *Vogue*. Manchmal spielten sie auch, sie würden im Kaufhaus I. Magnin einen Fahrstuhl betreten, und ein gespenstischer Aufzugführer verkündete: »Nur noch eine Person«, woraufhin der Fahrstuhl gen Boden stürzte. (Tatsächlich besuchte sie 1970 die Beverly-Hills-Filiale von I. Magnin, um Linda Kasabian, Mitglied der von Charles Manson angeführten Manson Family, ein Kleid für ihre Gerichtsaussage im Tate-Mordprozess zu kaufen.) Als Sechsjährige malte sich Didion aus, sie lebe in Argentinien und lasse sich scheiden, mit Sonnenbrille und schwarzer Seiden-Mantilla. (Einmal ein Mädchen, das nicht von Hochzeiten, sondern von Scheidung träumt.) Dies sind Geschichten, die sie selbst 2011 in der *Vogue* erzählte.

Als Studentin betreute sie die Sonder-Modeausgaben für die Campuszeitschrift. Als sie nach New York zog und anfing, für die *Vogue* zu arbeiten, beklagte sie sich darüber, dass sie sich die Outfits gar nicht leisten konnte, die von den Mitarbeitern verlangt wurden, wozu auch das tägliche Tragen von Hüten zählte. Sie versuchte mit ihrem eigenen Gehalt auszukommen, ohne die Hilfe ihrer Eltern anzunehmen (die es sich zu dem Zeitpunkt durchaus hätten leisten können, ihr zu helfen); daher die geliehenen Möbel. Dabei hatte die Möchtegern-Schauspielerin durchaus ein Händchen für Gestaltung: den dreiviertellangen Mantel, den sie sich für die Fotoaufnahmen in Nob Hill nähte, die meterlangen gelben Stoffstreifen, die aus ihrem Fenster in Manhattan wehten.

Als Erwachsene war Didions Stil schick, aber dennoch einfach und bequem. Auf ihrer Liste »Zum Einpacken und Anziehen« dreht sich alles um Komfort und Platz: »2 Röcke, 2 Westen oder ärmellose Trikots, 1 Wollpullover, 2 Paar Schuhe, Strümpfe«[3], etc. Es ist eine Arbeitskluft für Autorinnen: leicht zusammenzustellen, leicht zu transportieren, zu waschen und zu tragen. Nicht darüber nachdenken zu müssen, was man anzieht, schafft einer Frau den Freiraum, darüber nachdenken zu können, was sie schreiben soll.

Kein Wunder, dass Didion zur Modeikone für intelligente Frauen wurde und Bilder von ihr seit bald einem halben Jahrhundert in Studentenwohnheimen aufgehängt und heute in Instagram-Accounts geteilt werden. 1989 waren sie und Quintana Roo in einer Werbekampagne für Gap zu sehen, Mutter und Tochter in schwarzen Rollkragenpullis, fotografiert von Annie Leibovitz. 2015 war die achtzigjährige Ikone der Star einer Anzeige für die sehr elegante und sehr teure Modemarke Céline. Auch auf diesem Foto trug sie Schwarz; offenbar hatte sie nach ihrem erneuten Umzug nach New York die Trendfarbe der Stadt übernommen. Eine riesige Sonnenbrille bedeckt ihr halbes Gesicht und die rosigen Lippen sind fest verschlossen – nicht nur ohne ein Lächeln, sondern geradezu grimmig. Die von Juergen Teller inszenierte Aufnahme ist ziemlich düster. Doch in den sozialen Medien kam sie sehr gut an. »Seit Kim Kardashian vor zwei Monaten für das *Paper*-Magazin die Hüllen fallen ließ, hat nichts das Internet der Mode so erschüttert«, hieß es in der *New York Times.*

Joan Didion hatte ohne Zweifel ein Faible für schöne Dinge. Französisches Parfum. I. Magnin. Nach ihrem Umzug nach Trancas benutzte sie jeden Tag das gute Silber. »Jeder Tag ist nun mal alles, was man hat«, erklärte sie der *New York Times.* (Wenn das kein perfekter Didion-Satz ist.)

So manche mag dieses ganze Designer-Namedropping abschrecken. Verständlich, dass Didion schon beschuldigt wurde, Konsum zu glorifizieren und Besitztümer zu fetischisieren – »der englische Chintz, die Toile chinoise« in ihrem Haus in Brentwood (beides musste ich nachschlagen). Der stilvolle Luxus, mit dem man Didion assoziiert, erreichte seine absurde Krönung, als am 16. November 2022 Gegenstände aus Didions und Dunnes Nachlass bei der bereits erwähnten Auktion versteigert wurden, die offiziell in den Stair Galleries in Hudson, New York, durchgeführt wurde, tatsächlich aber dank Online-Gebotsabgabe primär im World Wide Web stattfand. Die insgesamt zweihundertvierundzwanzig Lots, bestehend aus Möbeln, Tellern, Kochgeschirr, Kunstgegenständen, Büchern, Petroleumlampen, Sonnenbrillen und sogar Muscheln – wie man sie in jedem Touristenshop am Strand bekommt –, erzielten einen Mindestverkaufspreis von je 1100 Dollar, was die vorangegangene Schätzung um das Zehnfache übertraf. Dreiundzwanzig Leinenservietten mit gesticktem JDD-Monogramm: 14000 Dollar. Dreizehn unbeschriebene – ja, unbeschriebene – Notizbücher: 11000 Dollar. Das

Silberbesteck: 5500 Dollar. Eine Céline-Sonnenbrille in Schildpattoptik: 27 000 Dollar. Mit 110 000 Dollar der teuerste Gegenstand war ein Porträt Didions, das ein unbekannter, von Depressionen geplagter Fan von einem ihrer Autorenfotos abgemalt und ihr geschenkt hatte.

Wie Julia Armstrong-Totten mir am darauffolgenden Tag in einer E-Mail über ihre Cousine schrieb: »Ich kann förmlich sehen, wie sie über so viel Aufmerksamkeit die Augen verdreht, sie irgendwie aber auch genießt!«

Der Verkaufserlös wurde zugunsten der Parkinson-Forschung und für ein Stipendium des Sacramento City College gespendet. Doch diese eintägige Zurschaustellung materialistischer Idolatrie war schwer mitanzusehen, selbst für einen Didion-Fan.

Der Wert dieser Objekte lag vor allem in ihrer Verbindung zu deren verstorbener Besitzerin: »Relikte« der »Sankt Joan«, wie ihre Cousine mir schrieb. Für sich genommen wären sie nur den Bruchteil des Verkaufspreises wert gewesen. Vieles davon waren abgenutzte Gegenstände, die schon über Generationen in der Didion-Dunne-Familie weitergereicht worden waren, Werke befreundeter Künstler oder schlicht Taschenbücher. Keine Schmuckstücke, sondern Talismane – keine albernen Prestigekonsumprodukte, sondern gesammelte Erinnerungsstücke.

Sie verrieten viel über das ästhetische Empfinden ihrer Besitzerin: eine Wertschätzung filigraner alter Objekte, etwa mehrere Sets von Porzellangeschirr, ein Gefallen an abstrakter und Konzeptkunst von Meistern des zwanzigsten Jahrhunderts wie Ed Ruscha, Willard Dixon und Brice Marden; eine Kombination von Praktischem (Kochgeschirr von Le Creuset) und Sentimentalem (ein charmantes Bild eines schlafenden Kätzchens, das Didion von Earl McGrath geschenkt bekam), von Naturalismus (ein Foto von der Meeresbrandung, aufgenommen von Quintana) und Urbanismus (ein Foto eines Bauwerks der Jahrhundertmitte in Palm Springs, ebenfalls von Quintana).

Armstrong-Totten erinnert sich noch, wie schwer die Le-Creuset-Töpfe waren; sie wusste nicht, wie ihre Cousine sie überhaupt tragen konnte.

Lynn Nesbit, Didions Agentin, findet nicht, dass Joan ein Luxusproblem hatte. »Sie hat nicht viel für Kleidung ausgegeben [...] Sie haben sich sicher nichts verboten, aber hatten eben auch keinen übermäßig luxuriösen Lifestyle. Sie trug nie besonders ausgefallene Kleider. Noch nicht mal ein schickes Cocktailkleid. Sowas habe ich sie nie tragen sehen. Es waren immer Röcke, Pullover oder irgendein schlichtes Kleidchen, das vielleicht ein paar Hundert Dollar gekostet hat.«

In Manhattan ist Wohlstand eben relativ.

Die Chronistin des Imperiums wusste wohl, dass die Herrscher viele Kleider trugen. Hochglanzmagazine waren schließlich wie besessen von den Reichen und Berühmten; und die Reporter schleusten sich in Tarnkleidung ein: Didion in ihren Leinenkleidern und Miniröcken, Tom Wolfe und Truman Capote mit ihren Anzügen und Hüten. In den 1960er-Jahren standen literarische Journalisten kulturell auf oberster Stufe mit Rockstars und Filmregisseuren. Einer von Wolfes bekanntesten Artikeln war »These Radical Chic Evenings« über eine Party, die Leonard Bernstein für die Black Panthers gab. Didions Essay »Gute Bürger« beginnt wie folgt: »Ich wurde einmal zu einer Bürgerrechtsversammlung im Haus von Sammy Davis jr., in den Hügeln oberhalb des Sunset Strip, eingeladen.«[4]

»Stil ist Persönlichkeit.«[5]

So schrieb Didion 1976 in einem Essay über die Malerin Georgia O'Keeffe. Die Kursivsetzung stammt von ihr. Sie verstand, dass Entscheidungen über die Form Entscheidungen über den Inhalt sind. Ausschmückung ist ein Statement. O'Keeffes Blumen waren nicht einfach nur Blumen, sondern »erstaunlich aggressive«[6] *fuck yous* an die Männer, die die Künstlerin nicht verstanden, sie versuchten zu limitieren, über sie urteilten. Ich sehe viele Parallelen zwischen Didion und O'Keeffe: Beide wuchsen in Agrarregionen auf, beide mussten sich in New York behaupten, beide zogen zurück in den Westen, um wieder den Horizont zu sehen, beide fanden Inspiration und Geborgenheit in Hawaii, beide hatten eine morbide Ader (Leichenschauhaus, Kuhschädel), beide liebten Blumen. O'Keeffe scheint, in Joans Worten, »schon frühzeitig mit einem unumstößlichen Gespür dafür ausgestattet gewesen zu sein, wer sie war, und der ziemlich deutlichen Gewissheit, dass sie es würde beweisen müssen«[7]. Worte, welche die Schriftstellerin selbst beschreiben könnten. Beide waren, auf jeweils eigene Art, »erfolgreiche Guerillas im Krieg zwischen den Geschlechtern«[8].

Diese Verbindungen sehe ich auch zwischen Patti Smith und Didion, die miteinander befreundet waren. Die Musikerin und Dichterin ist ebenfalls O'Keeffe-Fan. Sie sang sowohl bei Quintanas als auch bei Joans Gedenkfeier. Auch sie führt seit Jahrzehnten eine Art Guerillakrieg.

Zwei Fotografien, die Smith Didion geschenkt hatte – von Hermann Hesses Schreibmaschine und einer Gruppe Osterhasen – wurden bei der Auktion für je 29 000 Dollar und 16 000 Dollar verkauft. Unter die Osterhasen hatte Patti geschrieben: »To Joan with love«.

Joan verstand die Bedeutung von Stil, nicht nur was Garderobe und Einrichtung betraf, sondern auch Kunst, Musik und, allem voran, das Schreiben. Ihre Mission als Journalistin war, zu zeigen, dass Stil – Rhetorik – auch eine Maskerade sein konnte:

Geschichten, die eigentlich Lügen sind. Von der Minute an, da sie den Stift in ihrem Notizbuch ansetzte, erschuf sie ihren eigenen Stil. In Berkeley analysierte sie die Kunst des schönen Schreibens in Henry James' Werk. Im Trainingslager bei der *Vogue* lernte sie, ihren Schreibstil weiter zu verfeinern, was sie ihr Leben lang fortführen sollte. Darin liegt die Eigenheit des literarischen Journalismus: in der Vereinigung von tiefgehenden Informationen und belletristischer Form.

»In ihren Interviews hat sie im Laufe der Jahre immer wieder ihr eigenes Augenmerk darauf betont, welche Kontrolle bestimmte Sätze auf den Inhalt ausüben, von der Bedeutung gesprochen, die Rhythmen und Echos auf der Ebene der Syntax haben, und ihre eigenen Korrektur- und Revisionsprozesse auf Satzebene reflektiert«, schreibt Kathleen M. Vandenberg in *Joan Didion: Substance and Style*. Vandenberg, selbst Dozentin für Rhetorik an der Boston University, stellt, wie dem Buchtitel zu entnehmen ist, Stil in den Mittelpunkt von Didions Wirkkraft. »Stilistischer Ausdruck ist das formale Mittel, mit dem sie überzeugt [...] über diesen Ausdruck macht sie, unter anderem, ihre Argumente präsent und einprägsam, hebt ihre zentralen Aussagen hervor und holt den Leser auf ihre Seite.«

Literarischer Journalismus – wie der New Journalism der 1960er-Jahre schließlich benannt wurde, als er nicht mehr ganz so neu war – bedient sich in der Regel bei Stilmitteln aus Erzählliteratur, Lyrik und Theater. Didion kannte sich mit diesen Literaturen jedenfalls mehr als gut aus und übernahm Elemente daraus in ihre nichtfiktiven Texte. Ich persönlich glaube, auch wenn ich in dem Punkt womöglich voreingenommen bin, dass Musik sogar einen noch größeren Einfluss auf ihr Schreiben hatte. Joan Didion schrieb wie eine Komponistin: bemüht um Rhythmus, um die richtige Tonlage, um die Erzeugung von

Melodien und Hooklines (die wiederholten Refrains), die Liedstruktur insgesamt. Mit dieser Meinung bin ich nicht alleine. »Viele von Didions Sätzen ähneln meiner Lieblingsmusik, Musik, zu der niemand tanzen sollte«, schreibt Myriam Gurba. Dass Joan Musik hörte, steht jedenfalls außer Frage, und ich kann in ihrem Werk den Sound jener Zeit heraushören, der während des Wechsels vom Hollywood Freeway auf den Harbor Freeway im Radio lief.

Joans Artikel und Romane zeigen schon früh Parallelen zu Pop- und Jazzstandards: melodisch, voller Hooks und Riffs und sehr formal in ihrer Struktur, wie Lieder von Carole King und Gerry Goffin, Jerry Leiber und Mike Stoller, Ira und George Gershwin. In den 1960ern und 1970ern experimentierte sie mit Dissonanz, Improvisation, Abstraktion: Man denke an die Doors, Jimi Hendrix, Laura Nyro. In den 1980ern und 1990ern komponierte sie neue Symphonien durch die Kombination von klassischer Musik, Harmolodic Jazz und Bühnenmusicals: Joni Mitchell, Stephen Sondheim, Charles Mingus, Leonard Bernstein. Ihr journalistisches Meisterwerk, »New York: Sentimental Journeys« (1993; dt.: »Sentimentale Reisen«), liefert politischen Kommentar als erzählte Geschichte: Gil Scott-Heron, Public Enemy. In den 2000er-Jahren wurde sie mit ihren Memoiren zur schonungslos ehrlichen Singer-Songwriterin mit rauem Post-Punk-Charakter: Patti Smith, PJ Harvey, Kurt Cobain. Im Jahr 2023 höre ich Kendrick Lamar und erkenne darin Joan Didion. Beide arbeiten im Modus des Bekenntnisses, beide liefern scharfsinnigen gesellschaftlichen Diskurs, beide gehörten sie zu Kalifornien – und Kalifornien zu ihnen.

Dass Didions Lebenswerk auf eine 27 000 Dollar teure Sonnenbrille reduziert werden soll, ist verstörend und beunruhigend.

Sie trug die großen Modelle nicht nur wegen deren Filmstarflair und als Ausgleich für ihr kleines Gesicht, sondern auch, weil ihre Augen schnell anfingen zu tränen und sie unter durch Licht ausgelösten Migräneanfällen litt. Sie wohnte in Kalifornien, wo Sonnenbrillen nicht nur Mode, sondern mitunter medizinisch notwendig sind. Stil ist Persönlichkeit, aber Céline ist nicht Didion.

Dennoch gefällt mir die Idee einer achtzigjährigen Modeikone, die nur mit einer einsamen Orchidee im Hintergrund auf dem Sofa sitzt und ganz in Schwarz gekleidet ist. Joan war so ein Goth!

Julian Wasser hasste die Art, wie die Beleuchtung in der Céline-Anzeige Didions Alter und Gebrechlichkeit hervorhebt. Teller ließe sie aussehen »wie eine alte Hexe [...] Sie sieht tausend Jahre alt aus«, sagte Wasser. Ihm war die Joan aus seiner romantisierten Jugend lieber: »Als ich sie fotografiert habe, war sie ein scharfes Ding.«

Wasser fotografierte viele berühmte Leute: Martin Luther King jr., die Beatles, die Rolling Stones, Donna Summer, Robert Kennedy im Ambassador Hotel, Jack Nicklaus usw. Am weitesten verbreitet sind aber zwei ganz andere Aufnahmen, von zwei guten Freundinnen: eine nackte Eve Babitz beim Schachspiel mit Marcel Duchamp, und Didion, von den Knöcheln bis zu den Handgelenken verhüllt, vor ihrer Corvette. Die Gegensätze in den beiden Aufnahmen sind genial und urkomisch: die scharfsinnige Nackte, die mennonitische Rennfahrerin.

Didions gerahmte Abzüge von Julian Wassers Stingray-Aufnahmen erzielten bei der Auktion 24 000 und 26 000 Dollar. Der Fotograf hatte selbst viele dieser und anderer Aufnahmen Didions verkauft: mit Quintana auf dem Schoß, zusammen mit John und Q.

»Jede aufstrebende junge Frau in Europa und Amerika will diese Fotos«, sagte Wasser über seine ikonischen Didion-Aufnahmen. »All diese Mädchen, die als Tussi abgestempelt werden, können sich mit ihr identifizieren, denn sie hat wirklich Klasse. Aber auf intellektuelle Art.«

Als Joan Didion noch bei der *Vogue* arbeitete, ging sie oft zu Fotoshootings. Dabei lernte sie schnell, dass der Schlüssel zu einer erfolgreichen Session nicht darin lag, dass das Modell sich selbst zeigte (fotografiert wurden immer nur Frauen), sondern darin, »zu sein, wen oder was auch immer der Fotograf im Objektiv sehen wollte«, wie sie später in einem Buch über Robert Mapplethorpe schrieb. Interessanterweise war ihr Freund Bob Weidner selbst Amateurfotograf. Wenn man sich die vielen ikonischen Aufnahmen von Didion ansieht, wird klar, dass sie gelernt hat, so vor der Kamera zu posieren, dass sie dem Fotografen gefiel, aber auch sich selbst treu blieb. Das stille Modell beherrschte den Blick, ob sie ihn direkt entgegnete – wie in allen Aufnahmen Wassers – oder ihr Gesicht hinter einem schwarzen Rollkragenpulli versteckte, wie in einer berühmten Aufnahme von Brigitte Lacombe. Tatsächlich sind nur wenige Autorinnen und Autoren annähernd so bekannt für ihre Fotoporträts – von Annie Leibovitz, John Bryson, Quintana Roo Dunne – wie für ihre Bücher, so wie es bei Didion der Fall ist.

»Sie ist sich ihrer Rolle als Stil- und Kulturikone sehr bewusst«, meint Autor David L. Ulin. »Es hat etwas Faszinierendes, wie sie mit der Künstlichkeit des öffentlichen Images umgeht.« Die Fotos sind Mementos einer anderen Zeit, Andenken an den Traum vom goldenen Land. Beim eingehenden Betrachten – denn anders als eingehend kann man sie nicht betrachten – kommt Neid auf den Lifestyle auf: die Kräutertöpfe im Bungalow in Trancas, die Kleinfamilie auf dem Weg zum Strand, das Schriftstellerpaar im holzgetäfelten Raum voller Bücher, Mutter und Tochter Nase an Nase auf dem Sofa.

Doch diese Bilder enthalten mehr als bloß *status life details*, Hinweise auf sozialen Status. Für eine schüchterne Frau, eine nachdenkliche Künstlerin, eine Person, deren Knochen sich durch losen Stoff abzeichnen, hat Didion auf diesen Fotos eine bemerkenswert selbstsichere Haltung. Man ist nicht sicher, ob sie einen umhaut oder gleich selbst davongeweht wird. Sie ist schön, wirkt aber nie objektiviert, verfälscht oder überschminkt, underdressed oder overdressed, oder als hätte sie über ihr Outfit nicht selbst und nur für sich bestimmt. Eine Schriftstellerin – eine Intellektuelle – verbringt so viel Zeit in ihrem Kopf, dass es ihr schwerfallen kann, auch im Körper präsent zu sein. Auf diesen Fotos sieht es so aus, als hätte Joan beides gemeistert.

Stil ist Persönlichkeit.

8

HIGHBALL

Mit acht Jahren nahm Joan Didion an einer Brandschutzübung in der Schule teil, als ihr plötzlich ein blendender Schmerz durch den Kopf schoss. Man brachte sie ins Militärkrankenhaus am Stützpunkt Peterson Field in Colorado Springs, Colorado, wo ihr Vater zu der Zeit stationiert war. So begann die erste von beinahe wöchentlich auftretenden, oftmals lähmenden Migräneattacken, die sie »empfindungslos gegenüber der Welt um mich herum«[1] machten, wie sie 1968 schrieb.

Didion hatte ihr Leben lang mit körperlichen und psychischen Beschwerden zu kämpfen. Einige davon waren ererbt, andere ganz eigene Bürden. Neben ihren bahnbrechenden Reportagen, ihrer enthüllenden Art zu schreiben und ihrer jahrzehntelangen Ehe gehören Migräne, körperliche Schwäche und psychische Erkrankungen – sowie ihr Mut, offen darüber zu schreiben – untrennbar zu Joans Lebensgeschichte.

Die Migräne – eine Störung im Gehirn, die vorübergehenden lähmenden Schmerz verursachen kann – lag Didion im Blut. Wie sie in *Woher ich kam* beschrieb, litt schon Joans Urururururgroßmutter Elizabeth Scott Hardin unter Migräneanfällen. So auch ihre Großmutter väterlicherseits, Ethel Reese, die schon in geschwächter Verfassung war, bevor sie in jungen Jahren an der Spanischen Grippe starb. Ethel war »nervös« und »anders«, wie deren jüngere Schwester Joan erzählte. »Es hieß, ich hätte ihre Augen, ›Reese-Augen‹, die sich bei der leisesten Ahnung von Sonne, Schlüsselblumen oder erhobenen Stimmen röteten und tränten, auch hieß es, ich hätte etwas von ihrer ›Andersartigkeit‹, wäre genau wie sie alles andere als unbefangen, wenn getanzt wurde«, schrieb Joan.

Das Pionierblut, von dem Didion so oft sprach, war zugleich eine Stärke und eine Schwäche. Das Leben im Wilden Westen konnte charakterbildend sein, doch ebenso konnten die Nöte und Entbehrungen dieses Lebens Geist und Seele strapazieren oder gar brechen. Joan erbte sowohl die Bestimmtheit als auch die Gebrechen. »Diese Frauen in meiner Familie, das waren Frauen, die wenig Zeit für Zweifel hatten, wenig Sinn für Uneindeutigkeit, und als dann später Zeit und Sinn da waren, entwickelte sich eine Tendenz, die ich mittlerweile als endemisch sehe, eine Tendenz zu leichten und schwereren Störungen, scheinbar exzentrischen Behauptungen, undurchschaubaren Verwirrungen und Umzügen an Orte, die nicht ganz dem Plan entsprachen«, beschrieb Didion ihre Vorfahren und sich selbst, in *Woher ich kam*.

Körperliche wie auch geistige Labilität lag Joan in den Genen. Von ihrem Großvater väterlicherseits erbte sie die extrem schlanke Figur und die Schweigsamkeit. Es ist mitunter das Erste, was diejenigen, die sie persönlich kannten, erwähnen: ihre schmächtige, geradezu ausgemergelte Figur. Ihr Leben lang wurde über ihr Körpergewicht diskutiert. Sie war, wie sie selbst in *Blaue Stunden* einräumt, ein »bemerkenswert zierliches Kind«. Und mit bemerkenswert meinte sie, dass »man diesbezüglich zuverlässig mit Bemerkungen von völlig Fremden rechnen konnte«.

Didion litt stark unter dem Druck, ihren Appetit der gesellschaftlichen Norm anzupassen, ein Druck, den viele von uns nur allzu gut kennen. »Zu meinen frühesten Erinnerungen zählt das Drängen meiner Mutter, doch endlich zuzunehmen, als wäre mein Versagen in der Hinsicht gewollt, ein Akt der Rebellion«, schrieb sie in *Blaue Stunden*. Sie durfte erst aufstehen, wenn sie den Teller leer gegessen hatte, »eine Regel, die in erster Linie neue und einfallsreiche Ideen hervorbrachte, um überhaupt nichts vom Teller essen zu müssen.« Ihre Essgewohnheiten wurden permanent kommentiert und sorgten für Spannungen in der Familie. Ihr Vater nahm sie irgendwann in Schutz und schrie ihre Mutter an: »Sie ist doch kein menschlicher Mülleimer!« Später wurde Joan klar, dass dieser Druck »mehr oder weniger« eine Garantie für »eine Essstörung« war. Ich sehe in diesem Kommentar die typisch Didion'sche Uneindeutigkeit einer Autorin, die Schubladen, Kategorien, Vereine und Identitäten verabscheute, die nie reinen Tisch machen und offen zugeben würde, dass sie in der Tat magersüchtig war.

Die ungebetenen Blicke und Bewertungen, wie sie Didion als Kind und ihr ganzes Leben lang erfuhr, können tatsächlich auf direktem Weg zu einer verzerrten Körperwahrnehmung führen, zum Unwohlsein in der eigenen Haut. Auch ich war ein bemerkenswert zierliches Kind und weiß, wie unangenehm es ist, wenn über die eigene Person wie über ein Objekt gesprochen wird, als ginge der eigene Körperumfang andere etwas an. Diese aufgezwungene Subjektivität betrifft üppige wie zierliche Frauen, sie betrifft jede Frau; und Eve Babitz lag falsch damit, in dem Punkt zwischen sich und ihrer Freundin Joan zu unterscheiden. Auch Bemerkungen sind kontraproduktiv: Die übertriebene Aufmerksamkeit auf meine körperliche Erscheinung machte mich, was den eigenen Konsum betraf, nur noch befangener.

Didion gestand, dass sie in voller Blüte – ihrer »je erreichten Spitzengröße« – 1,57 Meter groß war und 45 Kilo wog. Diese Veranlagung wurde noch extremer, als sie sich 1973 während einer Reise zu einem Filmfestival in Kolumbien mit Paratyphus ansteckte, wonach sie sich tatsächlich *wünschte*, ihre Mutter möge zu ihr fliegen und sie zum Essen zwingen, was Eduene auch tat. Dennoch nahm Joan nach dieser Erkrankung nie wieder zu. Das bisschen, was sie noch auf den Rippen hatte, verlor sie mit dem Alter.

Der gesellschaftliche Druck, der mit einem extrem öffentlichen Leben einhergeht, war ihrem Körperbewusstsein wohl auch nicht förderlich. In der Welt der Mode, bei Fotoshootings und der *Vogue* ist Schlankheit eine Tugend. Didions Zierlichkeit, ihre feinen Züge und das weiche, rötlichblonde Haar machten sie, auch wenn sie nicht lächelte, zu einer fotogenen, natürlich blonden Schönheit. Ihr Markenzeichen, die große Sonnenbrille, kompensierte ein Stück weit das winzige Gesicht und erlaubte der introvertierten Extrovertierten, ihre Reese-Augen unauffällig zu verstecken. Wenn man sich die Fotos von Joan so ansieht, sieht, wie sich ihre Hüftknochen durch die Röcke abzeichnen, ist es fast undenkbar, dass all der Druck von außen nicht zwangsläufig zu einer Essstörung geführt haben soll. In *Blaue Stunden* berichtet Didion, wie Ärzte, Freunde und Familienmitglieder ihr wegen ihres Gewichts in den Ohren liegen. Die Kunstsammlerin und Autorin Joan Quinn, die oft gemeinsam mit den Didion-Dunnes auf Dinnerpartys war, erinnert sich, wie Joan mit Earl McGrath in der Küche Pasta kochte und sich köstlich amüsierte, selbst aber »überhaupt nichts aß. Sie stocherte immer nur in ihrem Essen herum.«

Didion liebte den sozialen Aspekt des gemeinsamen Essens und die Kunst der guten Küche. Für ihre Kochkünste ist sie fast so bekannt wie für ihre schlanke Figur. Bei den Partys, die sie regelmäßig mit John veranstaltete, war sie für die Menüs und oft auch deren Zubereitung zuständig. »Ihr gefiel der ganze Vorgang des Kochens – der eine sehr gute Ablenkung ist, wenn man den ganzen Tag lang schreibt – und alles rund ums Essen«, erzählt Jean Moore, Didions Freundin und Nachbarin in Trancas. Die beiden Frauen bewirteten sich oft gegenseitig mit Freunden und Familie. »Sie brauchte einfach einen Ausgleich. Es gab zum Beispiel Tacos und andere mexikanische Gerichte und einen rotierenden Speiseplan.«

Julia Armstrong-Totten war regelmäßig bei den Didion-Dunne-Partys in Brentwood Park zu Gast. Sie erinnert sich an Teller voll bunter Köstlichkeiten, die ihre Cousine zusammengestellt und nicht selten selbst zubereitet hatte. »Sie liebte gutes Essen«, so Armstrong-Totten. »Sie liebte es zu kochen. Und sie aß gerne. Ich war sehr oft zum Essen bei ihr. Sie hat das beste frittierte Hähnchen gemacht.«

Und dennoch schwand Joan dahin. In ihren späteren Jahren versuchte eine Ernährungsberaterin, sie mit den »unvermeidlichen« Proteinshakes, frischen Eiern, Vanilleeis von Maison du Chocolat und Physiotherapie aufzupäppeln. Sie liebte das teure Dessert, wer würde das nicht gern verschrieben bekommen?

Und auch die Therapie sagte ihr zu. Sie war motiviert von den durchtrainierten Körpern, die die Einrichtung hervorzubringen schien, bis sie eines Tages feststellte, dass es die New York Yankees waren, die sich vor den Spieltagen dort auflockerten.

Vielleicht genoss Didion das Essen auf dieselbe Weise wie das Meer oder die Natur allgemein: aus der Entfernung, mit einer gewissen Portion Skepsis. In einem Interview erklärte sie einmal, wahrscheinlich in Bezug auf die Paratyphusepisode, dass ihre Ängste und ihre körperliche Gesundheit in Zusammenhang standen. »Einmal hatte ich irgendeinen Infekt und musste ins Krankenhaus, und als ich entlassen wurde, hatte ich stark abgenommen. Ich war den ganzen Sommer über krank und konnte nichts essen, ich sollte eigentlich zunehmen, aber jeder Teller mit Essen, den ich ansah, nahm die Form einer Klapperschlange an. Das war wahrscheinlich ein kleiner Zusammenbruch.«

Nervenzusammenbrüche lagen in der Familie. Wie schon sein Vater war auch Didions Vater sehr dünn. Auch er hatte Migräne (genau wie ihre Mutter). Außerdem litt Frank Reese Didion an Ängsten, die auf den frühen Tod seiner Mutter zurückgingen und wohl auch auf ihre Art, »alles andere als unbefangen« zu sein, wenn getanzt wurde.

Als Joan in ihrem ersten Studienjahr in Berkeley war, wurde ihr Vater zur psychiatrischen Betreuung ins Krankenhaus in San Francisco eingewiesen. An den Wochenenden holte ihre Mutter erst sie bei ihrem Verbindungshaus und dann Frank im Presidio ab. Sie fuhren ins Marin County, um vielleicht irgendwo ein Baseballspiel ansehen zu können. Auf dem Rückweg bestand Frank darauf, dass sie ihn an der Nordseite der Golden Gate Bridge absetzten, sodass er zum Krankenhaus zu Fuß über die Brücke gehen konnte – von der es eine spektakuläre Aussicht gab und bis zur Wasseroberfläche 227 Meter in die Tiefe ging. In

Woher ich kam schreibt Joan, dass sie sich erst nach seinem Tod mit dem Offensichtlichen auseinandersetzen konnte: »Für jemanden, der mit Depressionen unter Beobachtung stand, waren das keine guten Spaziergänge.«

Die Probleme ihres Vaters müssen Didions Wechsel an die Universität beeinträchtigt haben. Es war ein später Start unter schwierigen Voraussetzungen. Ihr damaliger Freund hat keine Erinnerung an den Krankenhausaufenthalt des Vaters; ihre Cousine Armstrong-Totten glaubt, dass die Familie den Umstand streng geheim hielt. Doch an etwas anderes erinnert sich Robert Weidner: »Es gab etwas, was sie belastete, und zwar erzählte sie mir, dass sie als Kind immer der Liebling ihres Vaters gewesen war und sehr wichtig in seinem Leben. Als dann ihr Bruder auf die Welt kam, wurde für sie alles anders.«

Didion bekannte, dass sie von dem Vater entfremdet war, den sie zugleich so innig liebte. In ihrer Erinnerung war das Haus, in dem sie aufwuchs, dunkel, staubig und voller Schwermut. »Er hatte eine derart durchdringende Traurigkeit an sich, dass sie selbst die vielen Momente, in denen er scheinbar guter Laune war, verdunkelte«, schrieb Joan in *Woher ich kam*. Wenn Frank Reese Klavier spielte, »wurde die Anspannung, die er ausstrahlte, so groß, dass ich in mein Zimmer gehen und die Tür zumachen musste«. Einen Bourbon Highball hatte er immer in Reichweite. »Darauf einen Drink«, war die Antwort ihres Vaters auf »jede Situation, in der es emotional werden konnte«.

Bourbon fand sich auch auf der Packliste, die Didion veröffentlichte. In den Geschichten, die sie schrieb, wie auch in ihrer eigenen Geschichte, ist oft ein Highball in Reichweite. So viele Partys, so viele Cocktails. »Rückblickend betrachtet, tranken wir alle mehr als nötig, aber das kam 1966 keinem von uns in den Sinn«, schrieb sie in *Blaue Stunden*.

Im Jahr 1968, kurz nachdem sie dank des Erfolgs mit *Slouching Towards Bethlehem* von der Los Angeles Times zur »Frau des Jahres« ernannt wurde, erlitt Joan Didion ihren eigenen Zusammenbruch.

»Die Interpretation des Rorschachtests lässt auf eine Persönlichkeit schließen, die sich in einem Zustand der Auflösung befindet, mit Anzeichen versagender Abwehrmechanismen und einer zunehmenden Unfähigkeit des Egos, sich auf die reale Welt zu beziehen und normalen Stress zu verarbeiten ... Emotional hat sich die Patientin von der Welt anderer Menschen fast vollständig entfremdet. ... Sie scheint zutiefst von dem Gefühl ergriffen, dass jedes menschliche Bemühen von vornherein zum Scheitern verurteilt ist, eine Überzeugung, die sie immer weiter in eine abhängige, passive Zurückgezogenheit von der Welt zu drängen scheint.«[2]

Das psychiatrische Gutachten, das Didion in ihrer 1978 erschienenen Aufsatzsammlung *Das weiße Album* veröffentlichte, vermittelt ein deutliches Bild davon, unter welchen seelischen, emotionalen und körperlichen Qualen die Autorin litt – den »schwereren Störungen« ihrer Vorfahren. Nach einem starken Anfall von Schwindelgefühlen und Übelkeit landete sie im St. John's Hospital in Santa Monica, wo zwei Jahre zuvor Quintana auf die Welt gekommen war. Didion resümiert die Episode zehn Jahre später mit dem für sie typischen trockenen Humor: »Dazu möchte ich nur bemerken, dass es mir heute keineswegs unangemessen erscheint, auf den Sommer 1968 mit einem Anfall von Schwindelgefühlen und Übelkeit zu reagieren.«[3]

Den eigenen Psychosebefund zu veröffentlichen, mag so manchen als narzisstische Hemmungslosigkeit erscheinen – oder wie man so sagt, zu viel des Guten. Doch viele Didion-Fans sehen in ihrer Offenheit einen bemerkenswert mutigen Akt. Wir wissen, dass sie den mentalen und körperlichen Zusammenbruch überstanden hat, und das gibt uns Hoffnung. Sie überstand ihn, indem sie uns davon erzählte, und im Einleitungssatz zu *Das weiße Album* verrät sie auch, wie: »Wir erzählen uns Geschichten, um zu leben.«

Ängste waren schon lange ein zentrales Thema ihres Schaffens: »Auch ich habe diese Angst erfahren und kann die ausgeklügelten Systeme, mit denen manche es schaffen, die Leere zu füllen, gut verstehen, ebenso all die Opiate fürs Volk«[4], schrieb sie 1967. Später erklärte sie die Notwendigkeit, »die Schaltkreise meines Gehirns zu korrigieren«[5]. In ihrer Vorbemerkung zu *Stunde der Bestie* schrieb Didion, mit Verweis auf Yeats, von einer »Atomisierung, dem Beweis, dass alles auseinanderfällt«[6], und gab zu, während der zwanzig, zweiundzwanzig Stunden, die sie täglich im Wachzustand verbrachte, als sie den titelgebenden Artikel »Stunde der Bestie« schrieb, Gin mit heißem Wasser getrunken und Dexedrine genommen zu haben.

Der ursprünglich 1967 in der *Saturday Evening Post* erschienene Essay war einer der ersten bekannteren Artikel Didions. Zu einer Zeit ihres Lebens, da scheinbar nichts mehr einen Sinn ergab – und es schlecht um ihre Ehe stand – begab sich die Schriftstellerin direkt ins Zentrum der Gegenkultur in San Franciscos Haight-Ashbury-Viertel. Was sie dort vorfand, war keine hoffnungsfrohe Auflehnung gegen das Establishment, sondern ziellose, verlorene Menschen. Dies ist das Stück, mit dem sie auf »Gold« stieß: das Kleinkind auf LSD.

Mir entgeht nicht die Ironie daran, dass Didion einen Artikel schrieb, in dem sie die Drogenkultur der Hippies offenlegte, während sie selbst mit Gin und Speed zugedröhnt war.

Genauso wenig entgeht mir, dass sich Didions schlimmste Befürchtungen zwei Jahre später bestätigten, als einige der verlorenen Kinder der 1960er-Jahre in den Bann des charismatischen Möchtegern-Rockstars Charles Manson gerieten. Er und die verlorenen Kinder ermordeten im Sommer 1969 sieben Menschen, darunter auch die Schauspielerin Sharon Tate – die zu Didions Bekannten zählte. Während des Mordprozesses arbeitete Joan an einem Buch über das Manson-Mitglied Linda Kasabian und kaufte der Inhaftierten ein Kleid für die Gerichtsverhandlung. Wegen Uneinigkeiten bezüglich des Urheberrechts sagte Didion das Projekt schließlich ab.

Zweifellos gibt es so manche, die Didion für neurotisch hielten. Mit ihr zusammenzuleben, war vermutlich nicht leicht. Die »hospitalisierte[n] Psychotiker« und »chronische[n] Ängste«[7], deren Erwähnung sie und John in jenem Hotelzimmer im Royal Hawaiian unterlassen, in dem sie sich einquartieren, anstatt die Scheidung einzureichen, wie sie in *Das weiße Album* schreibt, sind wohl keine Anspielungen auf Johns Zustand. In *Die Mitte wird nicht halten* erinnert sich die Autorin Susanna Moore daran, wie es war, bei den Didion-Dunnes auf der Franklin Avenue zu wohnen. Joan kam erst spät am Vormittag mit aufgesetzter Sonnenbrille nach unten. Ihr Frühstück bestand aus einer gekühlten Flasche Cola und gesalzenen Mandeln. Keine der beiden Frauen sprach ein Wort, es sei denn, es waren keine Cola-Flaschen mehr im Kühlschrank. »Wenn jemand meine letzte Flasche Cola genommen hatte, gab es einen Aufstand«, so Didion.

Didions Erkrankung als Kopfsache zu sehen, heißt jedoch nicht, sie herunterzuspielen. Didion hat bewiesen, dass die kartesische Trennung von Leib und Seele Unsinn ist. Für Joan war alles Geistige auch körperlich und umgekehrt. Wie sie in *Das weiße Album* schrieb, war sie eine Frau mit »schlechten Nerven«[8]. Mit dreiunddreißig Jahren, etwa zur selben Zeit, da ihr Ego unfähig war, sich zur Realität in Bezug zu setzen, wurde bei ihr

Multiple Sklerose diagnostiziert. »Die verblüffende Tatsache war: dass mein Körper präzise das physiologische Äquivalent von dem darstellte, was in meinem Kopf vorgegangen war«[9], schrieb sie mit Blick auf ihre neurologischen Symptome. Doch die Krankheit manifestierte sich nicht, und Jahrzehnte später ergab ein MRT, dass sie doch nicht an MS litt. Was genau sie in den 1960ern hatte, bleibt ein Rätsel; und ebenso vage ist, was sie in den 2000ern hatte: »Neuritis, eine Neuropathie, eine Entzündung des Nervensystems«, schrieb sie in *Blaue Stunden*. Im August 2007 wurde Gürtelrose diagnostiziert, eine weitere Erkrankung des Nervensystems, die durch dasselbe Virus verursacht wird, das auch Windpocken auslöst. Über Jahre hinweg litt sie immens, verlor das Gleichgewicht, die Fähigkeit, sich die Schuhe zu binden. *Blue Nights*, ihr 2011 erschienenes Buch über Quintana Roo, ist auch eine Klage über das Älterwerden, ohne ein Kind, das für einen sorgt.

Migränepatienten nehmen die unterschiedlichen Stadien der Anfälle unterschiedlich wahr. Häufig tritt eine Auraphase auf, die mit einem Kribbelgefühl und Sprachstörungen einhergehen kann, aber auch mit visuellen Störungen wie Lichtblitzen, Punkten und verschwommenen Umrissen.

In »Warum ich schreibe« beschrieb Didion interessanterweise etwas, das ganz nach einer Aura klingt. Sie hatte »Bilder im Kopf [...] Bilder, deren Umrisse schimmern.« Dieses Schimmern, so schreibt sie, werde genauso von Schizophreniepatienten und Menschen unter Einfluss von Psychedelika beschrieben. »Ich bin nicht schizophren und nehme auch keine Halluzinogene, doch bestimmte Bilder schimmern für mich«, sagte sie. Ihr Ziel beim Schreiben sei es, diese Bilder zu entschlüsseln und in Worten auszudrücken. Diesen Vorgang beschrieb sie ebenfalls: »Man unterhält sich nicht viel, bewahrt das Nervensystem vor dem Kurzschluss und versucht, die Katze im Schimmern* auszumachen, die Grammatik im Bild.«

Worte waren für diese stille Frau die Waffe, mit der sie auf Politiker und Kritiker losging, von Sacramento über El Salvador bis hin zum Central Park. In »Warum ich schreibe« bezeichnet sie das Schreiben als »Taktik des heimlichen Tyrannen, eine Invasion, ein Aufzwingen der Empfindungen des Autors auf den höchst privaten Raum des Lesers«.

Didion machte aus dem Schimmern Grammatik, aus der Schwäche eine Stärke. Sie nutzte ihre körperliche Andersartigkeit, nicht etwa um das Opfer zu spielen, sondern als eine Art Superkraft. Ihr Schweigen verleitete ihre Interviewpartner dazu, ihre Sünden zu gestehen, von dem Kind auf LSD zu erzählen. Weil sie sich in den Hintergrund einfügte, wie eine versteckte Kamera, vergaßen die Befragten, dass sie da war, ließen die Maske fallen, gaben ihre Geheimnisse preis. Und Joan schrieb alles mit.

---

* In *Was ich meine* bezogen auf die Zeichnung eines Schizophrenen.

9

HOTEL

Ich sitze in einem Zimmer mit hoher Decke im Royal Hawaiian Hotel in Honolulu und höre zu, wie ein nerviger Mann mit Mikro Touristen herumscheucht, statt an dem Buch über Joan Didion zu feilen, an dem ich gerade arbeite. Ich bin hier, weil Joan hier war, in genau diesem Hotel. Ich stelle ihrer Erinnerung nach – und erleichtere mein Bankkonto.

Um acht Uhr morgens fängt der Mann im Shoppingcenter des Royal Hawaiian an zu rufen, und wiederholt das: »Was für ein herrlicher Aloha-Samstagmorgen!« Ich würde mich gern aus dem Fenster lehnen und zurückrufen: »Na ja, es *war* ein herrlicher Aloha-Samstagmorgen …«

Doch das war es wirklich! Ich war um sieben Uhr wach und entdeckte beim Blick aus einem der Fenster meines Eckzimmers zwei wunderschöne Vögel, die unten im Baum nisteten, porzellanweiß mit pechschwarzen Augen und Schnäbeln. Solche Vögel hatte ich noch nie gesehen. Aus demselben Fenster sehe ich einen der ältesten Bäume des Royal, eine riesige Akazie, deren Äste mit Windlichtern geschmückt sind. Aus dem anderen Fenster schaut man auf das Royal Center, auch bekannt als die Mall, wo sich der lautstarke Verkäufer befindet.

Unten werden mir drei Bananen-Nuss-Muffins serviert, wozu ich mir einen Royal Hawaiian Latte bestelle: ein aufgeschäumtes süßes Etwas mit Kokosnuss- und Macadamiasirup. Ich bin sofort süchtig. Als ich den Freiluftkorridor entlang über die glänzenden Fliesen spaziere, vorbei am überdachten Außenbereich, der nun überwiegend aus Luxusboutiquen besteht, erblicke ich ihn: Moananuiākea, den Pazifischen Ozean. Das aquamarinfarbene Wasser und der azurblaue Himmel sind umrahmt von ovalen Bögen und mit rosa-weißen Sonnenschirmen betupft. Die Surfer tummeln sich schon an den Spots, und die Touristen stehen für ihre Strandliegen an. Ich schnappe mir ein rosa-weiß gestreiftes Handtuch von einem der Stühle am Pool, lasse mich mit meinem ersten Waikiki-Frühstück in den Sand fallen, schaue den Wellen zu, springe dann selbst hinein. Dies ist dasselbe Wasser, in dem ich tagtäglich in San Pedro schwimme, aber Aloha, hier ist es um einiges wärmer. Über mir jagen noch mehr von diesen weißen Vogelpaaren durch den blauen Himmel, schießen perfekt synchron mal hierhin, mal dorthin. Bin ich etwa im Paradies aufgewacht?

Wie sie in *Das weiße Album* schrieb, verbrachte Didion »viel Zeit in Honolulu – für eine Reihe Leute, die ich kannte, geradezu exzentrisch viel«[1]. Von einer Veranda des Royal Hawaiian aus verfolgte sie Robert F. Kennedys Beerdigung und Nachrichten aus Vietnam. Sie las George Orwell. Und sie schrieb: wie sie mit Mann und Tochter in einem Zimmer im Royal saß, statt die Scheidung einzureichen, von dem Rückzug ins Zimmer aufgrund einer Tsunami-Warnung, von den am Strand aneinandergereihten Familien mit ihren Liegen und Sonnenschirmen und ihrem sozialen Status, der ihnen als Gästen des Royal Hawaiian – des berühmten »rosa Palasts«, eines der schönsten Hotels der Welt – sicher war. Seinen Namen erhielt das Royal, weil das Land, auf dem es erbaut wurde, den Kolonisten von der letzten Königin Hawaiis, Liliʻuokalani, verpachtet wurde. Didion verbrachte so viel Zeit im Royal Hawaiian, dass sie sich »der Illusion hingeben konnte, jeden beliebigen Augenblick von der Zimmerbedienung eine revidierte Theorie meiner eigenen Geschichte anfordern zu können, mit einer purpurroten Vanda-Orchidee garniert«[2]. Didion war geübt darin, ihren messerscharfen Verstand gegen sich selbst zu richten.

Die Lage ist ziemlich spektakulär. Ich bin ein richtiges Wasserkind und gehe auf jeder Reise überall schwimmen. Ich kenne Strände in Neuseeland, Tahiti, Puerto Rico, Brasilien, Spanien, Frankreich, den Bahamas, Montauk, Newport, Michigan, Miami und natürlich Kalifornien. Im Vergleich zu Santa Monica oder Miami Beach ist der Strand von Waikiki nur ein hauchdünner Streifen. Doch die halbmondförmige Bucht erzeugt ein warmes Becken mit weichem Sandboden, auf dem das Sonnenlicht tanzt. Die Wellen brechen in gleichmäßigem Rhythmus erst weiter draußen am Barriereriff, dann erneut an der Buchtmündung und noch einmal an anderen Riffs und Sandbänken. Surfer können sich aussuchen, welche der Wellen sie mitnehmen, die nahe der Küste, die besser für Anfänger geeignet sind, oder die großen Wellen weiter draußen für die Profis.

An einem Samstag im August sind Wasser und Land voller Menschen. Ich mag es am Strand lieber nicht ganz so überlaufen, um meine Runden nicht zwischen Frauen in Schwimmringen drehen zu müssen, die nicht verstehen, dass man mit beiden Händen paddeln muss, wenn man sich nicht im Kreis drehen will. Doch die Fröhlichkeit der herumtollenden Spätsommergäste ist ansteckend. Riesige Katamarane pflügen sich durch die Menschenmengen, Surfer schlängeln sich durch die Gruppe Hochzeitsgäste, die sich die Haare nicht nass machen wollen, im Wasser bespritzen die Mittelschichttouristen aus dem Sheraton die Royals von nebenan, und für einen Augenblick kann man das Klassensystem vergessen, das durch die mit Seilen abgetrennten Liegestuhlreihen aufrechterhalten wird.

Im Hotel selbst liefern die Frauen – einheimische Hawaiianerinnen, Hapa von gemischter Abstammung, ausländische und inländische Touristinnen – mit ihren langen bunten Kleidern und wehendem, blumengeschmücktem Haar den New Yorkerinnen eine harte Konkurrenz. So auch die Männer. Das Oberhaupt einer dreiköpfigen Familie stolziert in nichts als einem rosa-weiß gestreiften Royal-Hawaiian-Bademantel, tiefschwarzem Toupet, schwarzen Loafern mit großen stachelartigen Noppen, die zweifellos Designerschuhe vom Wert eines Gebrauchtwagens sind, und vermutlich irgendetwas unter dem Bademantel umher.

Es ist so viel einfacher, glücklich zu sein, wenn man in einer schönen Umgebung ist. Noch einfacher wäre es, wenn ich reich genug wäre, um nicht an den Schock beim Bezahlen der Rechnung denken zu müssen.

Die weißen Vögel: Ich habe nachgesehen. Es sind manu-o-Kū, auch bekannt als Feenseeschwalben. Den Namen verdanken sie ihren wendigen Flugkünsten, dem schnellen Wechsel von akrobatischer Schräglage und plötzlicher Schwebe, ein Tangotandem in den Lüften. Die kontrastfarbigen, auffallend schönen Vögel sieht man oft als Pärchen turtelnd in Bäumen sitzen oder beim Synchronflug in der Luft. Da sie monogam sind und wahrscheinlich ein Leben lang zusammenbleiben, werden sie auch »love terns« genannt. Sie sind klein und hell gefiedert wie Papageien, aber so flink und forsch wie Seevögel. Unter den Hauptinseln Hawaiis kommen manu-o-Kū nur in Honolulu vor. Sie kamen in den 1960ern in die Stadt, wie die Hippies, wie Joan Didion, und haben sich dort immer weiter vermehrt, vielleicht weil sie hier nur wenige natürliche Feinde haben oder weil es so viele große Bäume und Gebäude zum Nisten gibt. Im Jahr 2007 wurde die geschützte Art offiziell zum Vogel der Stadt erklärt. Das Paar sitzt Tag für Tag still unter meinem Fenster und putzt einander zärtlich das Gefieder.

Didion verbrachte viel Zeit in großen wie kleinen Hotels und Motels. Sie war nicht nur Naturschriftstellerin, sondern auch Reisejournalistin – daher auch die Packliste in *Das weiße Album*. Für ihre Bücher und Reportagen war sie viel unterwegs: in Miami, El Salvador, Kolumbien, Hawaii. 1970 bereisten Joan und John gemeinsam den amerikanischen Süden. Ihre Aufzeichnungen, die Jahre später in *Süden und Westen* erschienen, beinhalten eine Studie diverser Motel-Pools. Außerdem ging Joan auf Werbetouren, wobei sie Bücher signierte und Interviews in den lokalen Medien gab. Obwohl sie in L.A. wohnte, verbrachte sie viel Zeit in New York, unter anderem für die Arbeit an ihrem ersten Drehbuch mit Dunne, *Panik im Needle Park*. Als sie in Malibu wohnten und später in New York, mieteten sie sich bei Besuchen in L.A. stets ins Beverly Wiltshire ein. Sie und John liebten auch Paris, doch sie schrieb nie über Europa; ihr Interesse galt der amerikanischen Hemisphäre oder dem benachbarten Pazifik.

Mir scheint, so gern Didion auch über Orte schrieb, dienten sie doch oft eher als Kulisse oder Figur denn als eigentliches Thema. Ein Mittel zum Zweck. In ihrem 1984 erschienenen Roman *Democracy* (dt.: *Demokratie*), der vorwiegend in Hawaii spielt, schreibt die Erzählerin, eine Journalistin namens Joan Didion: »Trotzdem: Zwischen Nachmittag und Abend gibt es eine gewisse Stunde, in der die Sonne waagerecht zwischen die Bäume fällt, und diese Insel und diese Situation das Einzige sind, was ich sehe.«[3] »Diese Insel« ist ein Atoll, auf dem in den 1950ern Atomtests durchgeführt wurden und das den Rahmen für die tragische Liebesgeschichte bildet, die im Mittelpunkt dieses absurden Schlüsselromans steht.

Sicher verbrachte Didion auch Zeit in Hotels, weil sie sich dort wohlfühlte. Es war der ideale Rückzugsort für rastlose Schriftsteller – ein Raum frei von Verpflichtungen, Identitäten, Hausarbeit, Verbindlichkeiten. Die Reiselust ist ein Mittel zur Neuerfindung, eine Art, sich selbst und den eigenen Bezug zur Welt neu auszurichten. Der Schriftsteller Andrew O'Hagan beschrieb Didion 2014 als »die Meisterin dessen, was der Kritiker Wayne Koestenbaum einmal als ›Hotelprosa‹ bezeichnet hat. Sie beherrscht das Dasein in anonymer, klimatisierter Umgebung perfekt, ja man könnte sogar behaupten, sie sehnt sich danach.« Mit ihren täglichen Routinen – der nachmittägliche Check-in, der abendliche Aufdeckservice, das »Bitte nicht stören«-Schild, das kontinentale Frühstück mit Zeitung, der morgendliche Check-out – sind Hotels auch Stätten, an denen Rituale und Ordnung herrschen. Und Ordnung war etwas, das Didion beinahe so sehr begehrte, wie sie Schlangen fürchtete. Während Quintanas fünfwöchigem Krankenhausaufenthalt in Los Angeles im Jahr 2004 bestellte ihre Mutter im Beverly Wilshire jeden Morgen dasselbe Frühstück: Huevos Rancheros mit einem Rührei.

Das Hotelleben entsprach außerdem ganz Didions teurem Geschmack, ihrem Faible für das Vornehme. Die Südstaaten-Motels waren schön und gut, aber wenn sie die Wahl hatte, durfte es gern etwas schicker sein: »Das Lancaster und das Ritz und das Plaza Athénée in Paris. Das Dorchester in London. Das St. Regis und das Regency in New York.« Dies sind einige der Hotels, die sie in *Blaue Stunden* erwähnt und in denen sie auch mit Quintana war, die schon früh lernte, beim Zimmerservice Lammkoteletts zu bestellen und Kaviar zu essen. Didions Tochter verbrachte als Kind so viel Zeit in Hotels, dass sie Supermarktartikel »sundries« nannte, nach den »Sundry Shops« oder Mini-Märkten, die man in den Lobbys der Luxusresorts findet. Später zogen die Didion-Dunnes das neuere, elegantere und etwas abgeschiedene Kahala Hotel dem Royal vor. 1990 verbrachten sie dort ihre Weihnachtstage mit der Arbeit an einem Drehbuch, das nie produziert werden sollte, ihr Hotelzimmer mit Blick auf den Country Club verwandelte sich währenddessen in ein behelfsmäßiges Büro mit Computern und Druckern. Die mittlerweile vierundzwanzigjährige Quintana ging derweil unten auf Entdeckungstour, in ihrem Alter kannte sie das Hotel – und die Routine – gut. »Rein äußerlich betrachtet, hatte sie in diesen Hotels nichts zu suchen«, gab Didion zu, »sie war von unserem Berufsleben nicht zu trennen.«

Didion gab sich nicht nur jenem Eskapismus hin, den mein Mann als Greyhound-Therapie* bezeichnet, sondern auch dem, was ich gerne Hoteltherapie nenne: sich ganz in Luxus zu hüllen, einmal nicht Geschirr spülen oder Wäsche falten zu müssen,

---

* Greyhound Therapy bezeichnet die Praxis einiger psychiatrischer Einrichtungen in den USA, unerwünschte Patienten per Fernbus (betrieben von Greyhound Lines) an einen x-beliebigen Ort zu schicken, um sie loszuwerden.

wenn auch nur für einen Tag. Lange bevor von Staycations die Rede war, habe ich schon gerne ein oder zwei Tage in Resorts übernachtet, einfach nur um meiner Mietwohnung in der Lower East Side zu entkommen. Ich habe sogar einen Artikel über Hoteltherapie für die Zeitschrift *Travel and Leisure* geschrieben, der aber ehrlich gesagt nie veröffentlicht wurde. Vielleicht war ich damit etwas *zu* treffsicher gewesen, denn im Grunde hatte ich darin das gesamte Marketingprinzip des Luxusmagazins zusammengefasst: kaufen, kaufen, kaufen. Eine weitere Lektion, die Quintana lernte, war die Unterscheidung zwischen dem Reisen »auf Spesen« (Kaviar im Regency) und »nicht auf Spesen« (Frühstück von der Fastfoodkette White Tower im Chelsea).

Auch auf Reisen ließ Didion ihre Neurosen nicht unbeachtet. So besaß sie zum Beispiel aus irgendeinem Grund keine Uhr. Offenbar gab es auch in den Hotelzimmern der 1960er-Jahre keine Uhren, sodass Joan alle halbe Stunde bei der Rezeption oder bei John anrief, um nach der Uhrzeit zu fragen. Die Frau, die »es schätzte, nicht die Kontrolle zu verlieren«[4], wusste nicht, wie viel Uhr es war. »Das könnte eine Parabel sein, entweder für mein Leben als Reporterin in jener Zeit oder für die Zeit selbst«[5], schrieb sie. Für die Mitarbeiter an der Rezeption wie auch für John war es vermutlich weniger eine Parabel als vielmehr eine nervtötende Unterbrechung.

Sie kam nach Hawaii für eine Familientherapie per Hoteltherapie. Doch wohl nur eine Joan Didion konnte selbst noch im Royal »schlechte Nerven« haben und sich in ihrem Zimmer verstecken, um auf eine Tsunami zu warten. Wie sie schrieb, hörte sie das erste Mal mit sieben Jahren von Hawaii, am Pearl-Harbor-Gedenktag. Wann immer sie danach als Kind Kaliforniens auf den Pazifik hinaussah, fühlte sie sich von den Inseln angezogen, bildete sich ein, sie am Horizont zu sehen, »einen bestimmten Schimmer im Sonnenuntergang«[6]. (Wieder dieser Schimmer.) Amerikaner der Westküste fahren zum Urlaub nach Hawaii, wie die der Ostküste in die Karibik: so oft wie möglich. Doch nach dem Zweiten Weltkrieg verließen die Didions Kalifornien nur noch selten. Joan war einunddreißig, als sie 1966 für einen Auftrag der *Saturday Evening Post* das erste Mal nach Hawaii kam. Gleich beim ersten Besuch war sie so angetan, dass sie immer wieder dorthin zurückkehrte, um zu schreiben und sich zu erholen. Sie hätte sich dort gern ein Haus für den Ruhestand gekauft, aber John hatte zu dem Zeitpunkt bereits ein Auge auf New York, und sie gab schließlich nach.

Sosehr sie die heilsame natürliche Schönheit der Insel auf ihre schlechten Nerven wirken ließ, war sie sich doch auch der belasteten Geschichte der Region deutlich bewusst. Sie mochte in Hotels wie dem Royal, dem Kahala oder Mietshäusern auf der Kahala Avenue wohnen, einer Straße, die meine Freundin Cathay – die zeitweise in Hawaii aufgewachsen ist – vergleicht mit »Beverly Hills und Brentwood, wo reiche Leute in sagenhaften Häusern wohnen mit Pools, die sich zu Rasenflächen hin öffnen, die wiederum bis ans Meer reichen.« Doch Didion war keine gewöhnliche Touristin, und sie schrieb auch nicht über *luaus* oder *hula*-Tänze oder *leis*, außer vielleicht in abschätzigen Kommentaren zu Sätzen wie »unser wunderbarer *aloha*-Geist«[7]. Ihre Beobachtungen zum Royal Hawaiian sind durchsetzt mit soziologischer Kritik, die nicht selten gegen sie selbst gerichtet ist. Bei ihrer Analyse der Hierarchie, die durch die Abgrenzung der wohlgeordneten Liegestuhlreihen am Strand des Royal sichergestellt wird, deutet sie durch einen Wechsel in den, nun ja, »royalen« Plural ihre eigene Komplizenschaft an: »Jeder, der hinter dem Seil sitzt, wird auf unsere Kinder aufpassen, so wie wir auf ihre aufpassen, wird keine Zimmerschlüssel verschwinden lassen oder kiffen oder mit dem Transistorradio Creedence Clearwater hören wollen, wenn wir gerade vom Festland die Meldungen über den Vorzugszinssatz erwarten.«[8] Das Royal, so schrieb sie, ist »nicht einfach nur ein Hotel […], sondern ein gesellschaftlicher Begriff, ein bis heute existierender Hinweis auf eine ganz bestimmte Art des amerikanischen Lebens«[9].

Didion übertrug diese Beobachtung auf alle »großen Hotels«; sie seien makellose »Spiegel für diejenigen Gesellschaften, denen sie dienten. Hätte es nie ein Empire gegeben, dann gäbe es auch keinen Raffles.«[10] Das Empire, auf das sie sich bezieht, ist das Britische, Raffles der Name des Kolonisators, der das heutige Singapur gründete und nach dem das berühmteste Hotel des Landes benannt wurde.

Und doch verliebte sie sich in die Insel. Wie sie in »Brief aus dem Paradies 21°19′ N, 157°52′ W« schrieb: »Und wo ich nun schon klargemacht habe, dass es mir an jeglichem Temperament für das Paradies, das wirkliche wie das Faksimile, mangelt, wird es mir schwerfallen, Ihnen genau zu sagen, wie und warum Hawaii mich bewegt, mich berührt, meine Vorstellungskraft bedrückt, bekümmert und fesselt, was dort in der Luft liegt, das noch anhält, lange nachdem ich den Geruch von Pikake und Ananas und das Geräusch der Palmen im Passat vergessen habe.«[11] Das Herz der Städterin schlug für die Natur.

Vom Gipfel des erloschenen Vulkans Pūowaina aus kann man ganz Honolulu überblicken, von den dunklen Steinhängen des Diamond Head und der Bucht von Waikiki über die Hochhäuser im Zentrum und den Flughafen an der Küste bis zum geisterhaften, überlaufenen Pearl-Harbor-Nationalpark und den urwaldgleichen Hügeln mit ihren Wolkenkronen – all das mit dem Meer als Kulisse. Der Krater unterhalb ist mit grünem Rasen bedeckt und übersät mit kleinen Granittafeln, die flach auf der Erde aufliegen: Grabsteine. Mehr als fünfzigtausend Soldaten, Veteranen und deren Angehörige sind hier im National Memorial Cemetery of the Pacific beigesetzt, darunter auch der Kriegsberichterstatter Ernie Pyle, der unter den ersten fünf Menschen war, die 1949 hier beerdigt wurden. Weitere 28 788 wurden namentlich auf den marmornen Gedenktafeln des Honolulu Memorial gewürdigt: Dies sind die Verschollenen des Zweiten Weltkriegs, des Koreakriegs und des Vietnamkriegs, deren Überreste bei Errichtung des Denkmals im Jahr 1964 nicht geborgen waren. Es ist eine Gedenkstätte für Soldaten aller Staaten und Territorien. Die Gedenkstätte erhebt sich in fünf parallel übereinander verlaufenden Gängen, an deren oberen Ende mittig eine Statue der Lady Columbia thront. Auf den dahinterliegenden Wänden sind Karten und Beschreibungen aller pazifischen Schlachtzonen des Zweiten Weltkriegs in bunten Mosaiken dargestellt.

Die schüsselartige Form des Kraters verleiht dem Friedhof seinen etwas ironischen Beinamen The Punchbowl – die Bowlenschüssel. 1970 sah Didion hier einmal zu, wie eine Familie ihren Sohn beerdigte, »einer von 101 Amerikanern, die in dieser Woche in Vietnam getötet worden waren«[12]. 1966 hatte sie selbst vorgehabt, nach Vietnam zu gehen und als eine von nur wenigen Frauen über den Krieg zu berichten, doch daraus wurde nichts – in *Blaue Stunden* erzählt sie, dass John damals an einem Buch arbeiten musste, räumt aber durchaus ein, dass auch das gerade adoptierte Baby ein Hinderungsgrund gewesen sei. Sie war 1969 in Hawaii, als die Meldung von dem Mỹ-Lai-Massaker an unbewaffneten Zivilisten durch amerikanische Soldaten in Vietnam die Öffentlichkeit erreichte. Das *Life*-Magazin hatte sie gerade für eine Kolumne unter Vertrag genommen, und dies schien ihr das Thema, worüber geschrieben werden musste. Als sie schließlich ihren Redakteur erreichte, hieß es, man habe »schon die Jungs hingeschickt« und sie solle doch stattdessen lieber etwas über sich schreiben und sich vorstellen. Aufgebracht tippte sie die Worte: »Ich sage Ihnen lieber, wo ich bin, und warum. Ich sitze in einem Zimmer mit hoher Decke im Royal Hawaiian Hotel in Honolulu und beobachte die langen, fast durchsichtigen Vorhänge, die sich im Passatwind blähen, und versuche mein Leben neu zusammenzusetzen.«[13]

Als sie ein Jahr später in einem Krater in Hawaii stand und den trauernden Eltern zusah, sprach Didion endlich aus, was sie über den Vietnamkrieg zu sagen hatte. Die zehn Minuten, die es dauerte, den Toten beizusetzen, beschreibt sie in schlichten, nüchternen Sätzen. Der Punchbowl ist »so still und abgeschlossen, dass man ihn, wenn man ihn einmal gesehen hat, nie wieder vergisst«[14]. Nach der Beerdigung stand der Vater da, »mit dem Gesicht zu Herrn Corley und mir, und einen Augenblick lang sahen wir uns an, aber er sah weder mich noch Herrn Corley, niemanden«[15].

Didion war zwar ursprünglich mit dem Auftrag der *Post* nach Hawaii gekommen, einen Reisebeitrag für intellektuelle Frauen zu schreiben, sie »sollte gefrorene Daiquiris schlürfen und Blumen-im-Haar-tragen spielen«[16]. Doch stattdessen sah sie, wie sich die Schlangen des Imperiums unter den Sonnenschirmen des Pink Palace wanden. Die Inseln gaben den Anstoß zu einigen ihrer größten Werke, von *Stunde der Bestie* über *Demokratie* bis hin zu *Das Jahr magischen Denkens*. Unter den Landschaften, die sie und ihr Schaffen geprägt haben, steht Hawaii gleich hinter Kalifornien und New York. Doch es waren keine Rum-getränkten Romanzen, die sie schrieb. Von Anfang an waren ihre Themen der Punchbowl, die gesunkenen Schiffe im Pearl Harbor, die Gräber der in Ungnade gefallenen Soldaten bei Schofield Barracks, die betrunkenen Matrosen, die auf der Suche nach Vergnügen die Hotel Street auf und ab fuhren, und das Vermächtnis der großen Familien, die die Inseln wie Pokerchips untereinander aufteilten, so wie sie es in Kalifornien getan hatten. Sie erkannte, dass es hinter den Liegestühlen und Luaus und Tiki-Bars »eine einzelne Aura gibt, die Hawaii durchdringt«: die »des Krieges«[17].

Die Tante meiner Freundin Cathay ist mit ihrem Soldatenehemann in einem Kolumbarium des Punchbowl beigesetzt. Während ich mich an der Gedenkstätte umsehe, unterhält sich Cathay mit der Frau, in deren ehemaliger Eigentumswohnung wir nun untergekommen sind; denn meine finanziellen Kapazitäten für ein Leben im Royal haben sich doch schnell dem Ende geneigt. Ich suche die Familiennamen an den Wänden des Honolulu Memorial ab und frage mich, ob entfernte Verwandte darunter sind. Mein Onkel hat im Zweiten Weltkrieg gekämpft. Was ich weiß, ist, dass er auf Iwojima durch einen explodierenden Kaffeekocher verletzt wurde. Doch nun betrachte ich die Mosaike mit der Schilderung dieser furchtbaren Schlacht, dem Hamburger Hill seiner Zeit, und frage mich, warum ich Onkel Leon nie nach seinen Erfahrungen auf dem Schlachtfeld gefragt habe.

Wir sind umgeben von Vögeln – Tauben, Regenpfeifern, Reihern – und blühenden Pflanzen – Regenbäumen, Hibiskus, Roten Frangipani. Eine Feenseeschwalbe zieht vorbei und bleibt doch tatsächlich – Cathay und ihre Freundin Lesa können es bezeugen – kaum einen Meter über meinem Kopf in der Schwebe, um mich mit schlagenden Flügeln eindringlich zu mustern. Lesa, die in Honolulu wohnt, erzählt, dass die Manu-o-Kū sie nervös machen, denn sie bauen keine Nester, sondern legen ihre Eier auf Ästen oder Felsvorsprüngen ab, in der Hoffnung, dass sie nicht vom Passatwind weggeweht werden. Wenn die Vögel doch mal ein Junges verlieren, adoptieren sie gern den zurückgelassenen Nachwuchs anderer Schwalbenpärchen. Die Eltern gehen mitunter stundenlang auf Nahrungssuche, wobei sie bis zu einhundertneunzig Kilometer aufs Meer hinausfliegen und kleine Fische von der Wasseroberfläche schnappen, die sie später im Ganzen – nicht vorgekaut, angedaut und hervorgewürgt wie bei den meisten anderen Vogelarten – an ihren Nachwuchs verfüttern. Weil sie so weit aufs Meer hinausfliegen und jeden Abend zuverlässig an ihre Brutstelle zurückkehren, orientieren sich Seeleute bei der Heimfahrt oft an den Manu-o-Kū.

Ich frage mich, ob wohl auch Joan diesen Schwalben zusah. Sah sie sich und John in deren Zwillingsflügen, Quintana in dem gefährdeten Nachwuchs? Ich weiß, dass ich die Metapher der Manu-o-Kū für die Didion-Dunnes etwas ausreize, aber wenn Joan ihre Schlangen haben darf, darf ich wohl auch meine Feenseeschwalben haben.

Ich esse in der Mai-Tai-Bar des Royal Hawaiian zu Mittag und lese *The New Yorker*. Dann denke ich: Was mache ich hier eigentlich? Ich sitze an einem der berühmtesten Surfspots der Welt in der ersten Reihe und gucke auf ein Stück Papier. Ich lege die Zeitschrift weg und sehe den Surfern zu, die unter dem weißen Schaum auf- und abgleiten. Die Manu-o-Kū spiegeln deren Bewegungen unter den Wolken wider.

»Wenn man so am Schwimmbecken des Royal sitzt und *The New York Review of Books* liest, fühlt man sich wie eine Aspisviper, getarnt in einem Strandkleid aus Voile«, schrieb Didion in »Auf den Inseln«. Sie legte die Zeitschrift beiseite und kam mit der Frau neben ihr ins Gespräch, die im Royal ihre Flitterwochen verbrachte – »weil Flitterwochen im Royal in ihrer Familie der Brauch sind, mit jedem ihrer drei Ehemänner«[18]. Hatte ich schon Joans Sinn für Humor erwähnt?

Diese Passage liefert einen guten Einblick in Didions Persönlichkeit und Arbeitsweise. Ihr Instinkt ist der einer introvertierten Informationssüchtigen: Rückzug hinter die Abschirmung eines aufgeschlagenen Magazins (oder, modern ausgedrückt, hinter den Bildschirm). Doch dann kommt die Reporterin in ihr zum Vorschein: Umsehen, Fragen stellen. Das Geschriebene leitet sie ein mit einer Präpositionalphrase, die dem Leser den Ort des Geschehens (»am Schwimmbecken des Royal«) und die Handlung vermittelt (»lesen«). Für das Prädikat wählt sie eine anschauliche Metapher. Ich hätte wohl einfach geschrieben »fühlt man sich mürrisch«. *Mürrisch* ist zwar kein schlechtes Wort, aber nicht so gut wie *Aspisviper*. *Aspisviper* ist ein hervorragendes Wort: Denn *Aspis* ist onomatopoetisch und ahmt die Zischlaute des Bezeichneten nach. Und noch ein Bonuspunkt für Didion: die Schlange! Zum Abschluss liefert sie eine weitere Präposition, ein klassisches Beispiel für Didion'sche Statusdetails: der Strandumhang aus Voile (schlagen Sie es nach, ich habe es auch getan). Die Passage illustriert das klassische Schriftstellermantra, das uns von klein auf beigebracht wird: *Show, don't tell*: Zeigen statt Erzählen. Joan war die Meisterin des Zeigens.

Beim Zusammenstellen dieses Kapitels fällt mir ein weiterer Trick ein, den ich von Didion gelernt habe, ein Tipp, den sie Sara Davidson verriet und den Davidson an ihre Leser weitergab: Schreibe all deine Szenen, Zitate, Ereignisse usw. auf Karteikarten, breite sie auf dem Boden aus und ordne die Karten, die zueinander in Beziehung stehen, »wie eine Patchwork-Decke« an. Leider habe ich keine Karteikarten ins Royal Hawaiian mitgebracht. Hatte Joan welche dabei? Ich schnappe mir stattdessen den kleinen Notizblock, der neben dem Zimmertelefon liegt.

Heute Morgen gab es einen Zwischenfall im Surf Lanai, dem Strandrestaurant des Royal. Ich hatte gerade mein Frühstück bestellt, als sich ein Mann an den Tisch neben mir setzte. Vor sich hin murmelnd fing er an, alles auf dem Tisch hin und her zu schieben, die Süßstoffpäckchen aus ihrer Box zu holen und auf dem Tisch auszubreiten wie eine Patchwork-Decke. Sein Arm war bandagiert, seine Haut von der Sonne geschädigt.

Frauen wird schon in jungen Jahren beigebracht, geschädigte Männer zu fürchten. Als kleines Kind hatte Quintana Albträume von einer Figur, die sie den Gebrochenen Mann nannte. Der Gebrochene Mann sei hinter ihr her, erzählte sie ihrer Mutter. Er sage mit tiefer Stimme, dass er sie in die Garage sperren würde. Aber sie würde sich am Zaun festhalten, damit er sie nicht bekam. Die Albträume ihrer Tochter traumatisierten Didion so sehr, dass sie in *Blaue Stunden* mehrmals darauf zurückkam.

Die Angestellten des Royal behandelten den geschädigten Mann zunächst wie einen normalen Kunden, doch als er eine doppelte Portion Pancakes und Arme Ritter bestellte, sah ich, wie sich die Bedienung und die Hilfskraft einen Blick zuwarfen. Ich befürchtete, dass es eine hässliche Szene gäbe, wenn er bliebe; er wurde immer lauter und aufgebrachter und schimpfte vor sich hin. Genauso befürchtete ich, dass es eine Szene gäbe, wenn man ihn aus dem Hotel verwiese. Es gäbe noch mehr Geschrei, mir täte der Mann leid, dem es offensichtlich nicht gut ging, vielleicht käme auch die Polizei. So etwas geht selten gut aus, wie die meisten von uns heute wissen – und wie Joan es in den 1960ern wusste.

Eines Abends sah Didion auf der Kalakaua Avenue in Honolulu, wie zwei junge Männer bei einer Fußgängerkreuzung beinahe von einem Auto erfasst wurden. Im Verlauf der folgenden Auseinandersetzung verhafteten zwei Polizisten einen der Männer, dessen einziges Vergehen es war, so lange Haare zu haben »wie ein durchschnittlicher Erstsemesterstudent«. Als die zierliche, stille Autorin protestierte, nahmen die Polizisten sie ins Visier. »Die beiden fixierten einen Punkt direkt über meinem Kopf, wie man es von Polizeibeamten und Truppen bei der Heerschau kennt. ›Gehen Sie weiter‹, wies mich einer der beiden an. ›Weitergehen, habe ich gesagt.‹«

In der Kolumne *Points West*, in der sie diesen und andere Vorfälle 1968 schilderte, schreibt Didion, dass sie als privilegierte Weiße in dem Glauben aufgewachsen sei, die Polizei sei da, um zu schützen und zu dienen. Doch dann kam Kalakaua. Joan erkannte, was viele Menschen in verarmten oder Minderheitengemeinschaften schon immer wussten: »Da war dieser Punkt, an dem mir bewusst wurde, dass es jedes Mal, wenn ich einen Polizisten auf dem Sunset Strip ein Auto anhalten sah, entweder ein Jugendlicher oder ein Mexikaner war.« Wie üblich konzentriert sich ihre vernichtende Analyse auf die Rhetorik, die Sprache der Polizisten. »Es war ein Tonfall, der es – bewusst oder unbewusst – darauf anlegte, zu drohen, zu beunruhigen, zu demütigen, zu schikanieren. Vor nicht allzu langer Zeit las ich einmal, dass dieser Ton bei der Polizei ›vorbeugende Aggression‹ genannt wird. Vielleicht beugen sie aber damit allein der Möglichkeit ihrer eigenen Glaubwürdigkeit vor.«

Nur wenige wissen von dem Artikel mit dem Titel »On Becoming a Cop Hater«, den Didion für eine große amerikanische Zeitschrift geschrieben hat, denn im Gegensatz zu ihren Essays über Herrenhäuser und Villen ist dieser Text nie in einem Sammelband erschienen. Die Schlussfolgerung des Artikels – »ich möchte nicht soweit gehen, von ›blauem Faschismus‹ zu sprechen, doch es ist schon lange her, seit ich einen Polizisten als Freund und Helfer in Blau gesehen habe« – steht in direktem Zusammenhang mit ihrem 1991 erschienenen Artikel über den Überfall auf eine Joggerin im Central Park.

Ich wollte nicht, dass die Mitarbeiter des Royal die Polizei riefen. Ich wollte noch nicht mal, dass sie die Security riefen. Aber ich spürte ein bisschen von dieser Angst, die man als kleine, allein reisende Frau kennenlernt: dass man als leichtes Ziel wahrgenommen wird, womöglich auch ein leichtes Ziel abgibt. Der geschädigte Mann sah sich nach jemandem um, den er ansprechen konnte, und ich saß ihm am nächsten. Gleichzeitig musste ich an einen lieben Menschen aus meiner Familie denken, der an psychischen Problemen leidet. Angst und Mitgefühl kämpften gegeneinander an. Das war nicht, was ich mir für diesen Sonntagmorgen im Paradies vorgestellt hatte. Ich hatte noch nicht mal meinen Kokosnuss-Macadamia-Latte gehabt. Aber vielleicht hatte ich die Lektion im Perspektivwechsel mehr nötig als meine morgendliche Stärkung.

Dann kam ein junger Mann in gebügeltem rosa Hemd, der Uniform des Surf Lanai, zu dem Herrn an den Tisch und redete ruhig auf ihn ein. Keenan verbrachte mindestens zehn Minuten bei dem Mann, stellte behutsame Fragen, lachte über seine Witze und hörte ihm vor allem einfach zu. Schließlich stand der geschädigte Mann auf, schüttelte Keenan die Hand und verließ still und friedlich das Restaurant.

Ich bedankte mich bei Keenan für seine freundliche Lösung des Problems. »Ich habe gesehen, dass er aufgebracht war«, sagte er. »Manchmal braucht man einfach jemanden, der einem zuhört. Als er sich beruhigt hatte, meinte ich zu ihm, es wäre Zeit zu gehen, und er sagte, kein Problem. Man muss eben *aloha* im Herzen haben.«

Wie mir Cathay erklärt, steht *aloha* für den Lebenshauch. *Aloha* zu sagen bedeutet, die Luft zu teilen, die wir atmen – in Pandemiezeiten ein besonders schwieriges Konzept. Ja, es ist ein etwas abgenutzter Begriff, der vom Tourismus vereinnahmt wurde, ein Lebensstil, der zum Konsumgut gemacht wurde. Doch Didion lag falsch damit, den Begriff so gänzlich abzulehnen, *aloha* hat durchaus eine Bedeutung.

Nach dem Frühstück ging ich wie jeden Morgen schwimmen. Ich trieb auf dem Rücken dahin, als direkt über mir ein manu-o-Kū-Pärchen vorüberzog. Ich rief ihnen ein »aloha« zu.

Das Royal hat sich stark verändert, seit Joan das erste Mal hier war. Zur einen Seite wurde ein gigantisches Sheraton Hotel errichtet, zur anderen das Royal Center, sodass die einstige Ruhestätte des letzten Königs von Hawaii rundum einbetoniert ist. Das Marriott-Unternehmen holt alles aus der gepachteten Fläche heraus, die noch immer im Besitz der Einheimischen ist. Das Motto ist nicht mehr Qualität, sondern Quantität der Zimmer.

Früh am Morgen, bevor die Hitze und die Menschenmassen kommen, hat die Bucht noch ihren Charme. Doch bis zum Nachmittag wimmelt es im Wasser von ausgelassenen Badegästen, die in den Wellen zwischen Treibgut aus benutzten Pflastern, Strohhalmverpackungen, Seetang und einigem anderen, das ich mir lieber nicht genauer ansehe, auf und ab hüpfen. Die Nachfahren der königlichen Familie haben ihre Autorität über das Anwesen behauptet, sodass es nun etwas merkwürdig Widersprüchliches hat: ein Luxury Collection Hotel, das sich zu seinem indigenen Geist bekennt.

Am Abend erobert die Insel den Strand für sich zurück. Ich gehe eine Runde im Sonnenuntergang schwimmen, als all die Amateure wieder an Land sind. Oder fast alle Amateure: Ein einsames Pärchen ist noch da, an die fruchtigen Drinks geklammert wie an eine Rettungsleine, aber da sie offensichtlich ineinander und in die Welt verliebt sind, bin ich nachsichtig. Sonst sind jetzt nur noch die richtigen Schwimmer und Surfer da, die in den Wellen auf und ab treiben, sich ganz dem Flow hingeben. Ich bin eine der wenigen Frauen im Wasser. Eine um Jahrzehnte jüngere als ich paddelt im Bikini auf ihrem Surfboard vorbei. Sie ist etwas unsicher und hält sich im Vergleich zu den alten Hasen relativ nahe an der Küste – obwohl wir weiter draußen sind, als ich es die letzten beiden Tagen war. Ich sehe zu, wie sie beharrlich versucht, eine Welle zu erwischen – sie ist nicht sehr erfolgssicher, gibt sich aber nicht geschlagen. Allerdings bin ich nur Zuschauerin und habe kein Recht zu urteilen: Ich selbst habe noch kein einziges Mal versucht, mich auf ein Surfboard zu stellen, auch wenn ich schon seit Jahrzehnten ohne Board die Wellen reite.

Das letzte Flimmern ist im Meer erloschen. Ich liebe es, vom Wasser aus dem Sonnenuntergang zuzusehen. Ich schaue in den Himmel, wo sich wieder die Feenseeschwalben tummeln. Am Nachmittag waren sie noch nicht da – entweder haben sie eine Siesta gehalten oder waren weit draußen über dem Pazifik auf Nahrungssuche.

Mir fällt auf, dass Didion »exzentrisch viel« Zeit auf Hawaii gerade zu der Zeit verbrachte, als sie *Spiel dein Spiel* schrieb und der Hauptfigur in einem fiktiven Film eine Vergangenheit als Surferin andichtete. Auch sie war ein Wasserkind: eine Möchtegern-Meeresforscherin, die ans Meer dachte, wenn sie Sorgen hatte. Jahrzehnte nach ihrem Wegzug aus der Heimat waren es die Flüsse von Sacramento, die sie am meisten vermisste – die

Flüsse, in denen sie schwimmen gelernt hatte und in denen sie einmal, wahrscheinlich mit Bob, bei einer Floßfahrt in eine Strömung geriet. Sie erforschte die Meereshöhle von Portuguese Bend mit John, interviewte die Rettungsschwimmer vom Zuma Beach. Auf ihrer Reise durch den Süden besuchte sie die Motel-Pools. Doch ob sie zu mir und der Surferin herausgeschwommen wäre, weiß ich nicht. Schwimmen im Pool ist nicht dasselbe wie Schwimmen im Meer. Ganz sicher hat sie jedoch den Surferinnen und Surfern zugesehen. Es ist unmöglich, ihnen nicht zuzusehen, erst recht im Vor-Handy-Zeitalter; so fesselnd ist ihr Tanz mit dem Sog des Ozeans. Vielleicht hat sie, genau wie ich, jungen Frauen beim Hanging Ten zugeschaut und sie darum beneidet, wie sie eins mit ihrem Körper sind, mit den Wellen, mit der Welt. Wie sie das Gerät, das Board, beherrschen. Ein paar Jahre später, in Malibu, verbrachte Quintana ihre Tage am Zuma Beach mit seiner weltberühmten Brandung und trainierte mit den Junior-Rettungsschwimmern, wozu sie »wiederholt in einem Rettungsboot an einen Punkt jenseits der Sturzwellen des Zuma Beach gefahren wurde und dann zurückschwimmen musste«. Selbst wenn so viele Haie im Wasser waren, dass die Rettungsschwimmer alle nach Hause schickten, weigerte sich Quintana zu gehen. Und als ihre Eltern beschlossen, dass das abgeschiedene Leben in Malibu nicht der richtige Ort für ein Mädchen im Teenageralter war, und ins vornehme Brentwood Park mit seinen gepflegten Vorgärten zogen, war Quintana außer sich. Der Strand war ihr Zuhause.

In dem Punkt muss ich mich auf die Seite der Tochter schlagen: Meiner Meinung nach hätten die Didion-Dunnes in Trancas bleiben sollen, wo sie die Wellen sehen konnten.

Ich möchte meine vorige Überlegung zurücknehmen: Didion wollte die Filmfigur in *Spiel dein Spiel* nicht dafür bestrafen, dass sie Surferin war. Sie wäre gern selbst Surferin gewesen, hätte Quintana gern als Surferin gesehen. 1964 – das Jahr, in dem sie in das Haus mit Meerblick in Portuguese Bend einzog – rezensierte sie für die *Vogue* den in Hawaii gedrehten Film *Ride the Wild Surf* mit Fabian Forte. »Seit neuestem bin ich ganz versessen auf Teenie-Surferfilme«, gestand sie. Interessanterweise lieferte sie eine feministische Kritik der »nicht gerade glücklichen« Starlets dieser Filme – so nahm Maria in ihrer Vorstellung bereits Gestalt an. Wie nebenbei kommentierte sie »die Frigidität und extreme Passivität dieser Mädchen [...] Aus Sicht einer Betty Friedan etwa sähe es nicht gut aus für Young America.« Didion wollte mehr für die Starlets, mehr für die weiblichen Surfer-Figuren, mehr für ihre Tochter, mehr für sich. Ihr Leben lang nahm sie Risiken auf sich, suchte das Abenteuer, wollte sehen, wohin sie die nächste Welle tragen würde. Auch wenn sie keine Uhr besaß, konnte sie doch den Rhythmus der Brandung abwägen, den Wellenkamm herannahen sehen, zusehen, wie sich die blaue Welle überschlägt und ganz in Weiß verwandelt.

10

MÄDCHEN

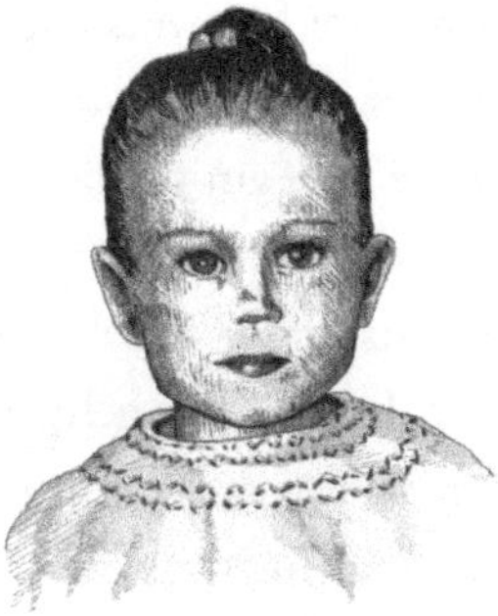

Als ich siebzehn war und bald aufs College gehen sollte, traf ich mich mit meiner Großmutter in ihrem Apartment des Seniorenheims zu einem unserer letzten wöchentlichen Kentucky-Fried-Chicken-Menüs (Oma stammt aus Louisville). Es war, soweit ich mich erinnere, meine ernsthafteste Unterhaltung mit der ehemaligen Näherin, die gemeinsam mit ihrem Ehemann, einem Bauarbeiter und Veteran des Ersten Weltkriegs, in unterschiedlichen Städten der Südhälfte des Landes und dann in Los Angeles sechs Kinder aufgezogen hatte. Sie war die weise Alte, die mir als einem ihrer Dutzend Enkelkinder an jenem Schritt ins Erwachsenenleben ihre Lebenserfahrung weitergab. Das

Schlimmste, was ihr je widerfahren sei, sagte Oma im Rückblick auf ihr eigenes Leben, sei nicht der Verlust ihres Mannes gewesen, sondern der ihrer Tochter Louise, die an Krebs verstarb und von der ich meinen zweiten Vornamen habe. Ich bin nicht sicher, ob sie mir rät, meine eigenen zukünftigen Kinder im Herzen zu behalten, oder mich warnt, ihre einzige noch lebende Tochter, meine Mutter, nicht dasselbe durchmachen zu lassen wie sie. »Ein Kind zu verlieren, bereitet mehr Leid als alles andere«, waren Omas Worte.

Nun, da ich selbst Mutter bin, verstehe ich, was sie meinte.

Dieses Kapitel fällt mir am schwersten zu schreiben.

Quintana Roo Dunne kam am 3. März 1966 in Santa Monica zur Welt. Joan Didion und John Gregory Dunne erhielten einen Anruf von Dr. Blake Watson: »Wir haben hier ein wunderbares kleines Mädchen im St. Johns.« Die achtzehnjährige Mutter des wunderbaren Mädchens hatte es zur Adoption freigegeben. Joan und John hatten den Arzt ein paar Monate zuvor kontaktiert, nachdem sie jahrelang erfolglos versucht hatte, schwanger zu werden. Am 6. März nahmen die Didion-Dunnes das Baby mit nach Portuguese Bend. »Seit ihrer Geburt bin ich nie mehr frei von Ängsten gewesen«, bemerkt Didion in *Blaue Stunden*, ihrem Buch über Quintana aus dem Jahr 2011.

Joan hatte sich seit ihren *Vogue*-Jahren ein Kind gewünscht. 1958, mit dreiundzwanzig Jahren, dachte sie einmal, sie wäre schwanger. Es stellte sich als falscher Alarm heraus, aber wie sie Jahrzehnte später erzählte, packte sie danach das Babyfieber. Sie träumte von Kindern und heftete Kinderbilder aus Zeitschriften an die Wände ihrer Wohnung in Manhattan. Dieser leidenschaftliche Wunsch nach Mutterschaft mag uns heute, nach Jahrzehnten des Feminismus und in Anbetracht von Didions Image als unabhängige Karrierefrau, seltsam erscheinen, doch dies war das

Zeitalter des »Weiblichkeitswahns«, wie es die Autorin Betty Friedan nannte. Rosie the Riveter, die arbeitende Frau der 1940er-Jahre, war zurück in die Küche und ins Schlafzimmer verbannt worden, in ihre traditionelle Rolle der Ehefrau, Hausfrau und Mutter.

Der Wunsch nach einer Familie war sicher auch der ausschlaggebende Grund für die Trennung von Noel Parmentel, der offensichtlich – und nach eigener Aussage – kein geeigneter Vater war. In John Gregory Dunne fand Didion einen Partner nicht nur zum Schreiben, sondern auch für die Elternschaft. In einem Artikel von 1977 lobt der Vater die Tochter dafür, wie sie ihr Leben meistert: »Sie von Kindesbeinen an aufwachsen zu sehen, war immer wie Sandy Koufax beim Pitchen zuzusehen, oder Bill Russell beim Basketballspielen.«

Weder Didion noch Dunne erklärten jemals öffentlich, warum sie keine leiblichen Kinder haben konnten. Auch unter den Freunden und Familienmitgliedern, die ich interviewt habe, hieß es, sie wären nie eingeweiht worden; nur einer der Befragten erklärte mir, Joan habe ihm den Grund genannt, er wollte ihn aber nicht öffentlich machen. Das Problem lag sehr wahrscheinlich bei Joan. In *Vegas*, Dunnes 1974 erschienenem, als Roman verpacktem Memoir – das bedenklicherweise Parmentel gewidmet ist (Joan mochte sich von ihrem Wahn befreit haben, doch John war seinem Charisma noch verfallen) – erklärt ihm ein Arzt, sein Sperma könne »wohl keinen Wettlauf gewinnen [...] aber es erreicht sein Ziel«. Viele, die Didion kannten, hielten sie für zu zierlich, um ein Kind auf die Welt zu bringen. Ich nehme an, dass es ein gesundheitliches Problem aus ihrem früheren sexuell aktiven Leben war, das eine Schwangerschaft verhinderte. In *The Last Love Song* wird ein Brief Dunnes von 1984 erwähnt, in dem es heißt, seine Frau trage seit der Collegezeit

»aus gynäkologischen Gründen« keine Unterwäsche mehr und habe sich vor Kurzem einer Gebärmutterentfernung unterzogen. Womöglich wurde Didions Wunsch nach einem Baby durch die Befürchtung und Bedrückung darüber, keines bekommen zu können, noch verstärkt. Als sie 1958 dachte, sie sei schwanger, suchte sie den Arzt auf, bei dem alle jungen Mitarbeiterinnen der *Vogue* in Behandlung waren. Er warnte sie, sie müsse eventuell nach Kuba fliegen, um ihre Schwangerschaft zu beenden. Doch stattdessen setzte ein paar Tage später ihre Blutung ein. Sie weinte.

Doch woran auch immer es lag, Anfang des Jahres 1966 beschäftigten sich die Didion-Dunnes mit dem Thema Adoption, was sie zu einem Entbindungsarzt namens Blake Watson führte. Abtreibung war damals illegal und die Vermittlung privater Adoptionen durch Ärzte gang und gäbe. Die weibliche Rolle des Kinderkriegens und Kinderbetreuens ist in Didions Werken, insbesondere in ihren Romanen, ein wiederkehrendes Thema. Unter ihresgleichen war Joan interessanterweise eine der wenigen, die offen über Abtreibung schrieben. So lässt Maria in *Spiel dein Spiel* ihre Schwangerschaft im Schlafzimmer eines Reihenhauses in Encino beenden. Der illegale Eingriff hinterlässt bei der Schauspielerin verstörende Erinnerungen und körperliche Komplikationen, die sie vorübergehend arbeitsunfähig machen. Für Frauen der 1950er- und 1960er-Jahre waren dies reale Situationen, Geschichten, die erzählt werden mussten. Didion kannte sogar Mitarbeiterinnen der *Vogue*, die abgetrieben hatten.

Nach jahrelangem vergeblichem Kinderwunsch müssen Joan und John außer sich gewesen sein vor Freude über dieses »perfekte Kind«, wie Didion Quintana nannte. »Sie hätte meinem Wunschbaby nicht genauer entsprechen können«, beschrieb Joan das pausbäckige Mädchen in *Blaue Stunden*.

Die Didion-Dunnes vergötterten das Kind, das auch ihr einziges bleiben sollte. Jedes Jahr verschickten sie Weihnachtspostkarten mit einem Foto von Quintana, vermutlich, weil sie ihr größtes Geschenk gewesen war. Auf den Schwarzweißbildern kann man die Entwicklung des dunkeläugigen Blondschopfs nachvollziehen: das Kleinkind mit zarter Orchidee über der Schulter, die Fünfjährige im Schneidersitz mit gepunktetem Hut, das hübsche Mädchen in schwarzem Trikot vor einem Springbrunnen. Im Privat- wie im Berufsleben der Didion-Dunnes stand sie stets an allererster Stelle.

Quintana Roo Dunne wuchs damit auf, fotografiert zu werden, allein wie mit ihren berühmten Eltern. Einmal ist sie in einer Aufnahme von John Bryson von 1976 zu sehen, diesmal in gepunktetem Kleid, wie sie auf der Terrasse im Haus in Trancas neben ihrem Vater steht, während ihre Mutter mit der üblichen Zigarette in der Hand seitlich zu den beiden hinübersieht. Dann einmal auf Didions Schoß sitzend, während Joan ihr ein Buch vorliest. Oder Nase an Nase mit ihrer Mutter auf dem Sofa: ein unglaublich inniger Moment der Häuslichkeit. Dies sind nicht einfach nur Posen, es sind Schnappschüsse einer ungewöhnlich eng verbundenen Familie, die – allem Anschein nach – ein Leben wie im Bilderbuch führt.

Interessanterweise liefert eine Google-Bildersuche nach Fotos nur von Vater und Tochter keine Ergebnisse. Das bedeutet meiner Meinung nach jedoch nicht, dass sich John und Quintana nicht nahestanden; als sie in Malibu wohnten, war er es, der sie jeden Morgen zur Schule brachte. »John hat Quintana vergöttert«, meint auch Julia Armstrong-Totten. Der wahrscheinlichere Grund ist, dass eine weibliche Autorin ihr Kind eher mit ins Bild holt, ob auf eigene Initiative oder die der Fotografen, da berufstätige Mütter die gleichzeitige Erfüllung ihrer elterlichen

Quintana, John und Joan in Malibu, 1976.

Pflichten stets unter Beweis stellen müssen. Ein gesellschaftlicher Anspruch, der an Väter nicht gestellt wird.

Trotz der offensichtlichen Zuneigung ist an den Fotos, ja an dem Gesamtbild irgendetwas falsch. Es fängt an mit dem Namen, der von einer Landkarte ausgesucht wurde. Quintana Roo ist ein mexikanischer Bundesstaat auf der Halbinsel Yucatán, der heute dank der Mayaruinen von Tulum und den Stränden von Cancún ein beliebtes Touristenziel ist. 1966 war »der Ort auf der Karte namens Quintana Roo noch Terra incognita«, so Didion. Zumindest für weiße Amerikaner; Mexikanern und deren zahlreichen Verwandten in den USA war der Ort natürlich wohlbekannt. Quintana Roo ist so ein Name, wie ihn sich zwei junge, verliebte Kreative mit Kinderwunsch aussuchen, wenn sie in den 1960ern durch Mexiko reisen, die Worte auf der Karte sehen und sich sagen: »Wenn wir mal eine Tochter bekommen, nennen wir sie Quintana Roo.« Es ist, mit den Worten des Schriftstellers Richard Rodriguez, »ein Hippie-Name«. Joan und

John sprachen ihn noch nicht einmal richtig aus: Auf Spanisch heißt es Kintana, doch die Didion-Dunnes nannten ihre Tochter Kwintana – oder meistens einfach nur Q.

Joan und John mochten sich ein Kind gewünscht haben, darauf vorbereitet waren sie allerdings nicht. Q kam bereits knapp zwei Monate nach dem ersten Treffen mit Dr. Watson in ihr Leben. Die neunmonatige Schwangerschaft, die leibliche Eltern erleben, bietet nicht nur Zeit, ein Kinderbettchen, einen Kinderwagen und Strampler zu kaufen, sondern auch, sich mental vorzubereiten – und den Terminkalender freizuschaufeln. Als Dr. Watson anrief, waren die Didion-Dunnes im Begriff, in nur wenigen Wochen nach Saigon zu fliegen, um über den Vietnamkrieg zu berichten. Die Aussicht auf ein Neugeborenes änderte nichts an diesen Plänen. Stattdessen kaufte Joan, passend zu ihren »pastellfarbenen Leinenkleidern von Donald Brooks«, einen »geblümten Porthault-Schirm als Sonnenschutz für das Baby«.

Halten wir hier einen Moment inne und stellen uns Didion im Leinenkleid vor, wie sie mitten in einem Kriegsgebiet einen Sonnenschirm über ihr Neugeborenes hält. Ihre Aufopferungsbereitschaft als Journalistin ist ihr sicherlich hoch anzurechnen, aber vielleicht waren ihr die Jahre bei der *Vogue* doch ein wenig zu Kopf gestiegen.

Jahrzehnte später mokierte sich Didion über ihre Naivität in Bezug auf die Kinderbetreuung: Das Jahr 1966 »galt gemeinhin nicht als ideales Jahr, um mit einem kleinen Kind nach Südostasien zu reisen«, schrieb sie mit sarkastischem Understatement in *Blaue Stunden*. Und doch lag die Entscheidung der frischgebackenen Eltern, nicht nach Hanoi zu gehen, nicht an dem Kind, sondern an Johns Arbeit an seinem Erstlingswerk *Delano* über den Streik der kalifornischen Traubenbauern – Vorrang hatten nicht etwa elterliche Pflichten, sondern ein Erscheinungstermin. »Ich erwähne Saigon überhaupt nur, um das Ausmaß meiner Fehlannahmen darüber darzulegen, was es eigentlich bedeutet, ein Kind zu bekommen oder gar ein Kind zu adoptieren«, gestand Joan.

Man sollte sich gut überlegen, was man sich wünscht. Ein Kind kann das ganze Leben auf den Kopf stellen, selbst wenn man noch so gut vorbereitet ist. Der erste Schritt für die Didion-Dunnes war – nach Absage der Saigon-Reise –, sich vom Pazifikpanorama und den Pfauen in Portuguese Bend zu verabschieden, denn ein Kind samt jugendlichem Babysitter im Haus konnte oder wollte der Vermieter nicht dulden. Die Familie verbrachte stattdessen zuerst sechs Monate im Anita Drive, Brentwood, als Haussitter für Sara Mankiewicz, die Witwe des Drehbuchautors von *Citizen Kane*, Herman Mankiewicz, bevor sie das Haus in Hollywood auf der Franklin Avenue mieteten, wo sie vier Jahre bleiben würden. Q lernte laufen und sprechen, umgeben von Rockstars, Filmstars, Schriftstellerinnen, Regisseuren, Dragqueens, Künstlerinnen usw.

Didion hatte zwar den Sonnenschirm gekauft, nicht aber an all die Dinge gedacht, die sie tatsächlich brauchen würde. Ihre Freundin erklärte ihr, sie müsse eine Babyausstattung kaufen, also ging es erstmal zum Luxuskaufhaus Saks. Freunde und Familie schickten Kleidung: in Qs Schrank hingen bald sechzig Kleidchen auf kleinen Holzbügeln, ebenfalls ein Geschenk. In *Blaue Stunden* türmen sich die Statusdetails – das Kaschmir-Seidendeckchen, in dem das Baby nach Hause gebracht wurde, die Säuglingsausstattung, die Kleidchen, die Holzbügel – wie ein materielles Bollwerk gegen den Vorwurf mangelnder elterlicher Kompetenz, als hätte sich Didion Qs Gunst erkauft.

Didion gesteht ein: »Erst später erkannte ich, dass ich sie wie eine Puppe aufgezogen hatte.«

Die Liebe zu ihrer Tochter kommt jedoch klar in Didions Werk zum Ausdruck. Nach Qs erster Geburtstagsfeier in Didions Elternhaus in Sacramento – jener Feier, die John verpasste – stiehlt sich Joan aus dem erdrückenden Familienkreis davon zu ihrem schlafenden Kind. »Am Abend, nachdem sie eingeschlafen ist, knie ich neben dem Bettchen und lege mein Gesicht an ihres, wo es sich an die Stäbe drückt«[1] schrieb sie in »Über das Nachhausekommen«.

Die Didion-Dunnes bezogen ihre Tochter in fast alle ihre Unternehmungen mit ein. Sie arbeiteten beide von zu Hause aus, und Q verstand, wie John es ausdrückte, dass »unser stumpfsinniges Auf-die-Schreibmaschine-Starren bedeutete, dass Essen auf den Tisch kam«. Sie nahmen sie mit zu Meetings für ihre Bücher, Drehbücher und Artikel – »bei einer polizeilichen Gegenüberstellung könnte sie ohne weiteres den Agenten ausmachen«, scherzte Dunne. Auch auf Reisen war sie dabei und bestellte Kindercocktails vom Zimmerservice. Es war ein Leben auf ständiger Wanderschaft, in dem Q oft das einzige Kind in exotischen und privilegierten Verhältnissen war.

Q war zweifellos verwöhnt.

Das verhätschelte und an immer neuen Orten oft auf sich gestellte Kind entwickelte eine hohe Anspruchshaltung. Armstrong-Totten erinnert sich, wie sie einmal bei Didions Eltern in Sacramento auf das kleine Mädchen aufgepasst hat. Im Garten hinter dem Haus gab es einen Teich, in den Q unbedingt hineinwollte. »Sie war eigensinnig«, erzählt Joans Cousine. »Sie wollte einfach nicht hören. Ich weiß nicht, ob sie nur ihre Grenzen austesten wollte oder ob es einfach ihre Art war, aber mein Eindruck ist, dass sie eben so war. Sie brannte darauf, in diesen Teich zu springen. Und ich hasste den Teich, weil einer meiner

Cousins mich als Kind reingeschubst hatte, und er war dreckig und sumpfig. Aber sie wollte nicht auf mich hören. Ich weiß nicht mehr, wie wir sie schließlich dazu gebracht haben, wieder mit ins Haus zu kommen, aber sie war richtig trotzig. Sie wusste, dass ihre Eltern sie vergötterten und sie bei ihnen alles Mögliche durchsetzen konnte.«

Trotzig, ja, aber Q war auch charmant, einnehmend, kreativ, ungewöhnlich. Sie hatte eine seltsame Ausdrucksweise und, für den Nachwuchs zweier Schriftsteller, einen eigenartigen Sinn für Grammatik: »Wo du war?«, fragte sie etwa, oder »Der Morgen ging so schnell vorbeigegangen.«

»Sie war ein süßes Kind«, meint Calvin Trillin. »Sie hatte so eine Art, einem Hallo oder Hi zu sagen, dass man meinte, sie hätte einen viel zu lang nicht gesehen und gerade bemerkt, was für ein wunderbarer Mensch man ist, und noch ein halbes Dutzend anderer Dinge. Sie hatte einfach ein nettes ›Hallo‹.«

»Mit fünf, sechs Jahren war sie einfach dieses hübsche, bezaubernde, lustige, wunderbare Kind«, erinnert sich ihr älterer Cousin Griffin Dunne. »Teenager haben normalerweise keine Lust, sich mit kleinen Kindern zu beschäftigen. Aber sie war eine Ausnahme.«

Selbst ihre weit herumgekommene Mutter wunderte sich über Qs Unerschrockenheit. »Bestimmten Bedrohungen, die ich für real hielt, begegnete sie ganz ohne Furcht«, schrieb Didion. Ich bin nicht sicher, was die Tochter von Schlangen hielt, vermute aber, dass sie die Phobie ihrer Eltern nicht teilte.

Es kann nicht leicht gewesen sein, als Kind Quintana Roo zu heißen, als Tochter berühmter Eltern, immer unter Presseleuten, Prominenten, Fotografinnen und Fotografen aufzuwachsen, aus dem Koffer zu leben – ohne Geschwister und oft ohne Kontakt zu Gleichaltrigen.

»Sie nahmen ihre Tochter oft mit ins Restaurant«, so Gay Talese. »Und ich kenne diese Tochter, sie war noch sehr klein! Ich meine, können Sie sich vorstellen, die Tochter von Joan und John zu sein? Meine eigenen Töchter haben ja schon ihre Probleme, ich kann also gut nachvollziehen, wie sie sich gefühlt haben muss mit diesen beiden bekannten Leuten. Ständig wird um deren Aufmerksamkeit gebuhlt, man selber als die kleine Tochter bekommt dagegen gar keine Aufmerksamkeit ab, weil die Eltern damit beschäftigt sind, sich mit irgendwelchen oscarprämierten Schauspielern oder nobelpreisprämierten Schriftstellern zu unterhalten. Das muss doch einfach furchtbar sein.«

»Sie haben sie über alles geliebt«, meint Armstrong-Totten. »Über alles. Und Quintana sie umgekehrt auch. Ich denke, das steht außer Frage. Aber in mancher Hinsicht war es sicher nicht leicht, ihr Kind zu sein, weil sie so intellektuell waren.«

Natürlich verbrachten Quintanas Eltern viel Zeit mit ihr, denn sie arbeiteten beide von zu Hause aus und nahmen sie mit zu beruflichen Terminen und Reisen. Aber sie *arbeiteten* eben. Für Schreibende gibt es nichts Lästigeres, als sich nicht konzentrieren zu können. In Malibu schrieb die kleine Quintana eine Liste mit den Lieblingssprüchen ihrer Mutter auf: »Putz dir die Zähne; kämm dir die Haare; still jetzt, ich arbeite gerade.«

Still jetzt, ich arbeite gerade.

Es ist das Mantra der Mutter, die von zu Hause arbeitet, der Autorin, die sich einen Gedanken merken will. Einst schenkte Didions Mutter ihr ein Notizbuch mit der Bitte, still zu sein. Jahrzehnte später lenkte Q ihre Mutter vom Schreiben ab.

Genau zur selben Zeit, da sich Joan Didion dem wunderbaren Mädchen widmete, das ihr beschert war, kam auch ihr eigener großer Durchbruch. *Stunde der Bestie* hatte sie nicht nur zur Journalistin gemacht, sondern zu »einer der am wenigsten beachteten und talentiertesten Schriftstellerinnen meiner Generation«, so die *New York Times*. Ein seltenes Lob für eine Frau im maskulinistischen Journalismusbetrieb. Auch wenn sie Saigon abgesagt hatte, Didions Erfolg war nicht mehr aufzuhalten.

Als Quintana gerade zwei Jahre alt war, erlitt Didion den Nervenzusammenbruch, mit dem sie in demselben Krankenhaus landete, in dem ihre Tochter zur Welt gekommen war. Wahrscheinlich ist es kein Zufall, dass dies auch die Jahre ihrer Ehekrise waren, in denen das Haus von Johns Wutausbrüchen erschüttert wurde. Mit vierzehn Jahren schrieb Q einen Roman über ein Mädchen namens Quintana. »Ihr Vater wurde schnell wütend, aber es war offensichtlich, dass sie ihr einziges Kind sehr lieb hatten«, schrieb die Jugendliche.

Quintanas Eltern nahmen sie nicht immer mit, wenn sie arbeiten mussten. Noch nicht einmal an Weihnachten. Noch nicht einmal, als sie gerade drei Jahre alt war.

»Dieses Weihnachten hatte ein ›schönes‹ Weihnachten werden sollen, für meinen Mann und unser Baby und alle, die uns in Los Angeles besuchen würden«, schrieb Didion im Dezember 1969 für das *Life*-Magazin. Stattdessen saßen sie und Dunne in einem »trostlosen« Hotel in New York und arbeiteten an ihrem ersten gemeinsamen Film, *Panik im Needle Park*. Statt wie erhofft mit dem Baby eine Krippe zu bauen und Granatapfelgelee zu machen, verbrachte Joan die Feiertage damit, Junkies zu interviewen und mit Anwälten zu sprechen. In jenem Artikel mit dem Titel »In Praise of Unhung Wreaths and Love« ist der Kummer der Mutter förmlich spürbar. Ich weiß nicht, wie es für Quintana Roo war, dass ihre Eltern an ihrem vierten Weihnachtsfest 4500 Kilometer weit weg waren, aber vermutlich nicht besonders toll. Ich frage mich, welches Bild in jenem Jahr wohl die Didion-Dunne-Weihnachtskarte zierte.

Ich stelle mir die kleine Tochter der Didion-Dunnes ganz allein mit ihren Eltern in dem Haus auf der Meeresklippe vor, wie sie um deren Aufmerksamkeit kämpft und vom Gebrochenen Mann träumt. Und unterbewusst oder auch bewusst diese Angst davor hat, verlassen zu werden, wie sie viele adoptierte Kinder kennen. Das Gefühl, etwas verloren zu haben, was man nie wirklich hatte. Die existenzielle Befürchtung, dass etwas mit einem nicht stimmt, dass man womöglich noch einmal verlassen wird.

Ich kenne Quintanas Geschichte nicht in ihren Worten oder aus ihrer Hand. Ich weiß nur, was ihre Eltern, ihre Freunde und Familie über sie erzählt haben und woran sich ihre alten Schulfreunde erinnern. Ich sehe mir die Fotos von ihr an und ihre eigenen Aufnahmen. Was ging wohl in ihrem Kopf vor?

Ich bin zwei Jahre vor Quintana Roo Dunne geboren. Didion ist meine Inspiration, aber mit ihrer Tochter kann ich mich identifizieren. Wir haben beide zur selben Zeit eine Ivy-League-Universität besucht, teils zur selben Zeit im New Yorker Verlagswesen gearbeitet. Wir hätten ohne Weiteres bei denselben Konzerten, Shows, Eröffnungen oder in denselben Bars sein können. Auch meine Eltern gaben gerne Partys und liebten ihre Drinks. Unsere Mütter waren beide berufstätig und in derselben Altersgruppe: starke, intelligente, warmherzige und schöne Frauen, die uns manchmal sehr weit weg vorkamen, auch wenn sie im selben Raum saßen.

Hätte ich an dem Tag, an dem sie einen Brief von ihrem leiblichen Vater erhielt, gehört, wie sie sich bei ihrer Mutter beschwerte: »Als wäre das nicht schon genug, muss mein Vater auch noch ein Deadhead sein!« – ich hätte auf der Stelle Quintana Roos Freundin sein wollen.

Mein Eindruck ist, dass sich Q in Trancas am wohlsten fühlte. Sie liebte das »verlockende Meer«, wie sie es nannte. Sie ging zum Training der Junior-Rettungsschwimmer in Zuma. Sie ging am Felsufer entlang zur Grundschule. John setzte sie dort ab, so erzählte er in seiner Rede bei Qs Hochzeit im Jahr 2003, und »sah ihr nach, wie sie den Hügel hinab verschwand, mit dem großen blauen Pazifik im Hintergrund, und dachte, dass ich kaum je etwas so Schönes gesehen habe«. Er sagte zu Joan, sie müsse sich das einmal ansehen. Sie sah ihrer Tochter nach, wie sie in ihrer Schuluniform den Hügel hinablief, und weinte.

Im Kindergarten lernte Q auch ihre beste Freundin Susan Traylor kennen, die heutige Schauspielerin und Ehefrau von Bob Dylans Sohn Jesse. Die Didion-Dunnes hatten in Malibu einen kleinen, engen Bekanntenkreis. Es war, wie in einer Kleinstadt zu leben.

Und dann zogen sie fort.

1978 zogen die Didion-Dunnes in ihr fünftes (das Mankiewicz-Haus mitgerechnet) und letztes Haus in Los Angeles in Brentwood Park, einem gehobenen Viertel von Brentwood. Offenbar gab es mehrere Gründe für den Umzug. »Sie hatten Angst, dass Quintana nie lernen würde, eine Straße zu überqueren«, meint Katrina vanden Heuvel mit Blick auf den eigentümlichen Lebensstil in Trancas, wo die einzige Straße der Pacific Coast Highway ist. Joan und John fühlten sich außerdem zu abgeschnitten vom Leben in Los Angeles, insbesondere der Filmindustrie, mit der sie ihren Lebensunterhalt verdienten. Vielleicht wollten sie auch einfach ein Haus mit Zentralheizung, in dem nicht gelegentlich die Schlangen vom Dach des Carports fielen. Siebzehn Jahre bevor der Autor Mike Davis vorschlug, die Feuerwehr solle Malibu einfach brennen lassen, hörten Joan und John auf ihre eigene starke, nicht unbegründete Angst vor

Waldbränden. Das Haus ihrer Freundin und ehemaligen Nachbarin Jean Moore wurde 2018 im »Woolsey Fire« vernichtet.

Brentwood ist und war eine wohlhabende Gegend, gelegen im Westen der UCLA und östlich von Santa Monica. Marilyn Monroe hatte dort gelebt; später wurde Brentwood durch O. J. Simpson bekannt, der hier 1994 seine Exfrau Nicole Brown Simpson ermordete. Der Fernsehproduzent Norman Lear wohnte direkt gegenüber von dem traditionellen, symmetrischen Haus mit Pool und Garten, das Joan und John in das »Literaturkonsulat der Westküste« verwandelten, wie Trillin es nannte.

»Sie hatten ein sehr schönes Haus«, meint Armstrong-Totten, die den Didion-Dunnes oft als Hundesitter aushalf. »Es hatte etwas von einem französischen Bauernhaus. Sie hatten ein sehr schönes Schlafzimmer, ein riesiges Bad, einen riesigen Kleiderschrank. Und dann war da noch das Wohnzimmer. Bei Johns Arbeitszimmer denke ich an Brauntöne, ein irgendwie maskulines Braun. Der Boden war gefliest, und es gab eine Leiter, die man verschieben konnte, um an die Bücher zu kommen. Außerdem einen Fernseher und ein Sofa, es war sehr wohnlich. Joans Arbeitszimmer war in Weiß gehalten, mit etwas Grün und Violett hier und da. Sehr klar und ordentlich, da lag nichts auf dem Schreibtisch herum.«

Didion liebte dieses Haus: den Komfort, die Geometrie, den Außenbereich, den sie in einen Garten verwandelte. Sie und John hatten hier oft Gäste: donnerstags zum Abendessen, sonntags zum Brunch. In Brentwood ließ es sich leichter leben als in Malibu, und man war näher am Mittelpunkt des kulturellen Geschehens. Viertel wie diese sind die geheime Zutat der L.A.-Sauce: Häuser im Vorortstil mit Vorgärten, Bäumen und Auffahrten, nicht am Stadtrand, sondern im Zentrum. »Manche behaupteten, es sei die genaueste Nachbildung des protestantischen Connecticut in Südkalifornien«, beschreibt Stacie Stukin das Viertel, in dem sie selbst aufwuchs, in ihrem Essay »Brentwood Notebook«. In dem Fall muss sich Dunne wie zu Hause gefühlt haben: einmal wieder der katholische Ire umgeben von Protestanten. Didion legte ihre Malibu-Persönlichkeit so gründlich ab, dass sie sogar ihre Stingray, an der scheinbar immer irgendwas zu reparieren war, gegen die unansehnliche Stabilität eines Volvo-Kombis eintauschte. Das und der Umzug allgemein passten Quintana nicht. Sie nannte Brentwood »euer Vorstadthaus«.

Ein Hauptgrund für den Umzug war, dass Qs Eltern nicht wollten, dass sie in Malibu zur Schule ging. »Sie zogen wegen Quintana aus dem Haus in Malibu aus, weil sie sie auf eine bessere Schule schicken wollten«, so Armstrong-Totten. Ins Auge gefasst und letztlich auch durchgesetzt hatten sie die Westlake Mädchenschule, die wohl elitärste säkulare Privatschule in Los Angeles, die nur eine kurze Autofahrt von Brentwood entfernt war. (Sie wurde seither mit der Harvard Jungenschule zusammengelegt.) Die Klassen waren klein, die Gebühren hoch und Kinder von Prominenten – Tom Snyder, Carol Burnett, Peter Fonda – waren zahlreich vorhanden. Stukin, die Q zwei Jahre voraus war, beschreibt Westlake als »gleichgeschlechtliches Bildungsparadies mit weitläufigen Rasenflächen, Blumen und einem Maibaum«.

Westlake war elitär, aber fortschrittlich. Das ausschließlich weibliche Umfeld förderte feministische Ansichten. Neuntklässler wurden mit einer Ausgabe von *Our Bodies, Ourselves* (1970; dt.: *Unser Körper, unser Leben*) nach Hause geschickt. »Wir haben für das Equal Rights Movement demonstriert, weil wir diesen Zugang zu phänomenaler Bildung hatten, weil wir wussten, dass Frauen auf jeden Dollar, den ein Mann verdient, nur neunundsiebzig Cent verdienen«, so Stukin.

Doch Aufklärung war nicht alles an der Westlake. Stukin erinnert sich an eine Lehrerin, die Q vorwarf, ihre Mutter ihre Hausarbeiten schreiben zu lassen. Es gab Elterngespräche; aufgebrachte Schülerinnen, die sich auf die Seite ihrer Klassenkameradin stellten. Stukin, heute selbst erfolgreiche Journalistin, weiß noch, wie dieselbe Lehrerin auch sie oft enttäuschte. »Es war so sinnbildhaft: Da waren wir jungen Frauen, die versuchten, unseren Platz in der Welt zu finden und einander zu schützen, voller Wut auf diese Lehrerin, die junge Frauen schikanierte, die ihre eigene Stimme finden wollten. Frauen, die Schriftstellerinnen, Künstlerinnen, Naturwissenschaftlerinnen werden wollten. Und sie stellte sich uns einfach in den Weg.«

Es muss erniedrigend für Q gewesen sein, immer im Schatten ihrer Mutter zu stehen, selbst für nicht gut genug gehalten zu werden.

Und doch war auch etwas Wahres an den Vorwürfen: Quintana war keine Akademikerin, keine Schriftstellerin. Ohne Zweifel verbrachte sie ihre Zeit lieber am Zuma Beach als in Westlake. Und ihre Eltern hatten ihr durchaus beim Schreiben der Bewerbungen und Aufsätze geholfen, um erst nach Westlake, dann aufs Bennington College und schließlich aufs Barnard College zu kommen, wohin Q nach zwei Jahren wechselte. »Schule war, glaube ich, einfach nicht ihr Ding«, meint Armstrong-Totten. »Aber sie legten eben Wert darauf.«

Ironischerweise schrieb Didion selbst mehr als einen kritischen Artikel über Leute, die ihre Kinder um des eigenen Ansehens willen auf »gute Schulen« schicken. »Was mich umtreibt, ist der Eindruck, dass sie die Chancen ihrer Kinder mit den eigenen in einen Topf werfen, von dem Kind verlangen, nicht nur für sich, sondern auch Vater und Mutter zu Ehren erfolgreich zu sein«, erklärte sie 1968, nur wenige Jahre nachdem sie und Dunne die Bescheinigung für Qs Adoption feierten, indem sie sie an einen heiß begehrten Tisch in einem der edelsten Restaurants von L.A. mitnahmen.

Auf Barnard lieferte Quintana die Fotos für die Collegezeitung. Offenbar war sie dazu berufen, die Welt visuell festzuhalten; nicht mit der Schreibmaschine, sondern mit dem Objektiv. Immerhin war sie als Kind ständig von Kameras umgeben gewesen, kein Wunder also, dass Quintana Fotografin und Artdirektorin wurde.

Von Q stammt auch eines meiner Lieblingsfotos ihrer Mutter. Darin ist Didion an einem Strand zu sehen, hinter ihr heben sich Umrisse von Palmen vor dem glitzernden, »verlockenden Meer« ab. Sie steht barfuß im Wasser und hält in der einen Hand die Sandalen, mit der anderen hebt sie den Rock an die Hüfte, den ihr der Wind gegen den Körper presst. Dies ist das Autorenfoto, das Christopher Lehmann-Haupt in der *New York Times* als zu freizügig kritisierte, denn Joans Körper zeichnet sich durch die durchscheinende Kleidung deutlich ab. Auf ihrem Gesicht lässt sich beinahe ein Lächeln erkennen, doch in dem perfekten, festgehaltenen Augenblick zeichnen sich auch Wolken am Horizont ab.

Quintana blieb in New York, um im Verlagswesen zu arbeiten; ihre Eltern zogen ihr 1988 hinterher. »Ich war im Designjournalismus tätig und habe für *Elle Decor* gearbeitet, wo Quintana Bildredakteurin war«, meint ihre ehemalige Klassenkameradin Stukin. »Ich habe mich ein paarmal mit ihr unterhalten und glaube, sie hatte da etwas gefunden, was ihr wirklich gefiel. Und worin sie vermutlich auch ziemlich gut war.«

Es ist schwer zu sagen, wann Quintanas Eltern erkannten, dass ihr Einzelkind psychisch belastet war. In *Blaue Stunden* erinnert sich Didion an Qs Albträume aus Kindergartenzeiten, den Gebrochenen Mann. Als sich Joan die Fotos von Q ansieht, die ihre Cousine von der damals Fünfjährigen gemacht hat, erkennt sie rückblickend, was ihr damals entgangen ist: »die erstaunlichen Tiefen und Untiefen in ihrem Gesichtsausdruck, die schlagartigen Stimmungsschwankungen«. Im selben Jahr rief Quintana bei der örtlichen Psychiatrie an, »um herauszufinden, was sie tun müsse, falls sie verrückt würde«.

Angefangen mit *Spiel dein Spiel*, das geschrieben wurde, als Q im Kleinkindalter war, finden sich verstörte Töchter und distanzierte Mütter in Didions Romanen zuhauf. Das Kind in *Demokratie* ist drogenabhängig und fliegt nach Vietnam, gerade als die Amerikaner evakuiert werden; wohingegen die Mutter den Vater für einen älteren Mann verlassen hat, mit dem sie seit Jahrzehnten eine Affäre hatte. In *Wie die Vögel unter dem Himmel* sucht Charlotte Douglas vergeblich nach ihrer davongelaufenen, zur Terroristin gewordenen Tochter. Die schwereren Störungen lagen nicht nur im Blut, sondern auch in den Büchern.

Quintana wurde zum Arzt geschickt. »Sie war depressiv. Hatte Ängste«, schrieb Didion. Manische Depression. Zwangsneurose. Borderline-Persönlichkeitsstörung. »Die Bezeichnungen wechselten ständig.« In ihrem Vorstadthaus in Brentwood lag sie auf dem Boden und schluchzte: »Lass mich einfach unter der Erde sein.«

Quintana Roo Dunne wurde ins Ungewisse geboren, wenn sie auch schnell und mit Begeisterung beansprucht wurde. Ihre Eltern hatten die besten Absichten und waren mit der damals gängigen Praxis für Adoptiveltern wohlvertraut. Dennoch war es in etwa, wie mit nur einem Bein ins Rennen zu gehen. »Wie ich, wenn auch nicht auf Anhieb, erfahren sollte, lässt sich eine Adoption nur schwer richtig machen«, schrieb Didion in *Blaue Stunden*.

Joan und John machten vieles korrekt und gut. Sie logen Quintana nicht an, sondern erzählten ihr von Anfang an die Geschichte ihrer Geburt und Adoption. Wie Dunne zu sagen pflegte: »Q wurde mit Stolz adoptiert.«

»John achtete sehr auf die richtige Formulierung«, so Trillin. »Es ärgerte ihn, wenn jemand von Quintana als seiner ›Adoptivtochter‹ sprach. Sie war seine *Tochter*.«

Joan und John versuchten auch, sich der Möglichkeit zu öffnen, dass ihr Kind eines Tages seine »andere Mami« kennenlernen würde, wie Q sie nannte. Sie versprachen ihr, sie zu unterstützen, sollte sie ihre leiblichen Eltern finden wollen. Wie es der Zufall wollte (was im Übrigen eine von Didions bevorzugten Überleitungen ist), erfuhren die Didion-Dunnes durch einen Verwaltungsfehler den Namen der Mutter und umgekehrt. Als die zehnjährige Quintana danach fragte, nannten die Eltern ihr den Namen. »Wir erklärten ihr, dass wir alles tun würden, um ihr zu helfen, sollte sie sich dafür entscheiden, sie ausfindig zu machen«, schrieb Dunne.

Als sie dann jedoch mit Q zu Dreharbeiten nach Tucson fuhren, wo deren leibliche Mutter wohnte, unternahmen sie größte Anstrengungen, ihre Anwesenheit zu verbergen. Am Set wurden alle zur Geheimhaltung verpflichtet, ihre Namen in Zeitungsartikeln nicht erwähnt. Die Didion-Dunnes mochten der Möglichkeit einer Wiederbegegnung offen gegenüberstehen, doch das hieß nicht, dass sie es den Beteiligten leicht machen würden. Didion erzählt diese Geschichte in *Blaue Stunden* »zur Veranschaulichung der wirren Impulse, die mit einer Adoption Hand in Hand gehen können«.

Quintana hat offenbar nie versucht, ihre leibliche Familie zu finden. Doch 1998 fanden sie Quintana.

Per Federal Express erreichte sie ein Brief von ihrer Schwester. Die jüngere Frau besuchte Q in New York. Die beiden Geschwister sahen aus wie Zwillinge. Darauf folgte eine Begegnung mit der leiblichen Mutter in Texas und ein großes Treffen mit ihrer »biologischen Familie«, wie Q sie nannte. Zurück in New York, rief die Mutter Quintana regelmäßig morgens an, während sie sich für die Arbeit fertig machte. Die Situation wurde bald emotional überwältigend für die labile Frau, die bemüht war, ihre Stelle bei *Elle Decor* zu halten. Als Q ihre »andere Mami« um eine Pause bat, beendete die Frau sofort jeglichen Kontakt und stellte das Telefon ab.

Quintana Roo hatte ihre leibliche Mutter gefunden, nur um sie wieder zu verlieren.

Dann kam der Brief von ihrem leiblichen Vater, dem Deadhead. Aus irgendeinem Grund nahm sie dieser Brief noch mehr mit als die Begegnung mit ihrer Mutter.

Ich bin nicht adoptiert. Nach dem, was ich gelesen und von Freunden und Familienmitgliedern gehört habe, die adoptiert sind – oder selbst Kinder adoptiert haben –, ist es nur natürlich, dass man sich die biologischen Eltern ausmalt, sich vorstellt, dass sie genau die Eigenschaften haben, die den Adoptiveltern fehlen. Die Wahrheit ist leider oft komplizierter als die Hoffnung.

Als sie »ihre leibliche Familie fand, fingen die Probleme an«, erzählt Griffin Dunne über seine Cousine. »Als sie Kontakt aufnahmen, ging alles den Bach runter. Wenn man nicht weiß, woher man kommt, und es dann doch herausfindet und enttäuscht wird – das kann einem schon übel mitspielen. Man verliert das ›was wäre, wenn‹.«

»Dass sie ihre richtige oder leibliche Familie gefunden hat, hat wohl leider zu nichts Gutem geführt«, meint Trillin. »Manchmal funktioniert sowas richtig gut. Und manchmal eben nicht.«

Zu dem Zeitpunkt war bereits klar, dass Quintana ihr eigenes ernsthaftes Problem hatte. »Als sie etwas älter war, traf ich mich manchmal mit ihr in New York. Und ich habe gesehen, wie sie mit dem Alkohol zu kämpfen hatte«, so Dunne. »Q hatte es ein paar Mal bei den Anonymen Alkoholikern versucht. Alkoholabhängigkeit ist in unserer Familie keine Seltenheit, sie hatte also durchaus Unterstützung. Aber es war trotzdem ziemlich hart.«

Alkoholismus hat eine starke genetische Komponente. Möglicherweise gehörte dies also zu dem Blatt, das dem wunderbaren Mädchen am Tag seiner Geburt im Santa Monica Hospital ausgespielt worden war, eine schlechte Karte, von der sie noch nicht einmal gewusst hatte. Doch ihre Abhängigkeit trat mit der Zeit deutlich zutage. Und bei all ihrer Klarheit, all der Erforschung und Enthüllung ihrer selbst, fiel es Didion doch unglaublich schwer, sich einzugestehen, dass das Trinken mitunter Qs größtes Problem war – und nicht zuletzt eines der zentralen Themen in Joans eigener und auch Dunnes Lebensgeschichte. Einmal abgesehen von der möglichen biologischen Veranlagung, war Quintana jedoch auch in einem Haus aufgewachsen, in dem Getränke oft zur Hand waren. Alkohol war das Schmiermittel, das die wilden Partys der Didion-Dunnes am Laufen hielt, und wahrscheinlich mitverantwortlich für Dunnes aufbrausendes Temperament. Didion selbst hatte unter der Alkoholabhängigkeit ihres Vaters und den daraus resultierenden Umständen gelitten. Doch sogar nach dem Tod ihrer Tochter, als sie für die Dokumentation über ihr eigenes Leben, *Die Mitte wird nicht halten*, gefilmt wurde, musste die Mutter dazu gedrängt werden, das Alkoholproblem ihrer Tochter einzugestehen. »Ich habe mir Sorgen gemacht, weil sie zu viel getrunken hat«, räumt sie schließlich nach einigem Nachhaken ein. »Das war die größte Sorge.«

»Es war schwer für sie, darüber zu sprechen«, erklärt Griffin Dunne. »Denn als Mutter oder Elternteil eines alkoholabhängigen Kindes empfindet man in erster Linie Schuld. Man fragt sich nicht, was mit dem Kind nicht stimmt, sondern was mit einem selbst nicht stimmt, dass man sein Kind so weit gebracht hat.«

In *Blaue Stunden* bezeichnet Didion Qs Abhängigkeit als »Selbstmedikation«. Unglaublicherweise preist sie selbst Alkohol als »das effektivste bislang bekannte Mittel gegen Angstzustände« an. Doch für Q war der Alkohol weder Mittel noch Medikation – er war Gift.

Am 26. Juli 2003, im Alter von siebenunddreißig Jahren, heiratete Quintana Roo Dunne in der Kathedrale zu St. John the Divine in New York. Sie hatte einen Mann kennengelernt, den sie liebte, Gerry Michael, und es schien ein vielversprechender Schritt hin zu jener Beständigkeit und Zufriedenheit, von der diese Frau nie viel abbekommen hatte. Zweifellos ließ der Umstand, dass ihr Bräutigam Barkeeper war, bei vielen ihr Nahestehenden die Alarmglocken klingeln. Doch John hielt seine Rede, es gab Sandwiches mit Brunnenkresse, und Q trug Blumen im Haar. »War es nicht einfach perfekt?«, kommentierte die Braut, als sie ihre Eltern später am Abend anrief.

Die Hochzeit erschien allen wie ein neuer Anfang. Tatsächlich war sie der Anfang vom Ende. »Ich war bei ihrer Hochzeit dabei, es war ein unglaublich schöner Tag«, meint Griffin Dunne. »Und dann musste ich mit ansehen, wie alles auseinanderfiel. Es war schrecklich.«

Am Weihnachtstag des Jahres 2003 wurde Quintana ins Beth Israel North Hospital in New York eingeliefert. Was sie für eine Grippe oder Halsentzündung gehalten hatte, war tatsächlich eine Lungenentzündung, mit darauffolgendem septischem Schock. So begann eine ganze Reihe von Erkrankungen, die dazu führten, dass die Siebenunddreißigjährige den Großteil der darauffolgenden zwanzig Monate – oft bewusstlos – im Krankenhaus verbrachte. In *Das Jahr magischen Denkens* und *Blaue Stunden* dokumentiert Didion in der ihr eigenen minutiösen Art die schreckliche und schwer zu begreifende Wende des Schicksals, die sie als kinderlose Mutter – und Witwe – zurücklassen würde. Doch die Frage, woran Quintana Roo Dunne starb, lässt sich nicht so einfach beantworten. Da war eine Lungenentzündung. Eine Sepsis. Ein Sturz oder Zusammenbruch am Flughafen von Los Angeles – vielleicht, vielleicht auch nicht unter Alkoholeinfluss –, der entweder die Folge oder die Ursache einer Hirnblutung war. Da waren kurzzeitige Verbesserungen, gefolgt von weiterem Unheil: Lähmung, Bauchspeicheldrüsenentzündung, Koma.

Ein Mensch in Qs Alter kann einfach nicht gesund gewesen sein, wenn der Körper so katastrophal versagt. Alkoholismus gilt als eine der Hauptursachen für Pankreatitis. »Ich denke, dass das alles miteinander zusammenhing«, erklärte Qs Freundin Susan Traylor 2011 dem *New York*-Magazin in Bezug auf Quintanas Depression, Abhängigkeit, Krankheit und Niedergang.

Quintana Roo Dunne starb am 26. August 2005 im Alter von neununddreißig Jahren.

War Joan eine gute Mutter?

Das ist die Frage, die Sie mir wahrscheinlich stellen wollen. Die Frage, die mir viele andere gestellt haben und die ich mir selbst gestellt habe. Die Frage, die sich Joan gestellt hat. Und die Joan Quintana stellte.

»Ich denke, du warst eine gute Mutter, aber vielleicht ein bisschen unnahbar«, lautete die Antwort.

Niemand fragt danach, ob auch John ein guter Vater war.

Ich bin überzeugt, dass sowohl Joan als auch John ihr Kind über alles liebten. Es sollte so sehr in ihr Leben eingebunden sein, wie es bei ihnen als Paar der Fall war. Vielleicht lag darin das Problem: Vielleicht waren drei im Haushalt der Didion-Dunnes einer zu viel. Ihre Eltern prahlten gerne damit, dass sie Q in ihren Arbeitsalltag integrierten. Doch war das wirklich, was das einsame Mädchen wollte? An Weihnachten 1990 flog die Familie für einen Monat nach Honolulu. Das klingt natürlich toll, aber tatsächlich waren Joan und John dort, um intensiv an einem Drehbuch zu arbeiten. Für Quintana »wäre es ein unerwarteter Urlaub in der Sonne«, schrieb Dunne in seinem Buch *Monster*. Doch dann beschreibt er das Tagesprogramm: »Eine Runde schwimmen bei Sonnenaufgang, Frühstück, dann vier Stunden Arbeit in der Suite. Eine Stunde Mittagessen, dann am Nachmittag wieder zwei Stunden arbeiten. Noch eine Runde schwimmen, danach noch drei Stunden Arbeit und ein spätes Abendessen mit Quintana. Nach dem Essen gingen wir nochmal alles durch, was wir an dem Tag geschrieben hatten, und druckten eine Liste der Szenen für den nächsten Tag aus.«

Q war zu dem Zeitpunkt vierundzwanzig, eine erwachsene Frau, die sich, wie Didion schrieb, im Kahala Hilton gut auskannte und allein beschäftigen konnte. Sie war außerdem eine Frau, die schon damals psychisch belastet und vielleicht auch allzu geübt darin war, Urlaube in der Sonne allein zu verbringen. Für die Didion-Dunnes war es zweifellos ein animierendes und produktives Tagesprogramm, denn sie stellten ihre Arbeit in nur elf Tagen fertig. Die Filmfirma war jedoch alles andere als begeistert. Es war ein Projekt, das sie aus rein finanziellen Gründen angenommen hatten – genauer, um ihre Mitgliedschaft in der Drehbuchautoren-Gilde und damit ihre Krankenversicherung aufrechtzuerhalten, da John zunehmend Probleme mit dem Herzen hatte. Schön und gut, aber vielleicht hätten zwei derart erfolgreiche Autoren ihrem einzigen Kind doch einen richtigen Urlaub in der Sonne genehmigen können, statt sich nur kurz zum Essen zwischen den Schreibsitzungen zu sehen, noch dazu für ein Projekt, das sich schon bald wieder erledigt hatte.

Als Tochter der Schriftstellerin Jean Stein, die zu Didions engsten Freundinnen zählte, und gute Freundin von Quintanas Cousine Dominique hatte Katrina vanden Heuvel einen besonderen Einblick in Joans Familien- und Arbeitsleben. Die Journalistin und Chefredakteurin von *The Nation* erinnert sich an einen Abend im Jahr 1973, da die Didion-Dunnes eine Party in Trancas gaben. Katrinas Mutter hatte sie mit einem Babysitter zu Hause gelassen, der zufällig ein Mitglied der Hell's Angels war. Als Stein ohne ihr Kind aufkreuzte, »sagte Joan: ›Fahr zurück und hol sie, was denkst du dir eigentlich, Jean?‹«, so vanden Heuvel. »Joan war zwar keine Mutter im biologischen Sinn. Aber sie hatte einen Mutterinstinkt, der in ihrem letzten Buch zum Ausdruck kommt, aber auch in ihrem Bemühen, für Quintana dazu sein, ihr die bestmögliche Mutter zu sein.«

»Manche Paare stehen einander so nahe, dass es schwer sein kann, da noch ein Kind einzubringen«, meint vanden Heuvel. »Sie liebten Quintana, aber es war fast, als wäre da nicht genug Raum für sie. Sie wollten ihr diesen Raum schaffen, und auf manchen Fotos, den richtig guten, gelingt ihnen das auch. Aber ich glaube, dass es ihnen schwerfiel, was sich auch in ihren

Texten niederschlägt. Sie waren gute Eltern, so gut es ihnen möglich war. Aber mit dem Muttersein hatte sie ihre Schwierigkeiten.«

In *Blaue Stunden* hinterfragt Didion immer wieder ihr eigenes Versagen: »Hatte ich ihr Leben lang eine Trennwand zwischen uns gestellt?« »War ich das Problem? War immer ich das Problem?« Doch sie verteidigt sich auch: »Ich kenne nicht viele, die sich als erfolgreiche Eltern sehen«, schreibt sie, um sich gleich darauf über Helikoptereltern auszulassen. Tatsächlich waren die Didion-Dunnes für die damalige Zeit eher auf der wachsam-fürsorglichen Seite. Traylor beneidete Q darum, wie stark ihre Eltern in ihr Leben eingebunden waren, und stand Didion nahe bis zu deren Tod. Autoritäre Eltern können genauso Problemkinder haben wie lässige Schlüsselkindeltern.

»Auch in einer sehr strengen Familie, in der nicht getrunken wird, hätten sich die Dinge in diese Richtung entwickeln können«, meint vanden Heuvel. »Ich glaube wirklich, dass sie Quintana sehr liebevoll aufgezogen haben und ihr nichts vorenthalten haben. Es war ja nicht so, als hätten sie sie in Watte gepackt, als hätte sie nie rausgedurft. Und das halte ich auch für die gesündere Art, ein Kind aufzuziehen. Aber sie steckten nun mal in ihrer Schreibarbeit und ihren Gedanken, da war es manchmal schwer, sich einen Platz zu verschaffen.«

»Die bestmögliche Mutter zu sein.« Joan Didion war nicht die traditionelle Mutterfigur à la June Cleaver, aber sehr wohl die Art Mutter, wie sie sich viele Frauen wie ich zum Vorbild nehmen, Frauen, die die Versorgung ihrer Kinder in Einklang bringen wollen mit der Freiheit, sie selbst zu sein. Die meisten von uns, sogar Joan, würden wohl darin übereinstimmen, dass sie eine bessere Schriftstellerin als Mutter war. Tatsache ist, dass es Frauen durch die Gesellschaft systematisch erschwert wird, beides zu sein. Ein um die andere Studie zeigt, dass auch sechs Jahrzehnte nach der Frauenbefreiungsbewegung und fünf Jahrzehnte seit Einführung des Antidiskriminierungsgesetzes »Title IX«, in Zeiten, da Elternzeit für Väter gefördert wird und es Supreme-Court-Richterinnen und eine Vizepräsidentin gibt (wenn auch noch keine Präsidentin), Frauen noch immer einen Großteil der Kinderversorgung und Hausarbeit übernehmen.

Bestseller schreiben, mit der Tochter für den Fotografen posieren, über die Witze des Ehemanns lachen, frittiertes Hähnchen für die Dinnerparty machen, den Garten bepflanzen, eine gute Mutter sein.

Kein Wunder, dass Joan so still war. Sie war einfach erschöpft.

Joan traf ihre Wahl: Sie wollte ein Kind und eine Karriere. Wir gehen oft davon aus, dass sich Frauen – genau wie Männer – nicht zwischen dem einen oder anderen entscheiden müssen, dass wir beides haben können. Doch Entscheidungen werden getroffen. Auch von Männern, nur dass deren Entscheidungen gesellschaftlich anders beurteilt werden. Noch viel voreingenommener waren die Urteile in den 1960ern, als Didion ihre beiden Berufe – Familie und Schreiben – zeitgleich aufnahm. Das macht ihre Wahl im Rückblick noch bemerkenswerter. Sie mochte mit dreiundzwanzig im Babyfieber gewesen sein, mochte Weihnachten 1969 weinend allein verbracht haben, doch das war Selbstmitleid, keine Reue. »Den AP-Fernschreiber in einem leeren Büro anstarren, ist genau das, was ich will: Frauen landen genauso wenig per Zufall in leeren Büros und bei Blimpy Burgers, wie Dreijährige mit ihren Müttern Granatapfelgelee machen müssen, um etwas über Familienliebe zu erfahren«, schrieb sie in dem *Life*-Artikel »In Praise of Unhung Wreaths and Love«. »Wir gestalten unser Leben, so gut es geht. Das Kind wird an Weihnachten etwas über familiäre Liebe wissen, weil es heute etwas darüber weiß, und ebenso wird es etwas über deren Komplexität wissen.«

Ich habe noch keinen Essay von John Gregory Dunne darüber gesehen, dass er sein einziges Kind an Weihnachten oder dessen erstem Geburtstag nicht sehen kann, weil er arbeiten musste.

Ich glaube, dass viele Joan gerade deswegen bewundern, weil sie *nicht* versucht hat, die perfekte Mutter zu sein, weil sie uns alle etwas über die Komplexität der Liebe gelehrt hat.

Das Leben der Quintana Roo Dunne wurde in der Dominikanerkirche St. Vincent Ferrer in New York gewürdigt. Es gab eine Darbietung der Musikerin und Dichterin Patti Smith, und Trillin sprach über Qs Art, Hallo zu sagen. Beigesetzt wurde sie in einer Gruft von St. John the Divine, neben Eduene Jerrett Didion und John Gregory Dunne – der noch nicht einmal unter der Erde war.

»Ein Kind zu verlieren, bereitet mehr Leid als alles andere«, waren Omas Worte.

»Ich werde immer traurig sein«, schrieb Didion 2011.

11

JOGGER

Anbei noch einige wenige Seiten mit ein paar Kommentaren zur Ansicht. Du hast bereits so viel von dem bearbeitet, was ich vorher geschickt hatte, dass nicht mehr viel fehlt. Es ist ein großartiges Stück.

– Robert B. Silvers, Brief an Joan Didion,
23. November 1990

1973 lernte Joan Didion einen Mann kennen, der ihr Leben verändern sollte. Ihr Ruf als unerschrockene Reporterin, originelle Denkerin und elegante Erzählerin war bereits etabliert. Doch in der zutiefst ungerechten Welt der Nachrichtenmagazine traf selbst eine achtunddreißigjährige Frau von Didions Fähigkeiten auf verschlossene Türen und gläserne Decken. So hatte das *Life*-Magazin sie für eine Kolumne engagiert, ein Auftrag, der allerdings von dem Moment an, da man sie nicht nach Saigon reisen ließ, schnell den Bach runterging. Robert B. Silvers jedoch erkannte ihre Fähigkeiten und ihr Potenzial. Im Laufe von vierundzwanzig Jahren bauten sie zueinander die Art produktiver, spannungsgeladener, anregender, ergiebiger, herausfordernder, lebensverändernder und lebensbejahender Beziehung auf, die sich ein jeder Schriftsteller zu seinem Lektor wünscht – und umgekehrt. In dem legendären Zeitschriftenherausgeber fand sie einen literarischen Mentor und Partner, der ihr Talent und ihren Intellekt ernst nahm. Silvers erlaubte ihr – ja ermutigte sie –, über die großen Themen und Persönlichkeiten ihrer Zeit zu schreiben. Für die zweiwöchentlich erscheinende Zeitschrift *The New York Review of Books*, die er 1963 mit Barbara Epstein gründete, schrieb Didion investigativen Journalismus, Buchrezensionen, philosophische Essays und Kriegsreportagen, die aus der prominenten Chronistin von Popkultur, Gegenkultur und Subkulturen eine der führenden gesellschaftlichen und politischen Publizistinnen ihrer Zeit machte. Sie besuchte Massengräber in El Salvador. Sie quartierte sich in Miami ein und dokumentierte die Verwandlung der Stadt in eine zuweilen gefährliche und korrupte, aber immer interessante lateinamerikanische Hauptstadt. Sie berichtete über Präsidentschaftswahlkämpfe, -parteitage und -katastrophen. Und sie entlarvte den damaligen Vizepräsidenten Dick Cheney als einen der kaltblütigsten, größenwahnsinnigsten Politiker, die Amerika je erlebt hatte.

Maßgeblich war jedoch, was sie über den Gerichtsprozess der fünf Schwarzen und hispanischen Jugendlichen schrieb, die beschuldigt wurden, eine weiße Joggerin im New Yorker Central Park brutal vergewaltigt zu haben – über den Prozess, der in einem Gerichtssaal in Manhattan stattfand, vor allem aber über den der öffentlichen Meinung, die von festgefahrenen Medien und sensationshungrigen Politikern geleitet war. Durch akribische Recherche, eine messerscharfe, doch niemals reißerische Analyse und schonungslose Aufdeckung der in Rechtssystem, Aktivismus und Journalismus verborgenen Schlangen sprach »New York: Sentimentale Reisen« die Angeklagten frei und die Stadt des jahrhundertelangen systematischen Rassismus und moralischen Versagens schuldig. Die Haftstrafen der verurteilten Jugendlichen wurden 2002 aufgehoben, nachdem ein anderer Mann den Überfall auf Trisha Meili gestanden hatte. Zehn Jahre später und einundzwanzig Jahre nach »Sentimentale Reisen« legten die Dokumentarfilmer Ken und Sarah Burns mit *The Central Park Five* dar, wie die Minderjährigen durch ein unfähiges und voreingenommenes Justizsystem vorschnell verurteilt wurden, in den Augen der Presse schuldig bis zum Beweis der Unschuld.

Wieder einmal war Joan Didion ihrer Zeit voraus.

Robert Silvers war nicht Didions erster großer Herausgeber. Mitte der 1960er-Jahre hatte der Lektor Henry Robbins von Farrar, Straus & Giroux sie wie besessen umworben. Er ließ ihr Nachrichten über ihren Mann zukommen; er reiste nach L.A. und führte die beiden zum Abendessen aus. Joan war geschmeichelt, interessiert, überzeugt: sie unterschrieb. Mit dem kleinen Baby und ihrer Kolumne für die *Saturday Evening Post* war sie jedoch so eingespannt, dass sie zunächst nicht mehr als einen Titel für den versprochenen Roman liefern konnte. Das war allerdings kein Problem, denn ihr Vertrag mit FSG sah auch die Option auf ein Sachbuch vor, basierend auf und benannt nach ihrem Essay über Haight-Ashbury. *Slouching Towards Bethlehem* umfasste eine Zusammenstellung ihrer bereits veröffentlichten Artikel und erschien 1968 mit großem Erfolg. In den kommenden acht Jahren sollte Didion nur noch für Robbins Bücher schreiben und folgte ihm nach seinem Verlagswechsel zu Simon and Schuster – sehr zu ihrem Bedauern, da seine Zeit dort turbulent und von kurzer Dauer war. Als ihr geliebter Lektor 1979 einem Herzinfarkt erlag, gab sie ihrer nächsten Anthologie den Titel *Nach Henry*.

Auch Frauen spielten in Joan Didions Karriere entscheidende Rollen, allen voran ihre Agentinnen: Helen M. Strauss, gefolgt von Lois Wallace und Lynn Nesbit. Sie vermittelten und verhandelten die Buchverträge, die Didions Werk einem breiteren, internationalen Publikum zugänglich machen sollten. Ihre letzte Buchlektorin war Shelley Wanger vom Knopf Verlag, die ihre Laufbahn 1975 als Silvers' Assistentin begonnen hatte.

Doch im zweiten Akt ihres Lebens war es vor allem Silvers, der Didions journalistisches Schaffen förderte und darin eine Bandbreite und eine Bedeutung kultivierte, die ihr einen Platz unter den führenden Intellektuellen ihrer Zeit einbrachte.

Joan Didions Arbeit für *NYRB* brachte sie jedoch nicht auf Anhieb in neues Territorium. 1973 erschien ihr erster Artikel »Hollywood« (dt.: »In Hollywood« in *Das weiße Album*), ein Porträt der Filmhauptstadt, das zu schreiben sie erst ein Jahr zuvor auf Anfrage von Robert Strozier vom *Audience*-Magazin und Ted Solotaroff von *New American Review* hin abgelehnt hatte. (Vielleicht hatte sie etwas gegen Strozier, weil er sie »Miss Didion« genannt hatte; in ihrem Absagebrief hieß es: »Johns Buch *The Studio* behandelt weitgehend dasselbe Thema, und niemand schreibt gern das Buch eines anderen. Vor allem, wenn es das Buch des eigenen Ehemanns ist.« Sie unterzeichnete »Mit Dank, Joan Didion [Mrs. John Gregory Dunne].«) Da sie damals noch in Kalifornien lebte, sahen andere die dortige Kultur, genau wie sie selbst, noch immer als ihr Revier an. In den Anfragen, die sie an Silvers schickte, setzte sie dieses Thema fort:

1976 schrieb sie, sie »würde gern ein Stück über das Musikgeschäft schreiben«, angeregt durch *The Rolling Stone Illustrated History of Rock & Roll* – ein Jahr zuvor hatte Silvers ihr Greil Marcus' Grundlagenwerk *Mystery Train* geschickt. Oh wie sehr wünschte die Rockkritikerin in mir, es hätte diesen Artikel gegeben! Was wäre Didion wohl zu Ellen Willis' großartigem Essay über Janis Joplin eingefallen? Hätten ihr laserscharfer Witz und Verstand Jahrzehnte geschwollener Prosa von Marcus- und Willis-Nachahmern verhindern können?

Trotz Silvers' Ermutigungen dauerte es noch sechs Jahre, bis ihm Didion ihr nächstes Stück lieferte, einen Essay über Woody Allen – dem Filmemacher und seinen Fans war sie darin nicht gerade zugetan. Mit der Zeit lieferte sie jedoch regelmäßiger, bis in den 1980ern *NYRB* die wichtigste Plattform für ihre Buchrezensionen und narrativen Longform-Reportagen war. (Daneben schrieb Didion eine Kolumne für den *New Yorker* und verfasste Beiträge unter anderem für die *New York Times*, *Los Angeles Times* und *Vogue*). Unter Silvers' Leitung nahm sich Joan eines breiten Themenspektrums an, darunter vielen der drängendsten Fragen und Angelegenheiten der damaligen Zeit: Ronald Reagan, Bill Clinton, die Gerichtsverhandlungen um die im Koma liegende Theresa Schiavo, Martha Stewart, den Sprecher des Repräsentantenhauses Newt Gingrich. Viele dieser Beiträge waren ausführliche Kommentare, die an neue Bücher, Filme oder aktuelle Ereignisse anknüpften, dabei aber unterschiedlichste Quellen heranzogen, was von Didions lebenslanger, ausgiebiger Lesegewohnheit zeugt. Es waren Artikel, die das große Ganze in den Blick nahmen, etwa den zunehmenden Einfluss von Religion auf Politik – ein weiteres vorausschauendes Thema. In ihren Texten widersetzte sie sich oft und ganz bewusst der gängigen Meinung; so kritisierte sie den Journalisten Bob

Woodward für seine ethisch fragwürdige Einstellung zu Quellen und seinen hölzernen Schreibstil, Jahrzehnte bevor seine Berichterstattung über Präsident Trump unter Beschuss geriet. »Was sie in Mr. Woodward haben, ist ein weithin anerkannter Reporter – ja in Amerika sogar eine Ikone –, der zuverlässig ein Washington präsentiert, in dem problematische oder fragwürdige Angelegenheiten endgültig geklärt werden durch die Entdeckung – beziehungsweise die Demonstration der ausgebliebenen Entdeckung – des ›rauchenden Colts‹, des ›Beweises‹«, schrieb sie in dem ihr eigenen beherrschend-bissigen Ton in »Political Pornography«[1]. »Sollte ein derart klar definierter ›Beweis‹ gefunden werden, wird Mr. Woodward zuverlässig und ›fair‹ darlegen, dass die einzigen Fingerabdrücke auf dem rauchenden Colt von dem einen faulen Apfel im Korb stammen, dem einen abtrünnigen Akteur im Webteppich der ehrbaren Absichten.«

Didion sah Washington, oder Politik im Allgemeinen, nicht als Webteppich ehrbarer Absichten.

Für *NYRB* tauchte sie tief in jene Schauplätze ein, die Schlüsselorte gesellschaftlichen Wandels und politischer Konflikte waren, und perfektionierte dabei ihre Fähigkeit, Narrative an Orten zu verankern, wie auch ihre Kompetenz für außerordentliche Hintergrund- und Vor-Ort-Recherche. Diese Longform-Beiträge setzten die Befragung zahlreicher berühmter wie berüchtigter Quellen voraus. Doch Didion wusste, dass formale Fragestellungen oft nichts als vorbereitete Antworten hervorbrachten. Ihre bevorzugte Taktik war, sich still und heimlich in ihr Umfeld einzufügen, ihm unter die Haut zu gehen, seine Beschaffenheit, Gerüche und Unterhaltungen wahrzunehmen – und die Perspektive von unten der Rhetorik von oben gegenüberzustellen. Aus den ausführlichen Berichten wurden kürzere Bücher, *Miami* und *Salvador*, die ihr erlaubten, ihren Diskurs über das amerikanische Imperium weiterzuführen: dessen Korruption, Inkompetenz, Grausamkeiten und Lügen.

Didion kam weder 1966 noch 1969 nach Vietnam, doch im Juni 1982 reisten sie und Dunne nach El Salvador. Es waren gefährliche Zeiten in dem mittelamerikanischen Land. El Salvador war in einen brutalen Bürgerkrieg verwickelt, der zum Teil durch die US-Regierung finanziert wurde. Zwei Jahre zuvor war der Erzbischof Óscar Romero während einer Messe erschossen worden. Knapp ein Jahr später wurden vier amerikanische Nonnen ermordet. Sechs Monate vor Didions Anreise wurde beim Massaker von El Mozote die gesamte Siedlung – über 811 Menschen, darunter Frauen und Kinder – ausgelöscht. Kurz vor Ankunft der Didion-Dunnes wurden vier niederländische Journalisten getötet. Der Nachrichtenmoderator Tom Brokaw erzählte Joan und John, El Salvador sei von allen Kriegsgebieten, aus denen er je berichtet hatte, der eine Ort gewesen, an dem er sich wirklich gefürchtet habe. Daraufhin fiel ihr Entschluss.

Didion war damals siebenundvierzig Jahre alt, eine zierliche, blasse Frau. Im überwiegend männlichen Pressepool kannte man sie und sah ihre kurze Anwesenheit im Kriegsgebiet skeptisch. Sie kamen, wie es im Pressejargon heißt, nur »mit dem Fallschirm« dazu, während viele andere langfristig dabei oder zumindest erfahrene Kriegskorrespondenten waren. Doch Didion war dort weder für einen Adrenalintrip noch zum Sightseeing. Die ehemalige Goldwater-Anhängerin war zunehmend verärgert über die Einmischung Amerikas im Ausland – es war ein Schritt ihrer allmählichen politischen Wandlung. Sie sah, wie das Manifest Destiny des Westens, das ihr Moby Dick war – die ideologische amerikanische Ikone, die sie harpunieren wollte – mit Amerikas andauernden Unternehmungen im Süden zusammenhing. Aus dem Grund reiste sie 1970 nach Louisiana, Mississippi und Alabama sowie mehrfach nach Mexiko und Mittelamerika. Als eine von wenigen Journalistinnen erkannte sie die Zusammenhänge zwischen Sacramento, New Orleans, Miami, Kolumbien und El Salvador bis hin zu Hawaii, Vietnam und Kuala Lumpur. Obwohl sie Paris liebte, schrieb sie eigentlich nie über Europa. Doch sie fühlte sich dazu berufen, über ein kleines Land zu schreiben, bei dessen Verwüstung ihre Regierung, im Namen der Kommunismusbekämpfung, eine übergroße Rolle spielte.

»Ich weiß nicht, ob ich wirklich gesellschaftliche Verantwortung empfinde«, erklärte sie in *The Guardian*. »Es ist eher ein Bestehen darauf, dass die Wahrheit erzählt wird. Die Entscheidung, nach El Salvador zu gehen, fiel eines Morgens am Frühstückstisch, als ich die Zeitung las. Es ergab einfach alles keinen Sinn.«

Didion schreckte nicht vor den Grauen des Krieges zurück. Sie passierte bewaffnete Wachen auf dem Weg zu Massengräbern. Sie durchquerte Flussbetten in Taxis auf der Suche nach der Front. Sie interviewte den Präsidenten von El Salvador. Sie erlebte das tödliche Erdbeben von 1982. Rathers Worte bewahrheiteten sich – eine solche Furcht wie in El Salvador hatte sie noch nie erlebt. »Terror beherrscht diesen Ort«[2], schrieb sie. Sie bemerkte, dass ihre Fähigkeit, vielsagende Details zu erkennen, im Kontext von El Salvador völlig nichtig erschien, dass »ich an dieser Art Ironie nicht länger interessiert war, dass dies eine Story war, die durch solche Details nicht erhellt wurde, dass dies eine Story war, die sich vielleicht sogar überhaupt nicht erhellen ließ«[3].

Ihr Aufenthalt war kurz, nur zwei Wochen lang. Doch die daraus resultierenden Artikel, die im darauffolgenden Jahr unter dem Titel *Salvador* in Buchform veröffentlicht wurden, machten die durch amerikanische Steuerzahlende finanzierten Gräueltaten in El Salvador einer breiteren Öffentlichkeit auf eine Weise bekannt, wie es anderen Berichterstattenden nicht gelang. Die Besten dieser Autorinnen und Autoren wussten die Aufmerksamkeit zu schätzen, die Didion ihrer Welt verschaffte. Die Dichterin Carolyn Forché, die ihre eigenen Besuche in El Salvador, sieben innerhalb von zwei Jahren, in Gedichtform und später auch in einem Memoir festhielt, war dankbar dafür, dass Didions Arbeit Reagans Politik so weit in den Fokus rückte, wie es Gedichte nie vermocht hätten. (Als eines Tages ein salvadorianischer Farmer vor ihrer Tür in San Diego stand und sie anflehte, den Krieg in seinem Land mit eigenen Augen anzusehen, riet ihm Forché zunächst, eine Journalistin oder einen Journalisten zu finden.) Die große Mittelamerikakorrespondentin des *New Yorker*, Alma Guillermoprieto, hielt ihre Kampfgefährtin für eine Heldin. »Joan Didion bewegte sich durch die Welt wie eine Katze durch Scherben«, schrieb die Autorin von *The Heart That Bleeds*. »Sie brachte eine antimachohafte, karge, penible, ironische und selbstbewusste Art von feinem schwarzem Humor ins einundzwanzigste Jahrhundert. Der moderne Feminismus hat ihre Umwelt verwandelt: Heute besteht die Hälfte einer jeden Nachrichtenabteilung aus Frauen.«

Ein paar Jahre später in Miami brachte sich Didion in die kubanische Exilgemeinschaft ein, die dominante hispanische Population einer Stadt, die zu einer mehrheitlich von Minderheiten bewohnten Metropole von internationaler Bedeutung wurde. Sie ging zur Leichenschau in die Gerichtsmedizin, sprach mit Soldaten der gescheiterten Invasion in der Schweinebucht, interviewte die Architekten der sich verwandelnden Skyline. Mitchell Kaplan, Inhaber der in Florida ansässigen Buchhandelskette Books & Books, fuhr Didion einen Tag lang durch die

Stadt, als sie auf Erkundungstour war. »Miami trat gerade als Stadt auf die Bildfläche«, erzählt er. »Ich zeigte ihr South Beach, das sich gerade im Umbruch befand, fuhr mit ihr nach Downtown und zum Doral Hotel, im Grunde verbrachten wir einen Nachmittag in meinem Auto. Sie war zwar still, aber sehr nett und einnehmend. Sie stellte Fragen. Aber vor allem beobachtete sie.« Kaplan gibt zu, dass er auf ihren alten Trick hereinfiel, so wenig zu reden, dass ihre Gesprächspartner die Stille mit ihren Worten füllten.

David Rieff hatte Didion an Kaplan verwiesen. Er lebte damals in Miami, und sein Buch *Going to Miami: Tourists, Exiles, and Refugees in the New America* erschien im selben Jahr wie Joans. »Sie hatte etwas ziemlich Grundlegendes begriffen«, so der Autor über *Miami*. »Ich weiß nicht genau, wie sie das gemacht hat. Es ist nur ein kleines Büchlein, und doch hat sie darin etwas erfasst. Miami ist sozusagen das Anti-Los-Angeles. Es ist zwar dasselbe Thema – der globale Süden, der Einzug hält und für Veränderung sorgt –, aber nach einem völlig anderen Prinzip. Das hat sie sehr gut erkannt.«

Ich zog im Jahr 2001 nach Miami Beach, vierzehn Jahre nachdem *Miami* in Buchform veröffentlicht wurde. Meine eigene Taschenbuchausgabe kaufte ich bei Kaplans Books & Books, wo Didion selbst Kundin gewesen war. Miami hatte sich deutlich verändert, seit sie darübergeschrieben hatte. Doch ihre Beobachtungen über den Wandel, der sich Mitte der 1980er-Jahre dort vollzog, waren so scharfsichtig, dass meine Kollegen beim *Miami Herald* und ich noch immer nicht ganz auf ihrem Stand waren. Es war eine englischsprachige Zeitung in einer zunehmend spanischsprachigen Stadt – doch der Herausgeber hatte klugerweise *El Nuevo Herald* ins Leben gerufen. Eine Erkenntnis, die wir mit Didion teilten: Was Nachrichten anging, war Miami eine wahre

Goldstadt. Bombenanschläge, Kokain, Prominente, Putsche, Schießereien, Alligatoren, Waffenschmuggler, Disko – hier unter der unerbittlichen tropischen Sonne wurden große Dramen und Tragödien inszeniert und zugleich bestritten. »Zeit in Miami zu verbringen bedeutet, sich eine gewisse Gewandtheit in kognitiver Dissonanz anzueignen«, so Didion.

»Sie war immer ihrer Zeit voraus, und so schrieb sie über Miami, lange bevor irgendwer Miami überhaupt auf dem Schirm hatte«, meint Kaplan. »Was sie außerdem erkannte, war, dass Miami einen Mikrokosmos darstellte, der anderen Regionen im Land als Modell dienen konnte, um das ganze Konzept von Einwanderung, das Aufeinanderprallen der Kulturen, einmal durchzuspielen.«

Ab den 1980er-Jahren übernahm Joan Didion für *NYRB*, was Reporterinnen Jahrzehnte zuvor zu Beginn ihrer Karriere, da Frauen noch an Modemagazine oder Rechercheabteilungen gebunden waren, nur selten gewährt worden war: Sie berichtete über Wahlkämpfe und Parteitage, Präsidenten und Vizepräsidenten. 1968 hatte sie über Ronald Reagans Frau Nancy geschrieben, als er noch Gouverneur von Kalifornien war, 1977 kommentierte sie die leerstehende Villa, die er in einem Außenbezirk von Sacramento errichten ließ. 1989 nahm sie sich den Präsidenten selbst zum Thema.

Der Reagan-Artikel »Life at Court« (in überarb. Fassung: »In The Realm of the Fisher King«; dt.: »Im Reich des Fischerkönigs«[4]) ist ein längerer Kommentar über das Vermächtnis seiner zweifachen Amtszeit und basiert auf in deren Folge erschienenen Büchern. Doch im Vorjahr hatte Didion nicht nur Kopfarbeit, sondern auch wochenlange Laufarbeit geleistet, als sie über die Vorwahl für die Präsidentschaft in Kalifornien und die Parteitage der Demokraten und Republikaner in Atlanta und New Orleans berichtete. In ihrem daraus entstandenen Artikel, »Insider Baseball«, analysiert sie die tiefgreifende Uneinigkeit, die sie sowohl zwischen den Parteien empfand als auch zwischen den Menschen, die diese eigentlich vertreten sollten. Die Kandidaten, so schrieb sie – sie ließ sich kaum dazu herab, George Bushs und Michael Dukakis' Namen zu erwähnen –, »neigen dazu, eine Sprache zu sprechen, die zwar in Washington gang und gäbe, unter der übrigen Bevölkerung aber nicht unbedingt gebräuchlich ist«.

Zu den Wahlkämpfen begleitet wurde Didion von Robert Scheer, der Teil des Presseteams war. Er war damals Reporter für die *Los Angeles Times* und als Journalist ebenso unverblümt und kritisch wie sie. In seiner Kollegin sah er eine hartgesottene und unerschrockene Geschäftsreisende. »Wenn ich mit Joan allein unterwegs war, kam sie mir nie schwächlich vor«, meint er. »Sie wirkte resolut, konnte sich gut durchschlagen, hatte einen scharfen Blick und kam auch mit dem Terminplan klar, der manchmal anstrengender war, als mir selbst lieb war. Das Tolle an Joan war, dass sie keine dieser schrecklichen Eigenschaften hatte – diese besserwisserische Arroganz à la ›Ich schaff das in 15 Minuten‹ –, wie man sie von vielen Journalisten kennt. Sie fand immer, dass es noch sehr viel zu verstehen gab.«

In »Insider Baseball« kritisierte Didion nicht nur die beiden politischen Parteien, sondern das gesamte System der politischen Debatte und damit in Politikberatung, Meinungsforschung, Medienberatung tätige Personen sowie Kolumnistinnen und Kolumnisten: »Die Handvoll Insider, die jahrein, jahraus das Narrativ des öffentlichen Lebens erfinden.« Für jene erfundenen Narrative hatte Didion auch einen Namen, der schließlich der Titel ihres 2001 veröffentlichten Sammelbands *Political*

Fictions wurde. »Insider Baseball« und dessen Begleitbeiträge liefern nicht denselben »Sex, Drugs and Rock 'n' Roll«-Reiz, der Joans Artikel aus den 1960ern und 1970ern verband, sind aber genauso einsichtsvoll und vielleicht sogar noch bedeutender. *Political Fictions* wurde ausgezeichnet mit dem renommierten George Polk Book Award für »investigative Arbeit, die originell ist, tiefgehende Recherche und Findigkeit voraussetzt und Ergebnisse liefert«.

In ihrem Buch *Joan Didion: Substance and Style* untersucht die Wissenschaftlerin Kathleen M. Vandenberg Didions Spätwerk, angefangen bei *Salvador*. Ihrer Ansicht nach hat Didion nicht, wie von anderen Rezensenten bemängelt, die herrschende Klasse verdinglicht und nur abgebildet, sondern uns vielmehr eine der frühesten Warnungen der kommenden Trumpokalypse beschert. »Sie war von ihrer Thematik und ihrem Denkansatz her unglaublich vorausahnend, was die Zukunft des politischen und kulturellen Diskurses wie auch die rhetorische Konstruktion von Denkmustern und Schilderung von ›Fakten‹ betrifft, und dabei sowohl in der Vergangenheit verankert als auch in der Wahrung regionaler Traditionen und Werte«, so Vandenberg.

Joan hatte uns gewarnt.

Mit der zunehmenden Komplexität ihrer Themen veränderte sich auch Didions Schreibstil. Ihre Artikel für *NYRB* waren kompakter und büßten jenen »weißen Raum« ein, für den sie sich in »Warum ich schreibe« ausgesprochen hatte. Sie waren geradliniger und weniger fragmentiert und gründlichst, ja manisch recherchiert. Statt sich im sich weitenden Kreisel zu verlieren, war sie nun entschlossen, die Welt zu begreifen. Sie war sich der wichtigen Rolle bewusst, die dem Erzählen zukommt, der Entdeckung der Ordnung im Chaos. Wie sie 1972 in ihrem Brief an

Solotaroff schrieb, war »völlige Kontrolle stets der Grund dafür, dass ich überhaupt je geschrieben habe«.

Die Veränderung in Didions Schreibprozess war zum Teil auch eine mechanische. Der Umstieg auf Textverarbeitungsprogramme erlaubte ihr ein komplexeres und nahtloses Ausschneiden und Einfügen von Abschnitten als ihre alte Gewohnheit, Karteikarten auf dem Boden anzuordnen. Sie schrieb längere Texte, in größeren Absätzen. Und sie griff seltener auf die Erzählung in der ersten Person zurück. Sie war nun die wohlinformierte Expertin, die uns ihre Interpretation des Zeitgeschehens darlegte – endlich eine weibliche Autoritätsperson. Diese Artikel – »Im Reich des Fischerkönigs«, »Times Mirror Square«[5], »The West Wing of Oz«[6] usw. – bieten nicht dieselbe lyrische, kontroverse Prosa der Beiträge in *Stunde der Bestie* oder *Das weiße Album*. Sie haben dafür einen anderen Reiz zu bieten: Den Nervenkitzel eines gründlichen, konkreten, schonungslosen und oft unerwarteten Verhörs. (»Wir sind in einem Verhörzimmer, und ich befrage Officer Gerrans«[7], schrieb Didion in »Stunde der Bestie«.) Und dann und wann versetzt sie einen so schlauen und/oder ironischen Seitenhieb, dass man laut auflachen muss, wie hier gegen Reagan in »The West Wing of Oz«: »Michael Deaver berichtet, dass er zwei Stunden vor seinem Amtsantritt 1981 noch schlief. Deaver sah darin allerdings nichts Ungewöhnliches, genau wie jeder andere, der Reagan als Gouverneur von Kalifornien erlebt hat.«

Die Dichterin Michelle Bitting lässt sich oft von der Kombination aus Prägnanz und Tiefblick in Didions Prosa inspirieren. »Es steckt so viel darin, ist dabei aber nie anstrengend zu lesen. Trotz all der Informationen, die sie einem vermittelt, schaltet man nie ab. Sie versteht es, die Fakten rüberzubringen, dann aber auf eine persönliche Ebene zurückzutreten. Und dann gibt es so viele Bezugspunkte, aber man hat nie das Gefühl: ›Jetzt komme ich nicht mehr mit‹. Es hat etwas von Musik, ist aber gleichzeitig so klar.«

Didion schrieb mit einer Autorität, wie sie bis dahin traditionell eher Männern vorbehalten war. Gleichzeitig lieferte sie zusätzliche Einblicke, die Männer nicht bieten konnten, Einblicke einer Frau, die in Sacramento aufgewachsen war. »Clinton Agonistes«, ein Artikel über die Sexskandale und das Amtsenthebungsverfahren von Präsident Bill Clinton, beginnt wie folgt: »Keiner, der je auf einer öffentlichen amerikanische Highschool war, hätte zusehen können, wie William Jefferson Clinton 1992 für die Präsidentschaft kandidierte, ohne nicht die vertraute räuberische Sexualität von Provinzjugendlichen wiederzuerkennen.« Als jemand, der selbst eine öffentliche Kleinstadt-Highschool besucht hat und Clinton auf einer New Yorker Demo beim Händeschütteln gesehen hat, kann ich dazu nur sagen: »So ist es.«

Durch die mutigen Genreinnovationen, die Didion im Laufe ihrer Karriere hervorbrachte, entstanden völlig neue Arten des Schreibens; ohne sie wären unzählige Leserinnen und Leser womöglich niemals schriftstellerisch tätig geworden. David L. Ulin ist Autor, Professor an der University of Southern California, ehemaliger Literaturredakteur der *Los Angeles Times* und Herausgeber der Library-of-America-Ausgabe von Didions Werken. »Diese Texte haben etwas sehr Gegenwärtiges; selbst wenn ich sie jetzt wieder lese, habe ich dabei immer eine Vorstellung von der Autorin, wie sie gerade versucht, das Thema zu durchschauen«, so Ulin. »Der Text ist zwar vollendet, aber ich habe beinahe das Gefühl, ihre Gedankengänge beobachten zu können. Als junger Möchtegern-Autor hatte das eine sehr, sehr starke Wirkung auf mich. Diese Idee von einem Text als eine Art lebender Ausdruck eines Augenblicks, in dem ein Schriftsteller mit seinem Thema ringt, war mir bis dahin nie wirklich gekommen. Doch bei Didion bin ich mir ihrer Unsicherheiten immer bewusst – ich nehme nicht nur wahr, was sie weiß, sondern genauso, was sie nicht weiß.«

Didions Hingabe an umfangreiche Recherche und Reportage, skeptische und pragmatische Analyse und vernichtende Kulturkritik ist nirgendwo so treffsicher wie in »Sentimentale Reisen«. Sie sah den Central-Park-Fall um die Joggerin als exemplarisch für alle Missstände jener Stadt, von der sie sich 1964 verabschiedet hatte und in die sie 1988 zurückgekehrt war. In den drei Jahren seit ihrer Rückkehr nach Manhattan (die auch meine ersten drei Jahre in NYC waren) hatte die Chronistin des Imperiums ihren scharfen Blick auf die maßgebliche Metropole des Empire State gerichtet, eine Stadt, in der die stets extreme Kluft zwischen sehr reich und sehr arm, zwischen Schwarz und Weiß, einen Punkt himmelschreiender Obszönität erreicht hatte. Für New York war dies eine Zeit entsetzlicher Armut, Spannungen und Gewalt. In weiten Teilen der Bronx und Brooklyns standen verwahrloste, verlassene Gebäude, während 25 000 Personen und 11 000 Familien ohne Obdach waren. 1986 wurden drei Schwarze Männer, die mit einer Autopanne in Howard Beach, Queens, liegengeblieben waren, von einer weißen Bande überfallen, woraufhin einer der Männer beim Versuch zu fliehen von einem Auto erfasst wurde und starb. 1988 versuchte die Polizei die Heimatlosen, die sich im Tompkins Square Park in der Lower East Side niedergelassen hatten, zu vertreiben; auf Videoaufnahmen der darauf folgenden Ausschreitungen ist zu sehen, wie mehrere Menschen von Polizisten angegriffen werden, darunter auch einer der Videofilmer. Vier Monate nach dem Überfall auf die Joggerin im Central Park wurde ein sechzehnjähriger Schwarzer ermordet, abermals von einer weißen Bande, diesmal in Bensonhurst, Brooklyn. Und dennoch, so schrieb Didion, betrieben die Mythenerfinder von Manhattan, wie schon seit Jahrhunderten, »die beharrliche Sentimentalisierung von Erfahrungen, [...] acht Millionen Storys, und alle gleich, alle dazu angelegt, nicht nur die tatsächlichen Rassen- und Klassenspannungen der Stadt zu überdecken, sondern, was noch schwerwiegender ist, auch die Arrangements von Stadtverwaltung und Geschäftswelt, die diese Spannungen unversöhnlich gemacht haben«[8].

Der Überfall auf die Joggerin traf Didion aus nächster Nähe: Sie und Dunne wohnten nur einen Block vom Central Park entfernt. Der Central Park selbst basierte laut Didion auf einer Lüge, einer romantisierten Vorstellung, bei der es in Wirklichkeit »um Aufträge und Beton und Provisionen, um ›Pork‹, also Parteibuchwirtschaft«[9] ging. Vielleicht brauchte es eine pragmatische Journalistin aus dem Westen, um aufzudecken, was die großen Medienakteure New York Citys in ihrer Ungeduld, eine Gruppe dunkelhäutiger Kinder zu verteufeln und das namenlose Opfer seligzusprechen, ausnahmslos falsch gedeutet hatten. »Es war ein Fall, der dieser Mittelschicht die Möglichkeit gab, auf ihn eine offensichtlich gewachsene und vordem unstatthafte Wut über die ganze Palette der Missstände und unangenehmen Schuldgefühle auszudrücken, die einen in einer Stadt befielen, in der ganze Familien in ausrangierten Kartons schliefen, in denen wohlhabenderen Familien neue Tiefkühltruhen zu 2600 Dollar das Stück geliefert worden waren.«[10]

Für »Sentimentale Reisen« studierte Didion Strafregister und Gerichtsprotokolle. Sie analysierte die umfangreiche Berichterstattung in den Medien, nicht nur in der Mainstreampresse, sondern auch in den Schwarzen Zeitungen und Talkshows. Und sie griff auf die vielen Jahrzehnte zurück, in denen sie Bücher über Geschichte, Soziologie, Politik und Medien gelesen hatte.

Vierzehn Jahre bevor die Nachrichtenmoderatorin Gwen Ifill den Begriff »missing white woman syndrome« prägte, dokumentierte Didion bereits das Ungleichgewicht zwischen der Aufmerksamkeit, die der Joggerin zuteilwurde, einer attraktiven Weißen, die bei der Investmentbank Salomon Brothers arbeitete, und den weniger telegenen Opfern der Übergriffe und Mordfälle, die sich zur selben Zeit ereigneten. Daneben analysierte sie scharfsinnig, wie Polizei sowie Personen aus Politik und Presse Kriminalstatistiken und -berichte manipulierten, um die Narrative von Angst, White Supremacy und wirtschaftlichen Missverhältnissen zu untermauern.

Didions Beitrag über die Central Park Five durchlief außerdem ein so rigoroses und zuweilen mühsames Lektorat wie keiner ihrer anderen Artikel zuvor. Robbins schickte ihr das Manuskript immer wieder zurück, mit Anmerkungen, die ihrer eigenen Diktion in puncto Länge und Komplexität kaum nachstanden. Es war ein schonungsloser Prozess, der ein Meisterwerk investigativ-literarischen Journalismus hervorbrachte.

Der Text zeichnet ein sehr treffendes Bild der Stadt. Uneinigkeiten gab es bei einigen Abschnitten zum Fall der Joggerin, vor allem im Hinblick auf Anonymität, die Vergewaltigungsanklage und die »metaphorische« Wahrheit, wie sie einige der von dir genannten Personen verwenden. Wie du sehen wirst, haben sich bei einigen dieser Fragen Kommentare ergeben oder eher überschlagen, ich hoffe, sie gehen dir nicht zu weit. Bitte lass dir meine Anmerkungen durch den Kopf gehen und uns dann bald darüber sprechen.

Robert B. Silvers, Brief an Joan Didion
vom 22. Oktober 1990

Einer der Punkte, in denen sich Lektor und Autorin partout nicht einigen konnten, war die Frage, ob Meilis Identität bekanntgegeben werden sollte. Damals galt unter Journalisten weithin die Übereinkunft, Vergewaltigungsopfer nicht namentlich zu nennen. Die Logik dahinter war, dass sie schon genug gelitten hatten und nicht auch noch öffentlich an den Pranger gestellt werden sollten. Doch viele Feministinnen argumentierten, dass eine Unterscheidung zwischen sexuellen Übergriffen und anderen Gewalttaten dem Akt der Vergewaltigung gerade die geschlechtsspezifische Macht verlieh, um die es den Tätern ging. »Frauen wollen nicht vergewaltigt werden, ebenso wenig wollen sie, dass man ihnen den Schädel einschlägt, allerdings wundern sich nur sehr wenige über den Unterschied zwischen beidem«[11], so Didion.

Ihre Diskussion der Namensnennung ist extrem komplex und nimmt im finalen Artikel sieben lange Absätze ein. Darin finden sich Zitate der Rechtsexpertin Susan Estrich, der Journalistin Geneva Overholser, des Historikers W. J. Cash, des Reverends Calvin O. Butts III und Malcolm X. Didion hatte ein differenziertes Verständnis nicht nur des Sexismus, sondern auch des Rassismus, der mit der Erhöhung des namenlosen Opfers zur »Lady Courage«[12] einherging. »Allerdings gab es in diesem Fall eine besondere emotionale Unterströmung, die sich zum Teil aus den tiefen und anspielungsreichen Assoziationen und Tabus herleitete, die in der schwarzamerikanischen Geschichte mit der Vorstellung der Vergewaltigung einer weißen Frau verknüpft sind«[13], schrieb Didion. Die Namen der jugendlichen Angeklagten waren von der Polizei freigegeben und in den Medien veröffentlicht worden, wo die Gruppe Jugendlicher noch dazu wiederholt als »Wolfsrudel«[14] bezeichnet wurde. Diese Ungerechtigkeit veranlasste viele von Schwarzen geführte

Publikationen, Aktivisten und Journalisten dazu, im Gegenzug Meilis Namen zu nennen. Natürlich waren dies die Gruppen, mit denen Didion sympathisierte. Doch Silvers war unnachgiebig, er unterstützte »diejenigen, die ihren Namen nicht herausgaben: Sie kamen der Bitte einer Frau nach, der schon sehr viel Schaden zugefügt worden war«, so seine getippte Anmerkung am Manuskriptrand. Auch wenn Didion diese Schlacht verlor, so wird Meilis Name heute dennoch frei genannt, unter anderem aufgrund ihres 2003 erschienenen Memoirs, in dem sie ihre Identität preisgab.

»Bob hat meine Art zu denken stets beeinflusst«, schrieb Didion 2017 nach Silvers' Tod in einer Gedenkausgabe der *New York Review of Books*. »Es gab keine Ansicht, die ich ihm nicht vorher unterbreitet hätte. ›New York: Sentimental Journeys‹ (1991) über den Fall der Joggerin vom Central Park war aus genau dem Grund bei Weitem der schwierigste Beitrag, an dem ich je gearbeitet habe. Bob wusste von Anfang an, welche Gestalt dieser Artikel annehmen sollte – er wusste es sogar noch vor mir –, und er hat mich angetrieben und dahingelenkt. Er wusste ganz genau, wie riskant das Thema war, und seine Reaktion darauf war, es noch riskanter zu machen. Sein Plan war, es gleich richtig zu machen, ganz egal, welche negativen Reaktionen das in der Stadt hervorrufen könnte. Als ich ihm meinen ersten Entwurf schickte, war der Text eindeutig zu lang. Seine Lösung war, dass ich noch weitergehen sollte. Das hieß, dass der Text noch länger wurde. Wenn dieser Artikel überhaupt ein Erfolg ist, dann weil er mir erlaubt hat, ihn fertigzuschreiben.«

Der Artikel wurde ein Erfolg. Doch es sollte eine ganze Weile dauern, bis er die ihm zustehende Anerkennung erhielt.

Nach dem Geständnis des Vergewaltigers, der Entlastung der Jugendlichen, Meilis Memoir, der Dokumentation von Ken

Burns und der Netflix-Serie *When They See Us* von Ava DuVernay erscheinen viele der Argumente, die Didion 1991 anbrachte, im Nachhinein offensichtlich. Doch damals zählte sie zu den wenigen weißen Journalistinnen und Journalisten größerer Verlage, die klar erkannten, was man auch in vielen von Schwarzen geleiteten Publikationen der Stadt verstanden hatte. Die Leserschaft der *NYRB* war alles andere als begeistert. Wie Didion später erzählte, wurden Dutzende wütender Briefe eingesandt. Der *Newsday*-Journalist Jim Sleeper schrieb eine besonders ausführliche Kritik, die nicht annähernd so gut gealtert ist wie der Artikel, den er kritisierte: »Etwas wahrhaft Schreckliches geschah in jener Nacht im Central Park, und verantwortlich dafür waren die jungen Männer, die vor laufender Kamera ausgesagt haben.«

Silvers stand seiner Autorin bei. Er veröffentlichte Sleepers Brief, da Didion in »Sentimentale Reisen« eines seiner Bücher zitiert hatte. Dagegen weigerte sich der Herausgeber jedoch, eine Beschwerde der Richterin Lois G. Forer zu veröffentlichen, mit den Worten: »Die *Review* hat eine lange Tradition, kritische Leserbriefe zu veröffentlichen, doch die darin gemachten Behauptungen sollten zumindest auf dem von uns tatsächlich veröffentlichten Text basieren, was bei dem von Ihnen eingesandten Brief leider nicht der Fall ist.«

Mit »Sentimentale Reisen« setzte Didion neue Maßstäbe für investigativen Journalismus. 1991 begannen die Medien gerade, die stumpfsinnige Widergabe von polizeilichen Kriminalstatistiken zu hinterfragen. Steve Weinberg gehörte zu den Reportern, deren Vorgehensweise durch die Central-Park-Story beeinflusst wurde. »Mit dem überwiegenden Teil ihrer mehreren Tausend Worte lieferte sie einen völlig neuen Ansatz zum Verständnis von Justizirrtümern, einen Ansatz, den ich bis dahin noch nie in Betracht gezogen hatte«, schrieb Weinberg 2022 für Nieman

Storyboard, ein von der Harvard University initiiertes führendes Forum für ausbildende und praktizierende Journalisten. Der ehemalige Geschäftsführer von Investigative Reporters and Editors bezeichnet Didions Methode, nicht bloß die Straftat an sich, sondern auch deren kulturellen und historischen Kontext zu analysieren, als »soziologische Evidenz«. »Neben anderen Talenten wies sie in vielen ihrer Sachtexte die Eigenschaften einer meisterhaften Soziologin auf [...] ›Sentimentale Reisen‹ stellt ihre denkwürdigste und herausragendste Leistung als Reporterin dar, die meine eigene journalistische Arbeit geprägt hat und deren Lektionen ich bis zum heutigen Tag behalten habe.«

Noch zweiunddreißig Jahre später, da in vielen Pressekanälen atemlos von steigenden Kriminalitätsraten berichtet wird, können Journalisten von der Meisterklasse in Kriminalberichterstattung namens »Sentimentale Reisen« profitieren.

»Der Beitrag über die Central Park Five war ein Ausdruck von Courage, von Widerstand gegen Orthodoxie«, meint Katrina vanden Heuvel. »Dazu setzte Joan unter anderem ihr politisches und literarisches Kapital ein. Es brauchte jemanden, der wirklich frei war und sich nicht an eine bestimmte Schule oder Ähnliches gebunden fühlte. [...] Ich sehe sie als unerschrocken. Ich würde liebend gern eine Joan Didion von heute über den 6. Januar oder Cancel Culture lesen. Ihre Art zu schreiben, sollte meiner Meinung nach unterrichtet werden. Sie ist kein Tom Wolfe, nicht selbstgefällig. Da ist ein gewisser Elan, eine Sparsamkeit, eine eigene Stimme, in ihren Berichten wie auch ihren übrigen Werken. Sie hatte jedenfalls nichts für Schablonen oder Schubladen übrig, und ich sehe auch Klarheit und Realismus darin.«

Im Jahr 2013 feierte die *NYRB* ihr fünfzigjähriges Bestehen in der New Yorker Town Hall. Auf Robert Silvers' Drängen hin las

Joan Didion in diesem Rahmen einen Auszug aus »Sentimentale Reisen«. In ihren Anfangsbemerkungen erwähnte sie auch Burns' im Vorjahr erschienenen Film *The Central Park Five* und erklärte dann, dass sie noch im selben Jahr, da die Jugendlichen verurteilt wurden, über den Fall berichtet hatte. »Vieles von dem, was ich schrieb, stellte den Prozess infrage, der Polizei, Staatsanwälte, Geschworene und die weiße Presse zu der empörten Annahme geführt hatte, die jungen Männer hätten ein grausames Verbrechen an einer beispielhaften jungen Frau begangen. Mein Artikel hinterfragte diese Annahmen, die Eile, mit der sie angestellt wurden, und die Art und Weise ihrer Darstellung und Durchführung. Die *Review* erhielt Dutzende böser Briefe, der Artikel wurde in Deutschland als Buch veröffentlicht, und dann wurde es still um das Thema, während die jungen Männer jahrelang im Gefängnis saßen. Anlässlich ihrer Freilassung oder des neuen Films, der über sie erschien, wurde der Artikel, soweit ich sehe, nie erwähnt. Er umfasste an die 17.000 Wörter – der wohl längste Artikel, der je in der *New York Review* erschienen ist. Manche der darin beschriebenen Einstellungen haben sich geändert. Manch andere nicht.«

Robert Silvers starb am 20. März 2017. Joans Größe war ihre eigene, doch es brauchte Verbündete, um ihr die Zeit, den Raum und die Plattform zu bieten, die sie verdiente. »Als ich von Bobs Tod erfuhr, brach mir der Boden unter den Füßen weg«, schrieb Didion in der Gedenkausgabe der Zeitschrift, die er als Mitbegründer von Beginn an herausgegeben hatte. »Eine redaktionelle Anmerkung von Bob eröffnete stets neue Möglichkeiten, in einem Beitrag wie auch im Leben selbst. Ein sonst wohl leergebliebener Raum war mit einem Mal von Licht und Erkenntnis erfüllt.«

12

LEICHENSCHAUHAUS

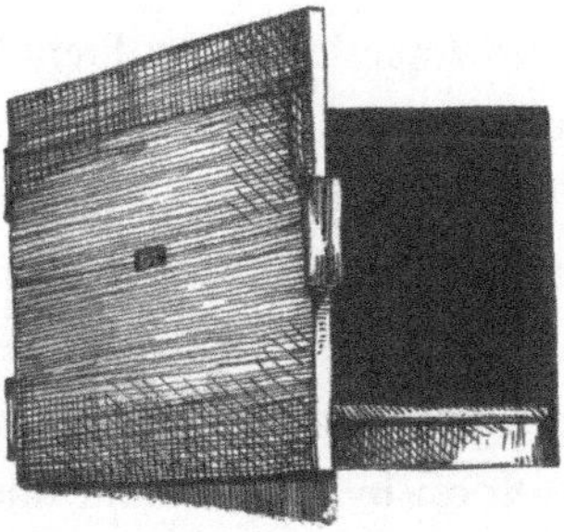

Man hatte die Leichen bereits weggebracht, als Joan Didion an einem Morgen des Jahres 1982 das Leichenschauhaus in San Salvador besuchte. Der Tisch war schon abgewaschen worden; »Es gab eine Menge Fliegen und einen elektrischen Ventilator«[1], heißt es in *Salvador*. Als sie fünf Jahre später ein Leichenschauhaus in Miami besuchte, wurden gerade zwei junge Kubaner obduziert, die man während der Mariel-Bootskrise nach Amerika gebracht hatte. »Ihre Haut hatte die marmorne gelbe Färbung kürzlich Verstorbener«, schrieb sie in *Miami*.

Didions Arbeit als Reporterin führte sie dorthin, wo es Leichen gab. Ihre Besuche von Leichenschauhäusern und Massengräbern beschrieb sie mit klaren Worten und ohne große Sentimentalität oder Zimperlichkeit. »Ihre Texte haben etwas sehr Kraftvolles, was ich selbst zu erreichen versuche«, so die Journalistin Stacie Stukin. »Und damit meine ich nicht unbedingt maskulin, denn das sind sie nicht, sondern eher solide und direkt. Das wird, glaube ich, oft als minimalistisch interpretiert, aber das sehe ich darin überhaupt nicht.«

Im dritten Akt ihres Lebens wurde Didions Stoizismus auf die bisher größte Probe gestellt. In der Notaufnahme des New York Hospital sah sie sich einmal wieder dem Tod gegenüber, nur diesmal nicht im Angesicht eines Fremden, sondern ihres engsten Vertrauten. »Sie hat sich im Griff«, informierte der Sozialarbeiter den Arzt, bevor sie der Neunundsechzigjährigen eröffneten, dass John Gregory Dunne gestorben war.

Die Beherrschung war diesmal jedoch kein Ausdruck von Didions legendärer Distanziertheit. Der Tod ihres Lebensgefährten versetzte die Autorin in einen tiefen, über Jahre andauernden Schockzustand und bedeutete, dass sie mit dem zwanzigmonatigen körperlichen Zusammenbruch ihres einzigen Kindes, dem schlimmsten Albtraum aller Eltern, allein zurechtkommen musste. Der Trauerprozess brachte das meistgelesene Buch ihrer Laufbahn hervor.

Salvador und *Miami* hatten gezeigt, dass Joan Didion über ihre Verwurzelung an der Westküste hinauswuchs. 1988 tat die damals dreiundfünfzigjährige Kalifornierin jedoch einen Schritt, der für viele ihrer Fans unvorstellbar, ja unverzeihlich war: Sie zog zurück nach New York City.

Tatsächlich gab es mehrere Erklärungen für das scheinbar Unerklärliche. Einer der Gründe für den Umzug der Didion-Dunnes war ihr Wunsch nach einem Tapetenwechsel. Die Rastlosigkeit, die den beiden gemein war, sorgte dafür, dass sie immer in Bewegung blieben, sie verreisten oft und zogen regelmäßig um. Das Jahrzehnt in Brentwood war die längste Zeit gewesen, die sie seit ihrer Hochzeit an einem Ort verbracht hatten. Sie schrieben immer öfter für New Yorker Herausgeber und wollten gern wieder im Zentrum der Verlagswelt sein. Auch Quintana war in New York und begann nach ihrem Abschluss am Barnard College eine Karriere in der Zeitschriftenbranche. Dunne, der ursprünglich aus Connecticut stammte, wollte zurück an die Küste, an der er aufgewachsen war, in die Stadt, die er am besten kannte – wo man nicht für jeden Weg ein Auto brauchte.

Der Hauptgrund für den Umzug war jedoch weniger Johns Heimweh, sondern seine körperliche Verfassung. Seit 1987 hatte er eine Reihe kardialer Ereignisse und Eingriffe durchgemacht, von denen ein jeder tödlich hätte verlaufen können. Sein Vater, ein Herzchirurg, war an Herzstillstand gestorben, und John hatte die kaputte Pumpe von ihm geerbt. Didion hätte wohl lieber ein Haus auf Hawaii gekauft, wie sie es bereits in den 1970ern versucht hatte. Aber ihr Mann hatte schon zwei Dutzend Jahre in ihrer Heimat verbracht. Wie konnte sie da Nein sagen?

In den vierundzwanzig Jahren seit ihrem Wegzug aus Manhattan hatte sich Didion als *die* Chronistin der »Best Coast« etabliert. »Kalifornien gehört Joan Didion«, verkündete Michiko Kakutani, problematischerweise, in einem langen *New-York-Times*-Artikel von 1979. Trillin und andere nannten das Haus in Brentwood das amerikanische Literaturkonsulat der Westküste. Und wie John amüsant und detailreich in *Monster: Living Off the Big Screen* schildert, war Hollywood den Didion-Dunnes zum Goldesel geworden. Wie konnte das Paar aus dem Golden State seinen Thron aufgeben, um zu irgendwelchen New Yorker Literaten zu werden?

Doch sie gaben nichts auf. Joan und John wurden DIE New Yorker Literaten. Während sie sich als junge Frau in der hochdynamischen, blaublütigen Atmosphäre der patriarchalen Verlagsszene der Ostküste eingeschüchtert und fehl am Platz gefühlt hatte, kehrte Didion im mittleren Alter triumphierend zurück als gefeierte, ja prominente Autorin. Schließlich können Schreibende bei der Rückkehr an altbekannte Orte besonders gut erkennen, was sich dort verändert hat – und was nicht. Die wichtigsten Printmedien der Stadt – die *NYRB*, der *New Yorker*, die *New York Times* – kämpften darum, ihre Essays veröffentlichen zu dürfen. In ihrer großen, eleganten Wohnung gaben die Didion-Dunnes Partys, die ihren L.A.-Happenings Konkurrenz machten. Sie waren auch deswegen an die Ostküste gezogen, weil sie es leid waren, die großen Fische im kleinen Teich der L.A.-Verlage zu sein; nun dauerte es nicht lange, und sie wurden noch größere Fische im Ozean der New Yorker Autorenschaft. Und das nach ihren eigenen Vorstellungen: Einer der ersten Gäste in ihrer neuen Eigentumswohnung auf der East 71st Street war Jerry Brown, ehemaliger Gouverneur von Kalifornien, der gerade einen Anlauf als Präsidentschaftskandidat der Demokraten unternahm.

1992 erklärten die beiden noch in einem Interview, wie sehr ihnen L.A. gefiel. John erklärt, sie seien weggezogen, weil sie »zu lange auf dem Jahrmarkt« geblieben waren. Es bleibt unklar, ob er Didions »Das Ende vom Lied« bewusst zitiert, zumindest weist keiner der beiden darauf hin.

»Mir war vor dem Umzug gar nicht klar, wie schön es dort ist«, meint Didion.

Dunne entgegnet: »Ich glaube, Los Angeles ist mir lieber als jede andere Stadt, die ich kenne.«

Ein paar Jahre vor ihrem Umzug hatten die Didion-Dunnes eine kleine Zweitwohnung in Alwyn Court gekauft, einem prachtvollen Apartmentgebäude südlich des Central Park. Für einen permanenten Aufenthalt brauchten sie jedoch etwas Größeres. Letztendlich kehrten sie in dasselbe Viertel zurück, in dem sie schon in den 1960ern gewohnt hatten: die vornehme und elitäre Upper East Side Manhattans. Die Wohnung, in der Joan Didion die letzten dreiunddreißig Jahre ihres Lebens verbrachte, liegt an der Ecke Madison Avenue und 71st Street. Es ist ein großes Gebäude mit höflichen Pförtnern, an denen kein Fremder vorbeikommt. Ein Wappensiegel an der Nordwestseite zeigt einen Löwenkopf und dahinter etwas, was für mich ganz klar nach einer Schlange aussieht, aber auch nur ein Band sein könnte. Die geräumige Wohnung mit fünf Schlafzimmern verfügte über eine Profi-Küche mit Kühlschrank der Marke Sub-Zero (man fragt sich, was wohl mit dem Karton passiert ist, in dem er geliefert wurde). Sie nutzten zwei der Schlafzimmer als Arbeitszimmer, eines als Gästezimmer (mit Quintanas Decken aus Brentwood-Park-Zeiten auf dem Bett und einem alten Familienquilt an der Wand) und eines gleich neben der Küche für eine Hilfskraft, die manchmal kam. Es gab einen Kamin und natürlich überall Bücher. Von den Fenstern aus sah man die umliegenden Dächer und einen Kirchturm – kein Meer, keinen Garten. Unter der beneidenswerten Kunstsammlung – Ed Ruscha, Richard Diebenkorn, Brice Marden, Richard Serra – fanden sich auch ein Stadtplan von Sacramento und die historische Didion-Mantilla aus der Pionierzeit, die von Generation zu Generation weitervererbt worden war. Ein Zimmer war mit den Terrassenmöbeln aus Brentwood bestückt. Auch wenn Joan ihre letzten Jahrzehnte in New York verlebte, behielt sie doch Kalifornien stets im Blick.

New York hatte und hat sich drastisch verändert, seit Joan dort als junge Frau gewesen war. Es hat sich drastisch verändert seit meiner Zeit dort als junge Frau, als Didion mittleren Alters war. Dünne, glänzende Wolkenkratzer, passenderweise *splinters* (Splitter) genannt, sind in ganz Manhattan aus dem Boden gesprossen wie spitzes, gläsernes Unkraut. Zwar gibt es glücklicherweise weniger Obdachlose, die in Kühlschrankkartons hausen, doch es sind immer noch zu viele. Und obwohl überall neu gebaut wird, stehen im Gebäude gegenüber von meinem Hotel alle Etagen leer, und viele Ladenzeilen bleiben auch nach der Pandemie verriegelt.

Und doch ist vieles noch genauso wie zur Zeit, da Didion im Graybar Building gearbeitet oder mit Robert B. Silvers im Knickerbocker Club zu Mittag gegessen hat (beide Gebäude stehen beispielsweise noch). Die Straßen sind noch immer in ihr Gitternetz gefügt, mit Ausnahme der älteren Stadtteile, wo sie alten Siedlerrouten folgen. Das Licht fällt noch immer, durch Wolkenkratzer gefiltert, in langen Bahnen durch die Straßen, verfärbt sich an Sommerabenden indigoblau, »und im Verlauf vielleicht einer Stunde wird dieses Blau immer tiefer, immer intensiver, selbst dann noch, wenn es dunkel wird und vergeht«, wie es Didion in *Blaue Stunden* beschreibt. Die Straßen sind noch immer zu jeder Zeit vom Klang quietschender Reifen, rufender Menschen und dem aufsteigenden Luftstoß der Subways erfüllt, sodass einem das Grollen der Züge zig Meter unter der Lexington Avenue oder die Sirene eines Krankenwagens selbst nachts angenehm vertraut wird. In der feuchten Sommerhitze haften Gerüche noch immer wie Klebstoff in der Luft. Auf jede neue Trump-Monstrosität kommt eine Art-déco-Zeitkapsel, so etwa das Fuller Building gleich um die Ecke von den alten *Mademoiselle*-Büros (heute ein Glaskasten), mit seinem dreistöckigen Eingangsbereich, über dem zwei muskulöse, berockte Männerstatuen rechts und links einer Uhr stehen, die schon vor langem ihre Zeiger verloren hat. Vielleicht konnte Joan, wenn sie nach der Arbeit auf dem Rückweg zum Barbizon war, mit einem Blick auf jenes Überbleibsel vom Optimismus des frühen zwanzigsten Jahrhunderts die Zeit ablesen.

Um ganz ehrlich zu sein: Für mich ist die Upper East Side das uninteressanteste Viertel von ganz Manhattan. Es ist unverschämt reich und eintönig privilegiert. Als ich noch in der Stadt gewohnt habe, bin ich nur auf dem Weg zu den Kunstmuseen auf der Fifth Avenue oder zum Central Park hier vorbeigekommen. Nun, da ich selbst eine Frau im mittleren Alter bin, kann ich verstehen, warum Didion ihre letzten Jahre hier verbringen wollte. Ja, sie lebte gern auf großem Fuß. Sie und John dinierten regelmäßig im berühmten Carlyle Hotel, das nur sieben Blocks weiter auf der Madison Avenue lag. Auch das Sette Mezzo besuchte sie gern, im Gegensatz zum traditionsbewussten Carlyle eher ein neureicher Pastaladen, aber dabei immer noch auf Respekt einflößende, herrliche Weise luxuriös. Und dann war da natürlich noch das Elio's, ebenfalls ein Italiener und besonders beliebt bei der schreibenden Zunft – Joan und John hatten hier einen Stammtisch im Vorderbereich, wo man sah und gesehen wurde. An den Wänden hängen Drucke ihrer Buchcover. Diese und weitere Restaurants waren nur einen Spaziergang von der Wohnung der Didion-Dunnes entfernt. Nach der jahrelangen Abhängigkeit von Autos muss die Fußläufigkeit von Manhattan etwas Befreiendes gehabt haben.

Die Upper East Side ist ruhig, sicher, sauber, geradezu friedlich, womit sie für mich als junge Frau langweilig war. Heute weiß ich die jahrhundertealten Kutschhäuser und eleganten Stadthäuser zu schätzen. Es erinnert sehr an Paris. Und dann ist da natürlich noch der größte Pluspunkt einer Wohnung im Zentrum: der Central Park. Obwohl Didion dessen nachgeahmt europäisches Design und die korrupt kapitalistische Entstehungsgeschichte in »Sentimentale Reisen« kritisierte, ging sie doch jeden Tag in ihm spazieren. Der Eingang auf der 71st Street war nur einen Block von ihrer Wohnung entfernt, von dort ging es vorbei an dem Teich, auf dem Bastler ihre Modellboote fahren lassen, der bronzenen Alice-im-Wunderland-Skulptur, dem Metropolitan Museum of Art, dem Great Lawn und Turtle Pond, dem Bootshaus am See mit den gemieteten Ruderbooten, dem Delacorte Theater, wo sie herausragende Darstellende bei Shakespeare-Aufführungen sah, dem Zoo – und so weiter und so fort. Als Didion nicht mehr zum Park laufen konnte, fuhr sie ein Assistent im Rollstuhl hin.

Die Didion-Dunnes verbrachten fünfzehn gute Jahre dort. Silvers versorgte sie mit Schreibarbeit. Johns 1997 erschienenes Buch über die Drehbucharbeit in Hollywood, *Monster*, war ein Bestseller. Auch Quintana fasste allmählich Fuß in der New Yorker Verlagswelt und heiratete 2003. Im Herbst desselben Jahres reisten Joan und John nach Paris.

Dann geschah das erste Unglück: Am 25. Dezember 2003 wurde Quintana ins Krankenhaus eingeliefert.

Am 30. Dezember kehrten Joan und John vom täglichen Besuch ihres einzigen Kindes auf der Intensivstation vom Beth Israel North zurück. Was zunächst nach einer schweren Erkältung oder Grippe aussah, hatte sich zu einer sehr viel ernsteren septischen Infektion entwickelt; Q lag im Koma. Jahrzehntelang hatten sie sich um die psychischen Erkrankungen und Instabilitäten ihrer Tochter gekümmert, und nun das.

Auf dem Weg nach Hause und bei ihrer Ankunft in der Wohnung war John erschöpft. Er war schon seit Längerem reizbar und bedrückt gewesen. Seine Herzprobleme waren schlimmer geworden, und nach mehreren Episoden von Vorhofflimmern und darauffolgender Kardioversion war ihm im Juni 2003 ein Schrittmacher implantiert worden. Im Taxi auf dem Rückweg von der Intensivstation, am 29. oder 30. Dezember, sagte er zu Joan, alles, was er im Leben erreicht habe, sei wertlos. Und nun lag ihre Tochter womöglich im Sterben.

»Ich glaube, mir ist das alles zu viel«, sagte er zu Didion, entweder am 30. Dezember oder am Tag davor.

»Du hast keine Wahl«, gab sie trocken zurück.

Die große Autorin war nun ganz die pragmatische Pflegerin. Sie heizte den Kamin an, denn durch die Wärme des Feuers fühlten sie sich immer heimisch. Sie schenkte ihnen einen Drink ein, bereitete das Abendessen vor. Und als ihr Mann, mit dem sie neununddreißig Jahre verheiratet gewesen war, sich an den Tisch setzte, konnten die chirurgischen Reparaturen an seinem gebrochenen Herzen jener letzten emotionalen Bürde nicht mehr standhalten. John brach auf dem Stuhl zusammen, und als die zierliche Didion versuchte, ihn aufzurichten, sackte er zu Boden.

John Gregory Dunne würde nie wieder mit seiner Frau Joan Didion beim Frühstück die Zeitung lesen. Er würde nicht ihre Anrufe entgegennehmen, wenn sie Migräne hatte, oder ihre Sätze für sie beenden, wenn ihr die Worte fehlten. Sie würden nie wieder zusammen die kalifornische Küste entlangfahren und dabei Filmdialoge schreiben oder gegenseitig ihre Manuskripte lektorieren. Es gäbe nie mehr Hotelaufenthalte in Hawaii mit Quintana.

In zwanzig Monaten gäbe es keine Quintana mehr.

Nur noch Joan – *Lone Didion.*

Transition ist so ein Wort, mit dem die Kulturkritik gern um sich wirft. Es bezeichnet einen Zwischen- oder Übergangszustand: eine Schwelle oder Grenze. Leichenschauhäuser sind solche Orte des Übergangs, zwischen Leben und Tod, zwischen dem Tod und dem Grab, oder dem Feuer.

Neun Monate lang existierte Joan Didion in einem Zustand der Transition. Sie verfiel in eine Art Wahnzustand, in dem sie glaubte, dass sie, wenn sie nur bestimmte Handlungen befolgte – etwa Johns Kleidung, Unterlagen und Bücher genau so liegen ließ, wie er sie hinterlassen hatte, das Wörterbuch an genau derselben Stelle aufgeschlagen, die Schuhe noch im Schrank – seinen irrtümlichen Tod rückgängig machen zu können, das Schicksal umkehren zu können.

»Die anderen Schuhe konnte ich nicht weggeben«, schrieb sie. »Ich stand einen Moment lang da, dann ging mir auf, warum: Er würde Schuhe brauchen, wenn er zurückkäme.«

Es war, wie sie es nannte, »magisches Denken«.

Im Mittelpunkt ihres magischen Denkens stand die Überzeugung, sie müsse die Ergebnisse von Johns Autopsie erfahren, um genau herauszufinden, wann und durch welche biologischen Mechanismen er gestorben war, damit der Schaden korrigiert werden könnte und er wieder lebte. Doch sie wollte nicht nur den Autopsiebericht sehen, sondern bei der Autopsie ihres Mannes selbst anwesend sein: »Ich hatte all diese anderen Autopsien mit John gesehen, nun war ich ihm seine eigene schuldig. Ich war der festen Überzeugung, dass auch er dabei wäre, wenn ich auf diesem Tisch läge.« Wenn sie nur seinen Transitionszustand bestimmen könnte, wäre auch sie aus ihrem eigenen befreit.

Neben ihrer eigenen Trauer war sie auch noch mit den ganz und gar unmagischen Bemühungen beschäftigt, Quintana am Leben zu halten – ohne die Unterstützung des Vaters, ohne den

Beistand ihres Mannes. Als Q endlich aus dem Koma erwachte, musste Joan ihrer Tochter die Nachricht von Dunnes Tod übermitteln. Genauso das nächste Mal, als Quintana erwachte, weil die todkranke Frau sich nicht daran erinnern konnte. Der Verlust ihres Lebenspartners ging Hand in Hand mit dem Todeskampf ihres einzigen Kindes. Ein Kampf, den Q, wie auch Joan, verlor.

Dies war noch schlimmer als die Schreckensszenarien, die Joan in ihren Romanen erfunden hatte.

»In unserer Familie, vor allem auf Seite der Dunnes, gab es Suizide, Flugzeugabstürze, Mord. Joan und John war all das erspart geblieben«, erzählt Griffin Dunne. »Und ich ging immer davon aus, dass es sie nicht erwischen würde. Sie bleiben verschont, Gott sei Dank, sie bleiben verschont. Und dann kommt es gleich im Doppelpack, und sie kriegen alles auf einmal ab. Es war einfach grausam.«

Es hatte jedoch viele Vorzeichen gegeben. In *Das Jahr magischen Denkens* wie auch in *Blaue Stunden* spielt Didion sie immer und immer wieder durch. Johns wiederholte Herzprobleme. Seine Lethargie und Beklommenheit im vorigen Herbst. Die jugendliche Quintana, die auf dem Schlafzimmerboden liegt und in die Erde versinken will. Die erwachsene Tochter, noch immer verzweifelt. Es ist vielleicht nicht verwunderlich, dass diese großen Tragödien zum Ausgangsmaterial für Didions erfolgreichstes Buch wurden. Neun Monate nach Dunnes Tod tat Joan, was ihre Mutter ihr schon vor vierundsechzig Jahren geraten hatte: Sie schrieb. Sie verbrachte drei Monate am Computer in ihrem Arbeitszimmer in der Upper East Side. Das so entstandene Buch, *Das Jahr magischen Denkens*, ist eine zutiefst persönliche Betrachtung und eine Abhandlung des Trauerns als Daseinszustand. In vielerlei Hinsicht stellte es Didions Rückkehr zu ihrem ursprünglichen Stil dar: bekenntnishaft, episodisch, lyrisch, beschwörend. Die langen Redewendungen und Absätze von »Sentimentale Reisen« waren passé. Hier war der weiße Raum, die Wiederholung von Satzteilen, das schrittweise Offenlegen von Informationen, die unsichere Stimme der unzuverlässigen Erzählerin. Viele der Absätze bestehen nur aus einem Satz, nur aus wenigen Worten:

»Ich erinnere mich an eine Stille.«

»Und das, obwohl ich noch nicht mal hingefahren war.«

»Alles andere war mir normal erschienen.«

Didion beschreibt ihren Zusammenbruch und den anschließenden Verarbeitungsprozess in sich überschneidenden Ebenen, als könne sie immer nur einen Bruchteil der Erinnerung vertragen. Sie wiederholt sich, geht immer wieder einen Schritt zurück, arbeitet sich Stück für Stück, aber kontinuierlich vor. Kurze Sätze. Kleine Schritte.

Es ist, als hätten sich die komplexen Passagen voll komplizierter Gedankengänge, die Didion in *NYRB* beherrscht hat, zersplittert. *Das Jahr magischen Denkens* ist das Tagebuch eines Zusammenbruchs von der Queen of Cool. Es ist außerdem eine Liebesgeschichte, eine Romanze, geschrieben von der Frau, die die Ehe einmal als den klassischen Verrat bezeichnet hat. In gewisser Weise ist es Didions menschlichstes Buch, denn sie beschreibt darin ihre außergewöhnliche Erfahrung von etwas höchst Gewöhnlichem: dem Tod. (Wobei ich nicht sicher bin, wie viele Leser den Wunsch nachempfinden können, der Autopsie des eigenen Partners beizuwohnen.)

»Die Schwierigkeiten, die sie im Leben hatte – da würden die meisten Menschen wohl alles hinschmeißen«, meint Mitchell Kaplan. »Aber sie war irgendwie so gestrickt, dass sie es ergründen, erklären, damit leben musste. Sie musste es schmecken, es gedanklich hin und her wälzen. Und irgendwie gelang ihr das mit so viel Herz, dass es sehr viele Menschen berührte. Sie begriff in so vielfacher Weise, was Menschsein bedeutet.«

Das Jahr magischen Denkens, erschienen im Jahr 2005, hielt sich vierundzwanzig Wochen auf der Bestsellerliste der *New York Times*, gewann den Sachbuchpreis des National Book Award und zählte zu den Finalisten des Pulitzer-Preises und des National Book Critics Circle Award. Es gilt weithin als maßgebliche Darstellung des Trauerprozesses, ein Buch, das man Freundinnen oder Freunden schenkt, die einen wichtigen Menschen verloren haben. Im Zuge einer längeren Lesereise wurde Didion immer wieder von Leuten angesprochen, die ihr erzählten, wie sehr ihnen das Buch bei der Verarbeitung eigener Verluste geholfen hat.

»Sie gab Signierstunden, bei denen Leute auf sie zukamen und ihr ihre eigenen Trauergeschichten anvertrauten, ihr davon erzählten, dass sie verwitwet waren oder ein Kind verloren hatten«, so David L. Ulin, der Didion bei jener Lesereise in Vroman's Bookstore, Pasadena, vor Publikum interviewte. »Es war eine sehr tiefgreifende und wohl auch befreiende Erfahrung, für sie genauso wie für die Menschen, mit denen sie sprach.«

»Wir erzählen uns Geschichten, um zu leben«, schrieb Didion in *Das weiße Album*. Im Laufe ihrer Karriere erkannte sie im Artikulieren und Dokumentieren immer wieder die Möglichkeit, mit einer Welt in Verbindung zu treten, von der sie sich tendenziell eher abkapselte. Indem sie die Geschichte vom Tod ihres Mannes und der Krankheit ihrer Tochter erzählte, befreite sie sich aus dem Bann des magischen Denkens. Wort für Wort, Satz für Satz legte sie sich ihren Fluchtweg an. Als das Buch ein Jahr nach Dunnes Herzanfall fertiggestellt war, fand sie aus dem transitorischen Zustand heraus und begann ihr Leben als Witwe.

Was Joan immer noch blieb, waren ihre Worte. Ihr Lektor und Freund Bob Silvers verstand die Bedeutung des Erzählens für ihr Überleben. »Als mein Mann gestorben war und Quintana sehr krank, erkannte Bob zum Glück meine Situation und sorgte dafür, dass ich weiterschrieb – über die Bush-Regierung, über Euthanasie«, schrieb Didion in der *NYRB*. »Er begriff intuitiv, dass ich entweder arbeiten oder sterben musste.«

Didion vollendete *Das Jahr magischen Denkens* am 31. Dezember 2004. Knapp acht Monate später, noch vor Veröffentlichung des Buchs, starb Quintana. Die Frage eines Interviewers, ob sie ein Umschreiben des Buchs in Erwägung gezogen hatte, um den Todesfall einzuarbeiten, beantwortete Joan mit drei Worten, deren Simplizität und Abgeschlossenheit durch und durch Didion sind:

»Es ist fertig.«

Im Jahr 2007 schrieb Didion eine Bühnenfassung für *Das Jahr magischen Denkens*, in der sie teilweise auch *Blaue Stunden* verarbeitete. Das Einpersonenstück mit Joans guter Freundin Vanessa Redgrave als Didion in der Hauptrolle wurde als Broadway-Show im Booth Theatre uraufgeführt. Joan war bei jeder Probe und jeder Aufführung dabei und aß an einem Cafétisch zu Abend, den die Mitarbeiter eigens für sie aufgestellt hatten. Sie lebte ihren Kindheitstraum vom Theater aus, wenn auch nicht als Schauspielerin, sondern als Figur. Für die zierliche Autorin muss es surreal gewesen sein, sich von einem stattlichen Filmstar verkörpert zu sehen.

Bei jeder Aufführung durchlebte sie einmal mehr die schlimmsten Ereignisse ihres Lebens – doch zugleich war sie so jeden Tag eine Zeit lang in Gedanken bei John und Quintana.

13

RESTAURANT

Sie saß lieber an den Tischen in der Mitte als an den Sitzbänken am Rand, vielleicht, weil sie recht klein war und gern den Stuhl näher heranrückte, um leichter ihr weiches Rührei mit Toast essen und die *New York Times* lesen zu können. Jahrelang besuchte sie das Lokal mehrmals pro Woche mit ihrem Mann. Danach saß die kleine, stille Frau allein. »Sie war nicht schüchtern, aber wohl reserviert«, erinnert sich John Catechisis, der schon seit Jahrzehnten im 3 Guys Restaurant bedient, eines sonntagmorgens kaum ein Jahr nach Joan Didions Tod. Er behält seinen Stammgast als eher wortkarge Frau in guter Erinnerung. An jenem Tag im Herbst sind die Sitzecken und Tische von alleinstehenden Frauen in gewissem Alter besetzt: Witwen, Geschiedene, Berufstätige – Frauen, die alleine essen gehen.

Die aus dem zwanzigsten Jahrhundert bekannte Autorin M.F.K. Fisher – die Mutter aller Foodies – schrieb über das eigenartige Vergnügen, allein in der Öffentlichkeit zu speisen. Es ist der erste Buchstabe in ihrem *Alphabet for Gourmets*: »Ich ziehe das Essen alleine jeder anderen Art vor«, schreibt sie. In ihrem Memoir *The Gastronomical Me* beschreibt Fisher das Unbehagen, das sie bei ihren häufigen Seereisen in ihren Mitmenschen auslöste: »Die meisten Leute, die mich auf Zug- oder Schiffsreisen oder in Restaurants sehen, empfinden mir gegenüber eine gewisse Abneigung, weil ich mir beigebracht habe, gern allein zu sein. Die Frauen sind verwirrt, was ihnen äußerst unangenehm ist, und beneiden mich um die Art, in der ich bedient werde – mit zuvorkommender Höflichkeit –, sowie um meine Wahl der Gerichte und Getränke, die sie sich in der Regel nie selbst bestellen würden. Und auch die Männer sind verwirrt, auf einer persönlichen Ebene. Sie fühlen sich in ihrer Männlichkeit provoziert.«

Der Musiker Andrew Bird war von der Vorstellung einer allein speisenden Joan Didion eher fasziniert als provoziert. Zwei Stücke auf seinem 2022 erschienenen Album *Inside Problems* (»Atomized« und »Lone Didion«) sind von der Schriftstellerin inspiriert. »Es war ein Zusammenspiel verschiedener Umstände, die dazu geführt haben, Didion in diese beiden Songs einzuarbeiten«, so Bird in einer E-Mail. »Zum einen las ich gerade nochmal *Das Jahr magischen Denkens* und *Stunde der Bestie*. Gleichzeitig ging mir eine Geschichte durch den Kopf, die mir ein Freund erzählt hatte, der in einem von Joans und Johns Stammrestaurants arbeitete. Es war im Dezember 2003, und die beiden waren eine ganze Weile jeden Samstagabend gekommen.

Dann fiel meinem Freund auf, dass sie etwa einen Monat nicht mehr dagewesen waren, bis Joan eines Tages alleine kam und die üblichen Drinks bestellte. Diese Geschichte hat mich sehr berührt, vor allem, als ich dann *Das Jahr magischen Denkens* las, worin der Verlust, den sie während dieser Abwesenheit erlitt, beschrieben wird. Sie spricht davon, dass sie keine ›Konzept‹-Autorin ist, und ich verstehe, worauf sie hinauswill: dass klar und gekonnt artikulierte Fakten eine größere Wirkmacht haben können, als wenn man seine Gefühle beschreibt. Sie erkennt ihren Verlust an, indem sie ihn trocken und nüchtern beschreibt.«

Im Alter von siebzig Jahren war Didion mit einem Mal auf sich gestellt, sie aß allein, ging allein spazieren, dachte und schrieb allein. In weniger als zwei Jahren war die Festung der kleinen Familie, die sie jahrzehntelang beschützt hatte, zerstört. Ihre Eltern waren verstorben, ihr einziger Bruder Tausende Kilometer weit weg, sie hatte keine Blutsverwandtschaft in der Nähe. Von ihrem geliebten Kalifornien trennte sie das ganze Land. »›Zieh nicht nach New York‹, sagte sie mir«, so ihre Cousine Julia Armstrong-Totten. »Sie hat es wirklich bereut. Ich glaube, dass ihr dort vieles, eigentlich der ganze Alltag, viel komplizierter vorkam. Und zu dem Zeitpunkt hatte sie bereits gesundheitliche Probleme. Ich weiß nicht, warum, aber sie war in dem Punkt sehr beharrlich. ›Tu es nicht‹, sagte sie. ›Tu es nicht.‹«

Johns Familienmitglieder wohnten in der Nähe, sein Bruder Nick und vor allem sein Neffe Griffin waren nach Johns Tod für sie da. Wie auch andere: ihre Agentin Lynn Nesbit und ihr Freund Calvin Trillin, der gerade seine geliebte Frau Alice verloren hatte und Joans Trauer verstand. Er brachte ihr Congee, einen asiatischen Reisbrei – Essen für die Seele. »Es gibt nicht viel, was man tun kann, einfach nur da sein«, erinnert er sich.

»Ich glaube nicht, dass es die eine richtige Art gibt, damit umzugehen, man muss einfach da durch. Ich brachte ihr Congee mit. Dann sagte Joan eines Tages: ›Ich glaube, jetzt habe ich genug Congee gehabt.‹«

Zum ersten Mal seit ihrer *Vogue*-Zeit lebte Didion wieder alleine. Johns Bücher, seine Kleidung, Fotos, die Quintana zeigten oder die sie aufgenommen hatte, fanden sich überall in der Wohnung, ständige Erinnerungen daran, was gewesen und verloren war. Doch Didion schätzte ihre Eigenständigkeit. Sie war ihr Leben lang ein introvertierter Mensch gewesen, jemand, der zum Arbeiten die Einsamkeit suchte und brauchte. Sie hatte immer ihr eigenes Arbeitszimmer gehabt, wohin sie sich jeden Morgen zum Schreiben zurückzog. Wenn sie mit einem Buch fertig wurde, verkroch sie sich in ihr altes Zimmer im Haus ihrer Eltern oder an einen Rückzugsort in Hawaii. Sie war viel allein gereist, bei Wahlkampftouren und Lesereisen, zur Recherche und zum Schreiben.

Nach dem Tod ihres Lebenspartners kämpfte Didion darum, weiterhin für sich wohnen zu können, nach ihren eigenen Vorstellungen – selbst als ihr Körper nicht mehr mitmachte. In *Blaue Stunden* nannte sie das »den Schwung behalten«. Sie blieb in der Wohnung, die ihr letztes gemeinsames Zuhause mit John gewesen war. Nach seinem Tod lebte sie noch achtzehn Jahre zwar alleinstehend, aber zunehmend unterstützt durch einen liebevollen Familien-, Freundes-, Kollegen- und Betreuerkreis und ihren Hund Ellie – kein edler Old English Sheepdog, sondern ein Wheaten Terrier.

Es ist bemerkenswert, dass Didion ihre größten Erfolge nicht nur als Frau nach der Menopause erreichte – einer Lebenszeit, da man von der Gesellschaft gern aufs Abstellgleis geschoben wird –, sondern in ihren Jahren der Einsamkeit. Zwar basierte dieser Erfolg darauf, dass sie über ihre Familie schrieb, sie war also in gewisser Weise professionelle Witwe. Aber was könnte genialer und großmütiger sein als eine Dokumentierung, Deutung und Anerkennung jener Erfahrung, die so viele Frauen durchleben? Didion war »A Single Woman«, die Art alleinstehender Frau im gewissen Alter, wie sie ihre Zeitgenossin Nina Simone (die ein Jahr vor Didion geboren wurde) 1993 beschrieb. In dem Lied geht es um eine Frau, die schon immer »auf ihrer eigenen Wolke« schwebte, nun aber wirklich allein ist. »There was a time … I can't remember when«, singt die ikonoklastische Musikerin und Schwarze Aktivistin, »The house was full of love but then again / It might have been imagination's plan / Just to help along / One single woman.«

Didion entwarf eine Art selbstbestimmter Weiblichkeit, nach der so viele Schriftstellerinnen, Künstlerinnen und berufstätige Frauen streben, die sich zu einem kreativen Leben berufen fühlen, mit dem Ziel, wie es bei Destiny's Child in »Independent Women Part I« heißt: »I do what I want, live how I wanna live«. Sie artikulierte die Wünsche und Sorgen mehrerer Generationen im Nachgang der Gegenkulturbewegung der 1960er, welche sie, obwohl sie von deren Verdiensten profitierte, mit Skepsis dokumentierte. Obwohl wir kulturell und auch durch individuelle Erfahrung wissen, dass es nahezu unmöglich ist, alles auf einmal zu haben – Familie, Karriere, Liebe, die Corvette –, war Joan doch offenbar die Frau, der das gelungen war. Bis sie es wieder verlor.

Wie die Autorin Caitlin Flanagan in *The Atlantic* schrieb: »Um Joan Didion wirklich zu lieben – sich umwerfen zu lassen von Dingen wie dem Duft von Jasmin und der Packliste, die sie zu ihrem Koffer legte –, muss man eine Frau sein.« David Rieff, David L. Ulin, Hilton Als, John Leonard und Tausende weiterer Didion-Gefolgsmänner würden dem wohl widersprechen. Doch vor allem Leserinnen und Autorinnen finden in ihrem Werk Inspiration und Sinn. »Genau das scheint mir die Gabe zu sein, die sie uns als Schriftstellerinnen mitgibt, dass sie Autoren, und vor allem Autorinnen, befähigt und ihnen hilft, ihre eigene Stimme zu finden«, so Steffie Nelson, Herausgeberin von *Slouching Towards Los Angeles*. »Sie verlieh der weiblichen Erfahrung diese neue, ungerührte Stimme. Sie hat sich nie aufgespielt oder versucht, zu den Jungs zu gehören. Diese Stimme war sehr feminin, ohne verworren oder übermäßig gefühlsbetont zu sein, aber dennoch sehr vielsagend und sogar verletzlich.«

Danyel Smith besuchte die Highschool in Inglewood, Los Angeles, als sie durch einen Lehrer auf Didions Sachbücher aufmerksam wurde. »Ich weiß noch, dass ich von dieser Sprache völlig eingeschüchtert war und das Gefühl hatte, niemals so gut schreiben zu können wie Joan Didion«, erzählt die Journalistin und Romanautorin. »Gleichzeitig war es so inspirierend, Sätze wie ihre zu lesen; viele sehr direkte, aussagekräftige, evokative Sätze, die mir kurz und klar, dabei aber sehr tiefgründig vorkamen. Im Unterricht wurden diese Eigenschaften irgendwie immer Hemingway zugeschrieben, ich war es schon allmählich leid. Und dann entdeckte ich Joan Didion, die auf genau diese Weise schrieb.«

Doch trotz ihres Einflusses als Wegbereiterin ist Joan Didion als weibliche Ikone zutiefst problematisch. Sie bezeichnete sich nie als Feministin, allerdings machte sie generell einen großen Bogen um Kategorisierungen und Gruppen jeder Art, sie war keine Mitläuferin. Was sie schrieb, sagte und tat – genauso was sie nicht schrieb, sagte und tat –, war bestenfalls unschwesterlich und schlimmstenfalls geschlechtsspezifischem Aktivismus und ebensolchen Untersuchungen feindlich eingestellt. Das Paradebeispiel: »The Women's Movement« (dt.: »Die Frauenbewegung«), ein Essay von 1972, in dem sie ziemlich schonungslos darüber herzieht, dass sich die Zweite Frauenbewegung in »abergläubischen Vorstellungen und kleinen Sophistereien, Wunschdenken, Selbstverachtung und bitteren Phantasien«[1] verloren habe. Didions Kritik war nicht ganz unbegründet: In den 1990er-Jahren sollte die Engstirnigkeit des Zweiten Feminismus auch durch eine neue Generation bemängelt werden. Gegen Klischeevorstellungen von Weiblichkeit konnte Joan zwar gekonnt austeilen: »Wenn man die Berichte über lesbische Beziehungen liest, die von Zeit zu Zeit in der Literatur der Frauenbewegung erscheinen, ist man stets verblüfft, wieviel Betonung auf die übergroße ›Zärtlichkeit‹ gelegt wird, die ›Sanftmütigkeit‹ der sexuellen Beziehung, als handelte es sich bei den Teilnehmerinnen um verwundete Vögel«[2], heißt es in »Die Frauenbewegung«. Doch insgesamt betrachtet war dieser Essay ein niederträchtiger Angriff auf den Zweiten Feminismus, der mehr über Didions mangelndes Bewusstsein aussagte als über die tatsächlichen Anfangsschwierigkeiten einer wichtigen und notwendigen Bewegung. Sie verleugnete zwar nicht ihr soziales Geschlecht, doch ihre Definition des Frauseins war begründet auf einer körperlichen Bestimmtheit, die, wenn auch herrlich morbide, nicht gerade aufgeklärt war: »[...] wie es ist, eine Frau zu sein, der unüberbrückbare Unterschied – dieses Gefühl, dass man sein innerstes Leben unter Wasser verbringt, diese geheimnisvolle Verquickung mit Blut und Geburt und Tod«[3].

In »Die Frauenbewegung« entblößt Didion ihre eigene durch Privilegierung verblendete Einstellung. »Dass viele Frauen das Opfer von Herablassung und Ausbeutung und eines sexuellen Rollenklischees sind, war kaum neu, aber genausowenig war es neu, dass andere Frauen es nicht sind: Niemand zwingt Frauen, die Verpackung zu kaufen«[4], schrieb sie. Natürlich waren und sind viele Frauen – insbesondere diejenigen, die nicht wie Didion durch Stand und Abstammung bevorteilt sind – gerade gezwungen, die Verpackung zu kaufen. #MeNot hätte Didions Hashtag sein können.

Didions Anschauungen zu Geschlechterfragen konnten ebenso in ihrem Privatleben provozieren. In ihrer Freundschaft mit der Künstlerin und Autorin Eve Babitz war das Thema jedenfalls ganz offensichtlich ein Streitpunkt. In einem erst 2022 entdeckten Brief, der wahrscheinlich nie abgeschickt, aber in *Vanity Fair* sowie *The Atlantic* ausgiebig diskutiert wurde (gierig kreisende Hochglanzmagazine über den blutigen Überresten eines mutmaßlichen postumen literarischen Zickenkriegs), warf die Autorin von *Eve's Hollywood* ihrer Freundin vor, dass sie sich weigerte, *Ein Zimmer für sich allein* zu lesen, ein ziemlich schweres Vergehen für jemanden, der Literatur so sehr liebte wie Joan. Es ist nur wenig bekannt über die Umstände dieses 1972 entstandenen Schriftstücks, das man nach Babitz' Tod im Jahr 2021 in deren Zimmer fand – sechs Tage, bevor Didion starb. Darin schrieb Babitz, Joan sei wütend auf Virginia Woolf »wegen ihrer Tagebücher«, was auch immer das heißen mag. Doch das Dokument offenbart eine entsprechende Kluft zwischen den beiden wegweisenden Autorinnen hinsichtlich der Bürden und Verpflichtungen, denen sie sich als Frauen gegenübersahen. Eves Zorn war vor allem gegen Didions Ehe gerichtet. Sie redete ihre Freundin und Mentorin wiederholt mit »Mrs. Dunn« [*sic*] an und beschuldigte sie, das stumme Weiblein zu spielen, das vom dominanten Ehemann beschützt wurde und zu den weniger Wohlhabenden oder weniger Abhängigen keinen Bezug mehr hatte. »Du schlägst dich lieber zu den Jungs, die über die dummen Weiber lachen«, so Babitz.

Didion hatte sich tatsächlich in eine ziemlich konventionelle heterosexuelle Beziehung begeben. Auch wenn sie John in vielerlei Hinsicht gleichgestellt und in puncto Ruhm und Talent sogar überlegen war, unterzeichnete sie stets als »Joan Didion Dunne«. Sie überließ ihm die Unterhaltung, während sie das Essen machte. Es war ein Arrangement, das gut für sie funktionierte – das ihr tatsächlich sogar Deckung gab und ihr Freiräume schuf. Doch es symbolisierte wohl kaum einen Umsturz des Weiblichkeitswahns, den ihre Mitstreiterinnen anfachten, ja noch nicht einmal einen sanften Gegenwind. Didion schien den Nervenkitzel an dem, was man heute als Hypermaskulinität bezeichnet, zu genießen: Sie schrieb über ihre Anziehung zu John Wayne und Howard Hughes, verteidigte Ernest Hemingway und Norman Mailer. Als sie ihn kennenlernte, war ihr Mann bekannt dafür, sich in Kneipenschlägereien und Bordelle zu verirren. Einer von Joans besten Freunden war Earl McGrath, ein legendärer Szenegänger, der mit Bad Boys der Musikszene wie Ahmet Ertegün und den Rolling Stones zusammenarbeitete und sich der schutzloseren Babitz gegenüber manipulativ und missbräuchlich verhielt; in der 2022 erschienenen *Vanity-Fair*-Story über Babitz und Didion beschuldigt die Autorin Lili Anolik McGrath, Eve an Ertegün verkauft zu haben. Das Bühnenstück zu *Das Jahr magischen Denkens* wurde von Scott Rudin produziert, gegen den im Jahr 2021 Vorwürfe von Machtmissbrauch an die Öffentlichkeit kamen; während Dunne, Jahrzehnte vor #MeToo, die notorische Launenhaftigkeit des Produzenten mit humorvoller Zuneigung beschrieb. In Anbetracht dieser Dokumentation von Rudins grobem Verhalten und ihrer eigenen Zusammenarbeit mit ihm an diversen Filmen, muss Didion die toxische Seite des fiesen Filmmoguls gekannt haben.

Doch zu Joans Verteidigung – es war praktisch unmöglich, im zwanzigsten Jahrhundert (und auch im einundzwanzigsten) im Kulturbetrieb oder überhaupt irgendwo in Amerika zusammenzuarbeiten, ohne mit solchen Dreckskerlen das Brot zu brechen. Joans anfängliche Abneigung gegen die Frauenbewegung ist beispielhaft dafür, dass sie sich des Einflusses von Machtstrukturen auf ihr eigenes Leben nicht immer bewusst war. Es war eine Einsicht, die sie im Laufe der Jahre erlangte. Doch eine aufgeklärtere Seite an Didion zu finden, ist nicht schwer. Man muss sich nur ihr Werk ansehen.

Ein paar Jahre nach »Die Frauenbewegung« brachte Joan eine Würdigung von Georgia O'Keeffe zu Papier, die durchdrungen ist von dem, was die Journalistin Ellen Willis als »feministische Kritik« bezeichnete. Damit meine ich nicht, dass Didion Leben, Werk und Worte der Künstlerin einer Art Nagelprobe unterzog (was auch ich versuche, in Bezug auf Joan zu vermeiden). Es heißt vielmehr, dass sie über eine andere Frau schrieb in dem Wissen, wie es ist, in einem weiblichen Körper eine von Männern kontrollierte Welt zu bewohnen. Wo »Die Frauenbewegung« vor Spott und Kleinlichkeiten übersprudelt, ist »Georgia O'Keeffe« von Begeisterung und Mitgefühl durchströmt: »In Texas war ihre Schwester Claudia eine Weile bei ihr, und am späten Nachmittag wanderten sie immer hinaus aus der Stadt und dem Horizont entgegen und sahen zu, wie der Abendstern aufging.«[5]

Da sie dem Gruppendenken und der Selbstgerechtigkeit der Politik schon immer mit Misstrauen begegnet war, nahm Didion Individuen ins Visier. Auch wenn sie ihre Zweifel an der Frauenbewegung hatte, Frauen lagen ihr am Herzen. In ihrer Arbeit als Journalistin zog es sie immer wieder zu starken weiblichen Persönlichkeiten hin: Joan Baez, Patty Hearst, Martha Stewart,

Elizabeth Hardwick, Helen Gurley Brown. Selbst für Linda Kasabian, Mitglied der Manson-Familie, hatte sie Sympathie übrig (weniger allerdings für Nancy Reagan – weibliche Solidarität hatte auch ihre Grenzen). Ihre allerersten Artikel waren eindeutig feministisch motiviert, auch wenn das kein Wort ist, das Joan je benutzte. Für *Mademoiselle* schrieb sie über die Benachteiligung von Frauen in der Medienlandschaft San Franciscos. Ihr zweiter Essay für die *Vogue*, »Über Selbstachtung«, findet seit seiner Veröffentlichung vermutlich täglich einen Platz an den Zimmerwänden junger Frauen, und seine Worte inspirieren uns noch heute: »Das Gefühl haben für den eigenen immanenten Wert, der ja die Selbstachtung ausmacht, heißt potenziell alles haben: die Fähigkeit zu unterscheiden, zu lieben und gleichgültig zu bleiben.«[6]

Für ihren ersten Kriminalbericht wählte Didion interessanterweise den Fall einer Frau, die ihren Ehemann umbringt. Das Porträt der mordenden Hauptfigur in »Sie träumen vom Goldenen Traum« ist zwar unversöhnlich, aber nicht ohne Mitgefühl. »Sentimentale Reisen« ist in erster Linie eine Abrechnung mit dem in New York verwurzelten Rassismus und der Korruption, liefert aber auch eine Kritik an der Berichterstattung über sexuelle Übergriffe, die sich deutlich und ausdrücklich auf die Arbeit der Frauenrechtsikone Susan Brownmiller stützt.

Tatsächlich sind auch die Hauptfiguren in Didions Romanen allesamt weiblich. Zugegeben, diese Frauen sind keineswegs heldenhaft oder auch nur liebenswert. Sie sind vielmehr Antiheldinnen, Menschen mit Fehlern, die weder vergöttert noch verleumdet werden – weder Madonnen noch Huren. Joan beschrieb Frauen so, wie sie sie sah und wie sie selbst sich sah (so nennt sich auch die Erzählerin in *Demokratie* Joan Didion, eine Figur, die das Konzept des unzuverlässigen Erzählers personifiziert), nicht wie sie sie sehen wollte. Maria, Lily, Elena, Charlotte und Inez haben alle ihre Schwierigkeiten: damit, ihr Schicksal in die Hand zu nehmen, sich zu äußern, Mutter zu sein, zu leben. Worum geht es beim Feminismus, wenn nicht um die Themen, mit denen Frauen zu kämpfen haben?

In ihren Drehbüchern setzte sich Didion auch gegen die Geschlechterstereotype der Branche zur Wehr. In einem Fax an den Regisseur Jon Avnet, dem die Didion-Dunnes das Drehbuch zu *Aus nächster Nähe* lieferten, schrieb das Paar: »JDD empfindet es als sehr beleidigend, wenn hier die Vorstellung untermauert wird, dass Frauen, die beruflich ›erfolgreich‹ sind, ›keine Kinder wollen‹, d. h. selbstsüchtig und egoistisch sind und die Versorgungswünsche ihrer Partner konterkarieren.« Joan gingen diese Darstellungen ganz offensichtlich nahe.

Am deutlichsten brachte Didion ihre Ansichten zu geschlechterspezifischen Rollen und Einschränkungen 1978 in einem Vortrag für den Freundeskreis der Bancroft Library an der University of California, Berkeley, zum Ausdruck. »The California Woman« beginnt mit Joans Bedauern über den Titel als »sinnlose Verallgemeinerung der schlimmsten Art … Als gäbe es in Kalifornien nur eine Frau.« Auf diesen Ausdruck ihrer Verachtung für die Schubladen der Identitätspolitik folgte eine Ehrung mehrerer ganz bestimmter Kalifornierinnen (allesamt Weiße), darunter die Architektin Julia Morgan, die Ökonomin Jessica Blanche Peixotto, die Autorin Gertrude Stein, die Tänzerin Isadora Duncan und Joans eigene Vorfahren. (Ausschnitte dieses Vortrags erschienen später in *Woher ich kam*.) Was Didion hier anpreist, ist mir Anfang der 1990er-Jahre gleich nach meinem Umzug von New York nach San Francisco aufgefallen: Frauen konnten an der »Best Coast« in weitaus interessanteren und wichtigeren Berufen arbeiten als an der Ostküste, die noch an den traditionellen europäischen Werten festhielt. Immerhin ist Kalifornien der Staat, der dem Land die erste Sprecherin des Repräsentantenhauses und die erste Vizepräsidentin beschert hat.

Einerseits macht sich Didion darüber lustig, dass selbst die Kalifornierinnen, zu denen sie aufschaut, in Gender-Essentialismus verfallen: »Sie war unglaublich vielseitig – nahezu übertrieben anpassungsfähig –, ließ jedwede Fantasie entstehen, die sich der Kunde wünschte – was vielleicht auch den einzig femininen Aspekt ihrer Karriere ausmacht«, sagt sie über Morgan. Doch ganz im Sinne ihrer Kritik an der Frauenbewegung lobt sie den Widerstand dagegen, die Geschlechterzugehörigkeit als Hindernis zu sehen. Ein Zitat der Schriftstellerin Mina Curtiss hat es ihr so angetan, dass sie es in Großbuchstaben tippt: »ICH BIN MEINEM INSTINKT GEFOLGT UND HABE VERSUCHT, MEIN VERHALTEN VON GESUNDEM MENSCHENVERSTAND LEITEN ZU LASSEN.« Ein Manifest für Mut und Pragmatismus, das sie, wie sie sagt, sich als ihre Grabinschrift vorstellen könnte.

Eine Zeile, die zwar nicht zu ihrer Grabinschrift wurde, aber es doch wert ist, wiederholt zu werden: »Ich bin meinem Instinkt gefolgt und habe versucht, mein Verhalten von gesundem Menschenverstand leiten zu lassen.«

Der Vortrag, der als maschinengeschriebenes Manuskript in der Bancroft Library vorliegt, liefert eine Art Schlüssel zum Verständnis bzw. eine Zusammenfassung von Didions Welt. Hier geht es um ihr großes Thema, das amerikanische Imperium: Beim Besuch in London und Paris im vorigen Herbst »schien mir ganz Amerika in weiter Ferne zu liegen – ICH HABE ES KÖRPERLICH ALS NEUE WELT EMPFUNDEN.« Auf dem Rückflug nach Los Angeles »wurde mir das ungeheure Ausmaß der leeren Weite zwischen unseren eigenen Küsten so deutlich bewusst wie seit Jahren nicht mehr. Wir sind noch immer anders hier. Wir blicken noch immer eher Richtung Orient als nach Europa.« Hier zeigt sich ihre Desillusionierung vom Pioniermythos des Golden State, inbegriffen die Rolle ihrer eigenen Familie, »die keineswegs revisionistisch war – sondern einfach nur eine detailliertere Version der ›Wagen westwärts‹-Bilder in den Lehrbuchillustrationen.« Hier ihre westliche Verachtung des atlantischen Snobismus: »Unter bestimmten gehobenen Ostakzenten verfalle ich so heillos in den ländlichen Dialekt des Sacramento Valley, dass mich keiner mehr versteht.«

Und dann ist da noch diese Absichtserklärung, eine 180-Grad-Wende ihrer anfänglichen Ablehnung des Vortragstitels: »Als ich so darüber nachdachte, wurde mir klar, dass ich mein ganzes Erwachsenenleben lang über die kalifornische Frau geschrieben habe, dass mich die Frage, was Kalifornierin zu sein bedeutet, immer sehr beschäftigt hat – die kalifornische Frau war, wenn nicht mein eigentliches Thema, so doch ganz sicherlich mein Material.«

Eine Frau in einer langen Reihe mutiger Mütter zu sein, in Gemeinschaft mit anderen Frauen und ein Glied in der Kette zukünftiger Frauen, war wesentlicher Bestandteil von Joan Didions Identität. Sie blickte zurück auf ihre Ur-Ur-Ur-Großmütter und darüber hinaus, und sie blickte nach vorn auf ihre Tochter, ihre Nichten, Cousinen und Freundinnen. Ein Nachweis ihrer mütterlichen Fähigkeiten sind die vielen Frauen, die sie im Laufe ihres Lebens unterstützt hat. Sie half Babitz, ihr erstes Buch zu veröffentlichen (das Babitz unter anderem Joan und John widmete: »Ihr wart mir, was ich nicht sein konnte«.) Die Schriftstellerin Susanna Moore wohnte eine Zeit lang bei den Didion-

Dunnes auf der Franklin Avenue. »Ihre Stille war eine Zuflucht, die mir oft lieber war als eine Unterhaltung«, sagte die Autorin von *In the Cut* bei Didions Trauerfeier. Joans jüngere Cousine Julia Armstrong-Totten, eine Kunsthistorikerin, hütete in Brentwood Haus und Hund und war oft in der Zweitwohnung der Didion-Dunnes in Alwyn Court zu Gast. »Sie haben mich praktisch unter ihre Fittiche genommen«, erzählt Armstrong-Totten. »So habe ich es immer gesehen.« Didion betreute auch die Schriftstellerin Sara Davidson, die in eigenen Büchern und Artikeln ihrerseits viele von Joans Ratschlägen weitergegeben hat. Und sie unterstützte die Autorin Maxine Hong Kingston, indem sie dem American Academy & Institute of Arts and Letters anriet, ihr ein Förderstipendium zu verleihen: »ihre beiden bisher veröffentlichten Bücher erscheinen mir eigenartig & wunderbar und völlig einzigartig.«

Und dann war da natürlich noch Q. In »The California Woman« erzählt die Autorin, deren berufliche Laufbahn ihren Anfang nahm, als ihre Mutter ihr ein Notizbuch schenkte, dass sie den von ihrer Ururgroßmutter genähten Quilt entweder an ihre Tochter oder die älteste Tochter ihres Bruders vererben will, denn: »Töchter tragen diese Erinnerungsstücke, aber auch die Erzählung weiter, was vielleicht der Grund dafür ist, dass Frauen in der Erzählung eine große Rolle einnehmen.«

Eine Beobachtung über feministische Literaturkritik und Geschichtsschreibung, die ihresgleichen sucht.

14
ORCHIDEE

Wenn Joan Didion Bücher verschenkte, legte sie manchmal eine Blume zwischen die Seiten. So verschenkte sie gerne auch Pflanzen, mit Bezeichnung des Exemplars (Wahrheit) und als Kunstwerk gerahmt (Schönheit): Blütenblatt und Stempel wurden zwischen Acrylglas gepresst, der wissenschaftliche Name in Handschrift daruntergeschrieben und das Ganze in einer Ecke datiert. Eines dieser Bilder, ein Geschenk an Ellen Beatriz Griffin Dunne und heute im Besitz ihres Sohnes Griffin Dunne, besteht aus zwei Phalaenopsis-Orchideen, einem Wurmfarn und einer gelben Margerite. Die enge Kursivschrift, in der jedes der Pflänzchen seine Bezeichnung erhielt, stammt eindeutig von

Joan, wie auch die Anmerkung darunter: »Gepresst von Q.R.D. für E.G.D. 28. Januar 1973.« Offenbar hatten Joan und die damals sechsjährige Quintana Roo Dunne das Geschenk zusammen gemacht.

Was auch immer sie von den Haight-Ashbury-Hippies hielt, Joan Didion war selbst ein Blumenkind.

Blumen blühen überall in ihren Büchern und sind so weit verbreitet wie Schlangen – wenn auch seltener kommentiert. Die grünen Post-its, mit denen ich die Erwähnung von Blumen markiert habe, sind so zahlreich wie die roten Schlangenwarnungen und verwandeln meine Didion-Bibliothek in eine weihnachtliche Lichterkette. Didions Referenzen sind sehr spezifisch, sie kannte sich aus mit Hortikultur. »Weiße Phalaenopsis- und Cymbidium-Orchideen«[1] erfüllen die Zimmer in »In Hollywood«. Im Star Market in der Kahala Mall bekommt man Zweige von »Vanda-Orchideen«[2]. Nancy Reagan schneidet Rhododendron für die Kamera. Auf der ersten Seite von *Demokratie* riecht die Luft am Pazifik-Atoll, wo Jack Lovett den Atomwaffentest verfolgt, nach Gardenien. In *Das Letzte, was er wollte* enthält Elenas spiralgebundener Notizblock eine lange Liste von Blumen, darunter Rosen der Art Cécile Brünner, Henri Martin, Paulii, Chicago Peace, Scharlachglut – und das sind nur die Rosen. Auch gibt es frische Rosen in den Badezimmern eines Hotels in »In Bogota«.

So wie ihre Angst vor Schlangen echt war, war auch Didions Leidenschaft für Pflanzen mehr als nur eine Metapher. Dabei ging ihre Anthophilie der Herpetophobie womöglich noch voraus: Als sie neun Jahre alt war, verpasste sie absichtlich den Bus, um zu Fuß nach Hause zu laufen und sich bei einem Gewächshaus ein »5-Cent-Stiefmütterchen«[3] zu kaufen. In *Blaue Stunden* erwähnt Didion immer wieder die Stephanotis, die Quintana bei ihrer Hochzeit im Haar trägt, und fragt sich, ob ihre Tochter die kleinen weißen Blüten deswegen gewählt hat, weil sie im Brentwood-Haus vor ihrer Terrassentür wuchsen. Auf der Chadbourne Avenue gab es »Lavendelbeete« und Minze. Und als sie ihr »Vorstadthaus« kauften, legte Didion gleich einen ganzen Kräutergarten im Renaissancestil an, der für sie das Beste am ganzen Haus war. Blumen konnten die Pragmatikerin aufgedreht und impulsiv machen. Eines Abends, als sie in Brentwood Park eine Party gaben, beschloss Joan, den Swimmingpool mit schwimmenden Kerzen und Gardenien zu dekorieren. Sie war eine Stunde früher fertig und schon umgezogen, als sie die Blüten und Lichter vorsichtig aufs Wasser setzte. Doch sie hatte vergessen, die Filteranlage auszustellen. Augenblicke später waren die Flammen erloschen und die Kerzen dümpelten im schon von Blüten verstopften Abfluss.

In den 1970ern fuhr Didion, wenn sie ein ruhiges Plätzchen zum Nachdenken brauchte, von Trancas den Pacific Coast Highway hinunter. Bei der Ausfahrt zum Zuma Beach bog sie nicht nach rechts zum Meer ab, sondern nach links in die Berge. Nach ein paar Kilometern über eine holprige Nebenstraße fand sie im Schutz eines der Canyons, die von den Bergen ans Meer führen, das Paradies. Keine fantastische Tabula rasa aus dem Pioniermythos, sondern eine menschengemachte Naturoase, in der es »das verflüssigtste gefilterte Licht, die weichste tropische Luft, die schweigsamsten Wolken aus Blumen«[4] gab. Die Gewächshäuser von Arthur Freed, in denen sich »in großen Bögen […] weiße *Phalaenopsis* über den Köpfen«[5] wiegten, wurden von einem mexikanischen Adam, Amado Vazquez, gepflegt, »einer der ganz wenigen wirklich großen Orchideenzüchter auf der Welt«[6]. Vazquez verdiente sich einen Platz in Didions Ruhmeshalle der Sterblichen, indem er ihr einen Lebenstraum erfüllte:

Er ließ Didion durch die »ursprüngliche Stille«[7] der Gewächshäuser wandeln, die erfüllt waren von ihrer großen Liebe: Orchideen, die Pflanze, die mehr als jede andere ihre Wohnorte und Seiten mit Duft erfüllte.

Dieses war ein kontrolliertes, in sich geschlossenes und sorgfältig zusammengestelltes Paradies. In den Gewächshäusern herrschte eine konstante Temperatur von zweiundzwanzig Grad. Die Luftfeuchtigkeit betrug sechzig Prozent. Die herrlich bunten und zierlichen Treibhauspflanzen konnten ein Jahrhundert alt werden und Tausende Dollar kosten – eine ganz andere Liga als die 5-Cent-Stiefmütterchen.

In Vazquez fand Didion eine verwandte Seele, eine Muse, ein Thema, dem sie um jeden Preis gerecht werden wollte. Ihr Porträt des Orchideenkönigs in »Stille Tage in Malibu« ist akkurat und poetisch. »Amado Vazquez ist ein Mexikaner, der seit 1947 in Los Angeles County als Ausländer mit festem Wohnsitz lebt«[8], so der Auftakt. Wie sie mit trockenem Humor bemerkt, wird die Schreibweise seines Nachnamens »rätselhafterweise von jedem bei Arthur Freed abgeändert, außer von den Vazquezes selbst«[9]. Er ist einer von weltweit zwanzig großen Orchideenzüchtern und -züchterinnen, und sie unterhält sich lieber mit ihm als mit den Inhabern der Gewächshäuser (bis Amado seine eigene Züchterei gründete, Zuma Canyon Orchids). Vazquez schenkte Joan einen Armvoll Blüten von Cattleyas, der Königin der Orchideen. Er unterhielt sich mit ihr über die Lieben seines Lebens: Land (Mexiko), Familie und Orchideen. »An jenem Tag kam es mir so vor, als hätte ich noch nie mit jemandem so direkt und ungeniert über die Dinge gesprochen, die er liebt«[10], schrieb sie in *Das weiße Album*.

Orchideen sind die ultimative Treibhauspflanze, mit zierlichen, exquisiten Blüten, die sorgfältige Pflege und eine Menge

Feuchtigkeit brauchen – mit Ausnahme schattiger Schluchten wie dem Zuma Canyon nicht gerade typische Bedingungen für Kalifornien. Amado Vazquez war ein Orchideenalchemist. Neue Arten schuf er durch sorgsame Zucht bei Vollmond und Flut, nicht etwa aus romantischen, sondern aus wissenschaftlichen Gründen: Es waren ihm zufolge die förderlichsten Bedingungen für eine Befruchtung. (Ist es falsch, zu überlegen, ob wohl Joan und John diese Methode ausprobiert haben?) Die Gewächshäuser waren im Grunde ein Zuchtbetrieb, wann immer Joan eine der Pflanzen mit nach Hause nehmen wollte, schüttelte er den Kopf: »Zur Zucht«, »Heute nicht verkäuflich«[11]. 1982 kreuzte Vazquez am Zuma Canyon zwei *Phalaenopses* oder Nachtfalterorchideen: Music mit weißen, purpurrot gesprenkelten Blüten und Hugo Freed, benannt nach dem Schriftsteller, Gründer der Malibu Orchid Society und Bruder des Hollywood-Musicalproduzenten Arthur Freed, dem das Gewächshaus gehörte, in dem Vazquez arbeitete. Die entstandene Kreuzung taufte er Joan Didion. Vazquez kreuzte außerdem *Phal. James McPherson*, eine weiße Orchidee mit helleren Violettzeichnungen als Music, und *Phal. Stuartiana* mit weißen Kron- und Kelchblättern und gelbrotem Labellum, zu *Phal. Quintana Roo Dunne*.

Land. Familie. Orchideen.

Georgia O'Keeffe wurde gefragt, warum sie so oft Blumen als Objekt wählte. Didion zitiert die Antwort darauf in ihrem 1976 erschienenen Essay über die Malerin: »Eine Blume rührt jedermanns Herz.«[12]

Wir wissen viel über Joan Didion, die Intellektuelle, die Ironikerin, den Goth, die trauernde Witwe und Mutter. Weniger bekannt ist uns dagegen von dieser anderen Joan, der Frau, die gepresste Blumen verschenkte, warmherzige Dankeskarten an alte und neue Freunde schrieb, Herzen berührte. Entgegen der öffentlichen Wahrnehmung war sie tatsächlich ein oft glücklicher, liebevoller Mensch. »Joan ist eigentlich eine ziemlich fröhliche Person, die eine strahlend gelbe Corvette fährt«, erklärte ihr Mann einem Reporter aus New York, der auf der Suche nach dem »Kafka von Brentwood Park« gewesen war.

Nachdem ich so viele Menschen zu Didion interviewt habe – Menschen, die sie gut oder auch überhaupt nicht kannten – und gelesen habe, was andere über sie sagen, scheint sie mir manchmal wie eine Art Rorschachtest: Man sieht in ihr, was man sehen will; sie ist eine Leinwand, auf die wir uns selbst projizieren können. Natürlich könnte man das über jeden behaupten, es ist das Gleichnis von den Blinden und dem Elefanten. Doch ich glaube, dass Joan etwas an sich hat – vielleicht ihre sanfte Art zu sprechen, ihre kleine Statur, ihre Weiblichkeit –, was sich trotz der Greifbarkeit ihrer Prosa zur Projektion anbietet. Der Meinung ist auch Julia Armstrong-Totten: »Sie konnte auf jeden, dem sie begegnete, so unterschiedlich wirken, ich glaube, selbst auf diejenigen, die sich zu ihren engsten Vertrauten zählten«, meint ihre Cousine. »Joan war ziemlich kryptisch, wenn sie sprach, und das muss sich irgendwie darauf ausgewirkt haben, was jene von dem Gesagten mitnahmen.«

Diese Gestaltwandler-Qualitäten kamen auch bei der öffentlichen Trauerfeier ans Licht, die am 21. September 2022 in St. John the Divine in New York für Didion abgehalten wurde. Die andächtige Feier, die aufgrund der Coronavirus-Pandemie neun Monate nach ihrem Tod stattfand, war von Shelley Wanger organisiert worden, Joans Lektorin bei Knopf. Das Programm war ein Who's who prominenter Schriftstellerinnen und Schriftsteller, Verlagsmenschen, Musikerinnen und Musiker, Personen aus der Film- oder Theaterbranche oder der Politik, darunter Jerry Brown, Justice Anthony M. Kennedy, Griffin Dunne, Calvin Trillin, Patti Smith, Hilton Als, Jia Tolentino und David Remnick. Auch die Gästeschar war gespickt mit Berühmtheiten und Literaten: Fran Lebowitz, Annie Leibovitz, Anjelica Huston, Greta Gerwig, Liam Neeson, Lynn Nesbit, Katrina vanden Heuvel, Carl Bernstein. Fans, weniger bekannte Menschen, die ihren Lebensweg begleitet hatten, und Studierende der Columbia University füllten die hinteren Reihen.

St. John ist eine episkopale Kathedrale. »Wie im Anfang, so auch jetzt und alle Zeit und in Ewigkeit.« Diese Worte aus der episkopalen Doxologie spendeten Joan Didion, die episkopal aufgewachsen war, ihr Leben lang Trost. Zwar wurde sie im Laufe ihres Lebens jemand, der eher an die Macht des Erzählens, den Vorrang der Familie, die Freude am Kochen, buddhistische Philosophie und den Himmel über Kalifornien glaubte als an einen Gott. Doch sie fand noch immer Zuspruch in diesem Mantra und der gotischen Schönheit der Kathedrale von St. John, in der die Hochzeit ihrer Tochter und die Trauerfeier ihres Mannes stattgefunden hatten und in der nun die sterblichen Überreste der Familie beigesetzt sind.

Die Trauerreden drehten sich um Didions öffentliche Person, um ihr Werk. Unter den Rednern war nur ein Verwandter – Dunne. Es hatte bereits im Frühjahr eine kleine Zeremonie im Rahmen der Familie gegeben, bei der Joans Asche im Kolumbarium der Kathedrale beigesetzt wurde. Doch die meisten der Redner hatten einen persönlichen Bezug zur Verstorbenen. Zwei Frauen, die Didion sehr gut kannten, porträtierten ihre Freundin auf sehr unterschiedliche Weise, als Mensch und als Denkerin – Reden, die sowohl die Verstorbene als auch die Rednerinnen selbst widerspiegelten. Susanna Moore erinnerte an die knappen, aber einprägsamen Ratschläge, die ihr diese Frau, die intensiv schrieb, aber wenig sprach, im Laufe der Jahrzehnte gab, darunter »Schreib es noch mal neu«, »Verrückt ist nie interessant« und »Das Böse ist die Abwesenheit von Ernsthaftigkeit«. Susan Traylor, die Quintana Roo Dunne kennenlernte, als sie beide vier Jahre alt waren, und für immer ihre beste Freundin wurde, erzählte in lustigen und charmanten Geschichten, wie Joan für sie zu einer Art Zweitmutter wurde, die zwar strenger als ihre eigene Mutter war, aber eine solide Stütze, auf die man sich in schweren Zeiten verlassen konnte. Geschichten über eine Mutter, die Kindern Schokoladensoufflé servierte, weil sie keinen Geburtstagskuchen backen konnte, und alberne Mäuselieder vorsang, die schon längst nicht mehr altersgemäß waren, zeigten die berühmte Skeptikerin als warmherzigen, unbeholfenen Menschen. »Malibu war damals richtig abgehoben, aber wir hatten einander«, sagte Traylor.

Auch der öffentliche Diskurs über Didions Vermächtnis ist in unterschiedlichen Bahnen verlaufen und hat zuweilen gegensätzliche Reaktionen hervorgerufen. Seit *Stunde der Bestie* ist Didion in der Öffentlichkeit und der Verlagswelt weitgehend als herausragende Stimme ihrer Generation anerkannt, insbesondere als Journalistin und Essayistin. In ihrer zweiten Lebenshälfte wurde Didion der George Polk Award, ein National Book Award, die Medal for Distinguished Contribution to American Letters und die National Humanities Medal von Barack Obama verliehen. Doch einen Pulitzer-Preis, ein Guggenheim-Stipendium, ein MacArthur-Fellowship oder ähnliche Auszeichnungen, mit denen Autoren ihres Talents und Status oft gewürdigt (und finanziert) werden, erhielt sie nie.

Wie es so ist, hat das intensive Lob, das ihrem Werk im Laufe der Jahrzehnte zuteilwurde, auch Gegenreaktionen hervorgerufen.

Manche Rezensenten kritisierten gerade die Präzision ihrer Texte und meinten, Risse in der Fassade der »Archpriestess of Cool« zu erkennen, wie die Schriftstellerin Daphne Merkin sie bezeichnete. Anderen ist sie dagegen zu deprimierend. Ich sehe solche Kommentare als das Literaturkritik-Äquivalent zu Zurufen à la »Lach doch mal!«. Frauen können einfach nicht gewinnen: Wir sind entweder zu emotional oder nicht emotional genug. Didions Art zu schreiben hatte zweifellos etwas Trockenes, Akribisches. Das Verständnis und die Beherrschung der Erzähl- und Ausdrucksweise war eines ihrer Hauptthemen und -ziele, und sie befolgte ihre eigenen Grundsätze. Sie konnte außerdem wahnsinnig komisch, extrem persönlich und äußerst moralisch sein.

Didion wird oft dafür angegriffen, was nicht sie selbst, sondern andere über sie gesagt haben – eine Art Trotzreaktion gegen den »Kult der Sankt Joan« (wieder ein Ausdruck von Merkin). Ich sehe nicht ein, warum ich anderen Frauen ihren Erfolg verübeln sollte. Außerdem gibt es wohl niemanden, der Kriecherei stärker verurteilt als die Heilige selbst. Griffin Dunne erinnert sich daran, wie er nach der Premiere seiner Dokumentation eine Veranstaltung mit seiner Tante moderierte: »Die Fans durften ihr Fragen stellen. Wenn ihr eine Frage nicht gefiel oder sie sie für dumm hielt, ließ ihr Blick den gesamten Zuschauerraum erstarren.«

Idealisierung hat auch ihre Gefahren. Didion hatte einen Stalker, der vor ihrem Haus in Brentwood auf sie wartete und ihr Nachrichten in den Briefkasten warf, so Armstrong-Totten. Das mochte auch ein Grund für den Umzug in ein Gebäude mit Pförtner in New York gewesen sein.

Eine der bekannteren Lobpreisungen, die Joan später Probleme bereiten sollte, war eine Aussage der Buchkritikerin Michiko Kakutani, die behauptete, Kalifornien gehöre Joan

Didion. Das kränkte verständlicherweise die vielen anderen begabten Lyrik, Presseartikel, Drehbücher und Romane verfassenden Autorinnen und Autoren, die seit Jahrzehnten an ihren eigenen schriftlichen Darstellungen der Region gearbeitet hatten. Der Satz hat außerdem einen kolonisatorischen Unterton. »Kalifornien wurde ihr vom weißen Literaturestablishment serviert, ich schlage vor, dass wir es ihr entreißen«, schrieb die mexikanisch-amerikanische Autorin Myriam Gurba 2020.

Joan Didion wusste sehr wohl, dass ihr Kalifornien nicht gehörte. *Woher ich kam* beschäftigt sich in weiten Teilen mit den Golden-State-Darstellungen anderer, und sie setzte sich öffentlich wie auch privat für kalifornische Schriftstellerinnen und Schriftsteller wie Eve Babitz, Robert Scheer und Maxine Hong Kingston ein. Doch sie war eine Kalifornierin, die ihren Staat dem Rest der Welt auf eine Weise beschrieb, die komplexer und repräsentativer war, als es vielen ihrer Zeitgenossen und Vorgänger gelang.

Die Autorin Danyel Smith las »Sie träumen vom Goldenen Traum« erstmals als Studentin an Didions Alma Mater, der UC Berkeley. »Ich konnte es nicht glauben, ich konnte es einfach nicht glauben, wie gut es war«, erinnert sie sich. »Ich bin Schwarze Kalifornierin, ein California Girl. Ich hatte es damals so satt, dass niemand über das Schwarze Kalifornien schrieb, ich hatte es satt, ehrlich gesagt bis heute, dass sich das Narrativ Kaliforniens nur um Strände und Hollywood dreht, dass dies das Narrativ meines Heimatstaats sein sollte. Und dann kam Joan Didion daher und sagte es, wie es ist, schrieb über ein Kalifornien, das ich wiedererkennen konnte.«

Allein die Reaktionen auf diesen einen einflussreichen Artikel – der Smith, Steffie Nelson und mich geködert hat – zeigen, auf welch vielfältige Art Didion verstanden und missverstanden werden kann. In einer nach Didions Tod erschienenen Kolumne der *Los Angeles Times* schreibt die Schriftstellerin Susan Straight, die als Tochter einer eingewanderten Schweizerin unweit der Stelle aufgewachsen ist, wo der Ehemann der Mörderin Lucille Miller in einem brennenden VW starb, über den »absoluten Klassismus«, den sie beim erneuten Lesen von »Sie träumen vom Goldenen Traum« nach Didions Tod in dem Text erkannte – über die Art und Weise, in der Didion die Bewohner des Inland Empire generalisierte: »Meine Leute, das sind nicht Didions Leute«, so Straight.

Doch wenn sich irgendjemand daran stören sollte, wie Didion über die verurteilte Mörderin oder die Lucille Millers dieser Welt schrieb, dann wohl Lucilles Tochter, Debra Miller. In einem Essay, den sie nach Didions Tod für die *LA Times* schrieb, offenbarte die Lehrerin, dass sie mit »Sie träumen vom Goldenen Traum« viele verschiedene Emotionen durchlebt hat. Jahrelang hasste sie den Artikel und fand, dass er ihre Familie an den Pranger stellte. Dann, im Jahr 1991, las sie ihn erneut. Ihre Mutter war 1986, von ihren Kindern entfremdet, an Brustkrebs gestorben. Mit einigen Jahrzehnten Abstand erkannte Miller, dass Didion richtiglag. »Der Fokus auf meine Mutter erlaubte es ihr, das Lügengebäude auseinanderzunehmen, das sich zugezogene Kalifornier einredeten – dass das Leben hier besser, anders, glücklicher sei«, so ihre Worte in der *Times*.

Debra Miller lernte Joan Didion 1997 persönlich kennen. Die »Queen of Cool« umarmte sie, stellte sie Dunne vor, »hakte sich bei mir unter, führte mich in den Zuschauersaal und bot mir einen Platz neben sich an«, schrieb Miller. »Als ein Auszug aus dem Essay vorgelesen wurde, worin es um den Moment ging, da mein Vater in den Flammen starb, nahm sie meinen Arm und drückte ihn. Jahre der Demütigung schmolzen dahin.«

Didions Triumph über ihre Gegenspieler, die sie ins ländliche Sacramento verbannen wollten, inspiriert diejenigen unter uns, die ihr diverses und divergierendes Werk immer wieder zu Rate ziehen und dabei stets neue Ideen, Ausdrücke und Satzkonstruktionen entdecken. Wir sind dankbar dafür, dass sie uns gezeigt hat, dass man eben kein privilegierter weißer Mann sein muss, um es mit Politikgrößen, Rockstars, Kriminellen und Fachleuten für Strafrecht aufzunehmen. Wie die Romanautorin Zadie Smith nach Didions Tod im *New Yorker* schrieb: »Wenn Schriftstellerinnen meiner Generation mit Bewunderung von Didions ›Stil‹ sprechen, dann sind es, denke ich, nicht die lässigen Kleider oder die Sonnenbrillen, die Zigaretten oder Kommas, ja noch nicht einmal die Gedankenstriche, die wir verehren, so fabelhaft all das auch war. Es ist die Autorität. Die Autorität ihrer Stimme. Es gibt vieles an Didion, mit dem man nicht unbedingt übereinstimmen muss, Persönliches, Politisches, Ästhetisches. Ich werde nie ein Fan der Doors sein. Aber ich bin dankbar für den Tag, an dem ich *Stunde der Bestie* gekauft und erkannt habe, dass man als Frau sprechen kann, ohne auf Nummer sicher zu gehen, ohne hin und her zu überlegen, ohne sich lieb Kind zu machen, ohne Poetisierungen, ohne nett und freundlich zu klingen, ohne Unterwürfigkeit, ja ohne Zweifel.«

Der *New Yorker*-Journalist Hilton Als hat mehrere wichtige Beiträge über Didion verfasst und gemeinsam mit Connie Butler, Kuratorin des Armand Hammer Museum of Art in L.A., eine auf ihren Schriften basierende Ausstellung unter dem Titel »What She Means« auf die Beine gestellt, die im Hammer Museum in Los Angeles im Oktober 2022 eröffnet wurde.* Illustriert wurden Didions Worte durch eine vielseitige Auswahl an Kunstwerken sowie Fotos, Artikel, Kurzfilme und Memorabi-

* Wo sie bis Februar 2023 zu sehen war. Danach vom 13. Juli 2023 bis 7. Januar 2024 im Pérez Art Museum Miami. [A. d. Ü.]

lien. Nervös, verschwitzt, emotional und enthusiastisch führte Als die Presse bei der Eröffnung durch die chronologisch arrangierte Ausstellung. Mit Blick auf die Fotos von Huey P. Newton und Angela Davis erinnerte er an Didions Bemühungen, Newton dazu zu bringen, nicht mehr nur große Reden zu schwingen, sondern sich klar auszudrücken, als sie ihn Ende der 1960er-Jahre interviewte. Als sprach auch über die Bedeutung ihres weniger beachteten Titels *Woher ich kam*. Und in der letzten Ecke der Ausstellung, vor einer Aufnahme vom Central Park, sprach der Schwarze, queere Schriftsteller über den Artikel, den Didion als ihren bedeutendsten bezeichnete, »Sentimentale Reisen«, in dem sie als erste prominente Schriftstellerin erkannte, dass es in dem Prozess um die fünf Jugendlichen um das historische Verhältnis zwischen Schwarzen Männern und weißen Frauen in Amerika ging.

In seiner Trauerrede für Didion, gesprochen in St. John und veröffentlicht in der *New York Review of Books*, zählt Als Didion zu den drei literarischen Größen (neben Elizabeth Bishop und James Baldwin), denen er sich immer wieder zuwendet. Sie habe ihn gelehrt, »dass Familie, neben den Schauplätzen, immer Teil der Geschichte ist, und dass es dem Autor zukommt, sich dem Schrecken, der Schönheit, der Banalität und der Wahrheit zu stellen, die damit einhergehen, dem einen wie dem anderen anzugehören«.

Meine Unterhaltungen mit Personen aus dem Buchhandel, dem Kunst- und Literaturbetrieb sowie mit Familie und Freundeskreis haben mir gezeigt, dass Didion Menschen auf ästhetischer, intellektueller, moralischer und emotionaler Ebene anspricht. Wer sie persönlich kannte, bewundert ihr Werk wie auch die Frau, die dahinterstand.

Immer wieder wird auch über Didions Güte gesprochen. »Sie war auch dann eine sehr gute Freundin, als sie auf dem Höhepunkt ihrer Karriere war«, meint ihre Agentin Lynn Nesbit. »Sie war nie kühl oder kurz angebunden. Man hat ihre Herzlichkeit gespürt, ihr Interesse am Leben anderer Menschen, ihrer Kinder und Enkelkinder.«

Nachdem er Didion durch Miami chauffiert hatte, stellte Mitchell Kaplan sie wiederholt bei der Miami Book Fair vor, die er selbst gegründet hatte. »Sie war immer sehr herzlich und offen«, sagt er. »Es war nie schwierig, mit ihr zusammenzuarbeiten, sie war offen für alle möglichen Vorschläge. Aber sie hatte stets etwas Zerbrechliches an sich. Ich wollte alles für sie tun, was ich konnte. Sie hatte eine so sanfte, wunderbare Art an sich. Und sie war sehr liebenswürdig und wusste die Arbeit der Buchhändlerinnen und Buchhändler zu schätzen.«

David Rieff war gut mit Joan und John befreundet. In seinem Buch *Swimming in a Sea of Death* [2008; dt.: *Tod einer Untröstlichen*] über den Tod seiner Mutter, Susan Sontag, greift er wiederholt Didions Worte auf. Er widersetzt sich der Meinung, ihre Bücher seien deprimierend. »Das Werk gibt sich nicht der Verzweiflung hin, die darin beobachtet wird«, so Rieff. »Sie ist eine amerikanische Autorin, keine russische. Man hätte *Demokratie* auch ganz anders schreiben können, dann wäre es sehr viel hoffnungsloser. Doch Joans Verzweiflung hat etwas Lyrisches. Und das ist sehr originell. Von wie vielen großen Schriftstellerinnen und Schriftstellern kann man schon behaupten, dass ihre Verzweiflung etwas Lyrisches hatte.«

Wahrheit und Schönheit. Die Nord- und Südpole der Kunst. Von Haight-Ashbury über Hawaii bis zum Central Park oder DC, Didion strebte unermüdlich nach der Erfüllung jener klassischen Aufgabe des Journalismus: *speaking truth to power* – den Machthabern die Meinung zu sagen. Doch sie vernahm die Erzählungen (und erzählte von Vernehmungen), weil sie sprechen wollte wie Amado Vazquez: geradeheraus und ohne Scham, über die Dinge, die sie liebte. Sie war ebenso entschlossen, das Schöne zu genießen, wie der Wahrheit auf die Spur zu kommen. Sie schrieb über Vanda-Orchideen, mexikanisches Hähnchen, das Licht über dem Pazifik, den Duft von Jasmin und Gardenien und die Stephanotis in Quintanas Haar, weil ihr diese Dinge, wie es schöne Dinge so an sich haben, Freude bereiteten. Und weil es eines Tages damit vorbei wäre. Die Worte über Henry James, die sie in ihrer Abschlussarbeit in Berkeley schrieb, hätten eine Voraussage ihrer eigenen Karriere sein können: »Denn James' Interesse galt letztlich dem Schönen, dessen Wahrnehmung und Organisation, der Kunst – darin scheinen mir Zweck und Absicht seines ganzen Schaffens zu liegen.«

Im Jahr 1978 fegte ein Buschfeuer von den Santa Monica Mountains zum Pazifik herab, das sich, wie üblich bei Waldbränden in Südkalifornien, seinen Weg über die Canyons bahnte. Nach dem Unglück fuhr Joan Didion zum Zuma Canyon hinaus. Der Ort, an dem sie einst umhergestreift war, »bestand jetzt nicht mehr aus Orchideen, sondern aus einem einzigen Haufen zersplittertem Glas und geschmolzenem Metall und den implodierten Scherben von Tausenden Reagenzgläsern, in denen die Freed-Sämlinge aufbewahrt gewesen waren, die neuen Kreuzungen«[13]. Innerhalb weniger Tage waren drei Jahre von Amado Vazquez' Arbeit zunichtegemacht. Glücklicherweise hatte er bereits mit dem Umzug in seine neue Züchterei begonnen, die unversehrt geblieben war. Doch das Woolsey-Feuer von 2018 vernichtete auch Teile dieser Gebäude. Zu dem Zeitpunkt hatte Vazquez Zuma Canyon Orchids bereits verkauft und verstarb kurz darauf.

Noch heute kann man vom Pacific Coast Highway beim Zuma Beach Richtung Osten abbiegen und zu dem von Vazquez gegründeten Unternehmen gelangen. Die unbefestigte Straße ist zerfurcht und schmal und führt vorbei an Feldern und Weinbergen und noch immer verkohlten Bäumen. Im Rückspiegel hat man das Meer im Blick, über dem Armaturenbrett erheben sich die Berge – man ist eindeutig in Kalifornien. Einige von Amados Gewächshäusern stehen in Trümmern, doch ein paar beherbergen noch immer eine Fülle exotischer, farbenfroher Pflanzen unter kontrollierten klimatischen Bedingungen. Die Orchideen werden hier nicht mehr bei Vollmond und Flut gezüchtet, sondern aus Asien importiert. In einem der Räume arrangiert eine Mitarbeiterin sorgfältig Moos und Blumen zu einem eindrucksvollen Gesteck. Auf die Fragen der Reporterin schüttelt sie nur den Kopf, von Joan Didion oder Amado Vazquez weiß sie nichts.

Ich bin sicher, Didions Liebe zu Hawaii lässt sich auch darauf zurückführen, dass Orchideen im dortigen tropischen Klima so gut gedeihen (auch wenn die meisten Sorten dort importiert sind). Ihre Blüten werden gern zur Herstellung von Leis verwendet, den zeremoniellen Blumengirlanden, die ebenso touristisches Klischee wie polynesische Tradition sind. Leis werden zur Begrüßung und zum Abschied verschenkt. Sie stehen symbolisch für das, was Didion einmal als »unser wunderbarer *aloha*-Geist«[14] verhöhnte.

An Weihnachten 2004, knapp ein Jahr nach dem Tod ihres Mannes, besuchte Joan Didion das Kolumbarium von St. John the Divine und legte einen hawaiianischen Lei um den Messingstab, mit dem die Marmorplatte mit John Gregory Dunnes Namen befestigt war. Später fiel ihr ein, dass Schiffsreisende bei der Abfahrt von Hawaii Leis ins Wasser warfen, »ein Versprechen des Reisenden, irgendwann zurückzukehren. Die Leis wurden vom Kielwasser erfasst und schließlich matschig und braun, wie die Gardenien in der Filteranlage im Haus in Brentwood Park.«

Am 21. September 2022 betrat ich das Kolumbarium von St. John. Angesehene Autorinnen und Autoren, Schauspielerinnen sowie Persönlichkeiten aus Verlagswelt und Politik hatten soeben ihre Versionen von Joan Didion mit einem Saal voller Trauernder geteilt. Sie standen in der Vorhalle, umarmten sich, reichten sich die Hände, ließen sich fotografieren. In der kleinen Kapelle waren nur eine Handvoll Leute versammelt. Selbst der Geistliche, der bei der Trauerfeier gesprochen hatte, wusste nicht genau, wo die Verstorbene beigesetzt war, bis ihm der Violinist Alexi Kenney, der den Saal wenige Minuten zuvor mit einer Bach-Sonate in andächtiges Schweigen versetzt hatte, die Stelle zeigte. Da waren Joan und John und Quintana und Eduene, alle Namen und Geburts- und Todesdaten in einen einzigen herbstrot gemaserten Marmorblock gemeißelt. In der ganzen Kapelle gab es nur wenige Blumen und keine Leis. Warum hatte ich keinen Lei mitgebracht?

»Leis werden braun«, schrieb Didion in *Das Jahr magischen Denkens*. »Erdplatten verschieben sich, Tiefenströmungen bewegen sich, Inseln verschwinden, Zimmer geraten in Vergessenheit.«

Worte überdauern.

Joan Didion, 2000.

DANKSAGUNG

Eine Reihe Menschen, die Joan Didion entweder persönlich kannten oder ihre literarische und historische Bedeutung besonders wertschätzten, haben ihre Einblicke und ihre Zeit mit mir geteilt. Ich bedanke mich bei Griffin Dunne, Julia Armstrong-Totten, Robert Weidner, Jeanne Didion Huggins, John Didion, Maurice Read, Katrina vanden Heuvel, Calvin Trillin, Jean Moore, Mitchell Kaplan, David L. Ulin, David Rieff, Michelle Bitting, Stacie Stukin, Steffie Nelson, Julian Wasser, Danyel Smith, Lisa Reinertson, Lynn Nesbit, Richard Rodriguez, Gay Talese, Joan Quinn, Katrina van der Lip, Narda Zacchino und Robert Scheer.

In der Bancroft Library in Berkeley, der New York Public Library (NYPL), der University of California, Los Angeles, Library, der University of California, Santa Barbara, Library und dem Center for Sacramento History habe ich Archivrecherchen durchgeführt. Den Mitarbeitern all dieser Institutionen gebührt mein Dank, ebenso John Jackson von der Loyola Marymount University (LMU), der mir den Weg zu diesen und anderen Ressourcen aufgezeigt hat.

Zwei Studenten der LMU haben mir unersetzliche Recherchehilfe geleistet. Tyler Roland fand bei einem Streifzug durchs Internet allerlei verborgene Didion-Goldstücke. Daneben half er mir, kistenweise Dokumente an der NYPL zu durchkämmen, und prüfte und korrigierte mein Manuskript. Maude Bascome-

Duong hat mit der vorbereitenden Recherche diesen Ball ins Rollen gebracht, bevor sie ihre ersten eigenen Schritte ins Berufsleben wagte. Die beiden sind die Didions der Zukunft! Ich danke auch all meinen Studenten, die im letzten Jahr mein endloses Gerede von Joan über sich ergehen ließen.

Mehrere Girlgroups haben mir durch die letzten Jahre und sogar Jahrzehnte geholfen. Zuallererst die Fictionaires: Vivien Goldman und Jana Martin. Die »Artivisten« von Turn It Up! haben Worte in die Tat umgesetzt. Denise Lopez, Laurie Steelink und Heidi Tinsman sind meine San-Pedro-Truppe. Meine Kollegen Julia Lee, Robin Mizcolske, Alex Neel, Kate Picket und Tara Pixley sind mein Kurznachrichten-Rettungsanker. Meine liebe Freundin Cathay Che und deren Freundin Lesa Griffith haben mir ihr geliebtes Hawaii gezeigt. Susie Horgan ist mein Soundingboard fürs Leben, Laurie Steelink meine Schwimmgefährtin. Meine Nachbarn Tor und Tammi haben für Designvorschläge und Wein gesorgt. Danke an Robbin Crabtree, der mir die Zeit gegeben hat, dies zu schreiben.

Mein ewiger Dank gilt auch meiner Familie: Karlie, Kenda, Cole, Shine, Brett, Paul, Bettie, Bob, Kelly, Babette, Brian, Mike, Peggy und all meinen Harrod-Cousins.

Die wunderbaren Illustrationen in diesem Buch stammen von Anne Muntges, die die Objekte meiner Vorstellung und Didions Worte visualisiert hat. Die Designerin Elina Cohen hat all diese Elemente miteinander vereint. Dank gebührt auch Catharine Strong von Aevitas Creative Management, Ghjulia Romiti von HarperOne und Mina Hamedi von Janklow & Nesbit für ihre Unterstützung – die Queens der Verlagswelt von morgen. Daneben bin ich vielen Leuten bei HarperCollins zu Dank verpflichtet, darunter Judith Curr, Gideon Weil, Louise Braverman, Aly Mostel, Crissie Molina und Laina Adler.

Eines Samstags erhielt ich einen Anruf von Julian Wasser, nur wenige Stunden nachdem ich ihm an die im Internet angegebene E-Mail-Adresse geschrieben hatte. Er war etwas mürrisch und ungeduldig mit dieser Journalistin, die noch nicht einmal ein Diktiergerät parat hatte, beantwortete meine Fragen dann aber mit Charme und Tiefblick. Danach hatte ich dieses benommene Gefühl, das einen überkommt, wenn man mit einer Legende geredet hat. Als ich das nächste Mal mit ihm Kontakt aufnehmen wollte, stellte ich mit Bedauern fest, dass er einen Schlaganfall erlitten hatte. Ein paar Wochen später erfuhr ich, dass er gestorben war. Ich fühle mich geehrt, dass eine seiner klassischen Aufnahmen von dem »scharfen Ding« den Umschlag dieses Buches ziert.

Ohne drei ganz bestimmte Personen wäre *Joan Didion und wie sie die Welt sah* nie entstanden: Die HarperOne-Lektorin Elizabeth Mitchell hatte eine Idee für einen Joan-Didion-Leitfaden, der meine Worte vom Konzept bis zum Abschluss geformt und gelenkt hat; sie ist mein Robert B. Silvers.

Meine langjährige Agentin Sarah Lazin hat mich und Biz zusammengeführt. Ich schätze mich sehr glücklich, diese beiden Powerfrauen an meiner Seite zu haben.

Um dieses Buch umzusetzen, brauchte ich ein Zimmer für mich allein. Dazu baute mir mein Ehemann Bud ein Studio, von dem jede Schriftstellerin nur träumen kann: ein Gehry-artiges Steuerhaus hoch oben auf einem Hügel mit Panoramablick aufs Meer. Es ist mein Goldener Traum. Wir nennen es Joans Arche.

QUELLEN

Ich habe mehr als zwei Dutzend Leute für dieses Buch interviewt (siehe Danksagung). Diese Interviews habe ich direkt im Text angegeben. Neben Joan Didions Büchern und Textsammlungen habe ich auch zahlreiche Artikel von und über Didion in Zeitungen, Magazinen, Journalen und Büchern gelesen. Es mangelt nicht an großartigen Texten über sie! Die folgenden Titel waren mir besonders hilfreich.

Hilton Als, *Joan Didion: What She Means*. New York: DelMonico Books, 2022.

Tracy Daugherty, *The Last Love Song: A Biography of Joan Didion*. New York: St. Martin's Press, 2015.

Sara Davidson, *Joan: Forty Years of Life, Loss, and Friendship with Joan Didion*. San Francisco: Byliner, Inc., 2011.

John Gregory Dunne, *Monster: Living off the Big Screen*. New York: Random House, 1997.

John Gregory Dunne, *Regards: The Selected Nonfiction of John Gregory Dunne*. New York: Thunder's Mouth Press, 2006.

Steffie Nelson, Hrsg., *Slouching Towards Los Angeles: Living and Writing by Joan Didion's Light*. Los Angeles: Rare Bird Books, 2020.

Mark Royden Winchell, *Joan Didion*. Boston: Twayne Publishers, 1989.

Kathleen M. Vandenberg, *Joan Didion: Substance and Style*. Albany: State University of New York Press, 2021.

Marc Weingarten, *The Gang That Wouldn't Write Straight: Wolfe, Thompson, Didion, and the New Journalism Revolution.* New York: Crown Publishers, 2006.

In seiner Dokumentation *Joan Didion: The Center Will Not Hold* aus dem Jahr 2017 zeichnet Griffin Dunne ein sehr persönliches Porträt seiner Tante. Der Film, der Interviews mit Didion und vielen ihrer Freunde, Familienmitglieder und Kollegen zeigt, brachte eine neue Generation von Fans hervor.

In den meisten Fällen habe ich direkt mit den Primärquellen gearbeitet. Joan Didions Bücher und Artikel sind in verschiedenen Formaten verfügbar. In der Ausgabe der Library of America sind sie zu Jahrzehnten gruppiert: *The 1960s & 70s* und *The 1980s & 90s.* Bei der Everyman's Library sind ihre Sachbücher bis *Woher ich kam* in einem praktischen Hardcover-Sammelband erschienen, *We Tell Ourselves Stories in Order to Live.*

Im Folgenden sind ihre Romane, Aufsatzsammlungen und Sachbücher nach Publikationsdatum aufgelistet. Da sie in unterschiedlichen Ausgaben vorliegen, sind sie nur mit Titel und Jahresangabe verzeichnet. Empfehlenswert sind sie alle. Wenn nicht anders angegeben, handelt es sich um Sachliteratur.

1963: *Run River* (Roman) / *Menschen am Fluss* (Rowohlt 1995)
1968: *Slouching Towards Bethlehem* / *Stunde der Bestie* (Rowohlt 1996); *Slouching Towards Bethlehem* (Ullstein 2022)
1970: *Play It As It Lays* (Roman) / *Spiel dein Spiel* (Droemer Knaur 1980)
1977: *A Book of Common Prayer* (Roman) / *Wie die Vögel unter dem Himmel* (Droemer Knaur 1978)
1979: *The White Album* / *Das weiße Album. Eine kalifornische Geisterbeschwörung.* (Kiepenheuer und Witsch 1983);

Das weiße Album (Ullstein 2022)
1983: *Salvador* / *Salvador* (Kiepenheuer und Witsch 1984)
1984: *Democracy* (Roman) / *Demokratie* (Kiepenheuer und Witsch 1986); *Demokratie* (Claassen 2007)
1987: *Miami*
1991: *After Henry* / *Nach Henry* (Rowohlt 1995); *Sentimentale Reisen* (Ullstein 2016)
1996: *The Last Thing He Wanted* (Roman) / *Nach dem Sturm* (Rowohlt 1999); *Das Letzte, was er wollte* (Ullstein 2019)
2001: *Political Fictions*
2003: *Where I Was From* / *Woher ich kam* (Ullstein 2019)
2003: *Fixed Ideas: America Since 9/11*
2005: *The Year of Magical Thinking* / *Das Jahr magischen Denkens* (Claassen 2006)
2011: *Blue Nights* / *Blaue Stunden* (Ullstein 2012)
2017: *South and West: From a Notebook* / *Süden und Westen. Notizen* (Ullstein 2018)
2021: *Let Me Tell You What I Mean* / *Was ich meine* (Ullstein 2022)

Drehbücher (alle mit John Gregory Dunne)
1971: *The Panic in Needle Park* / *Panik im Needle Park*
1972: *Play It As It Lays*
1976: *A Star Is Born* / *A Star Is Born*
1981: *True Confessions* / *Fesseln der Macht*
1996: *Up Close & Personal* / *Aus nächster Nähe*

Bühnenstück
2007: *The Year of Magical Thinking*

ANMERKUNGEN

1 Joan Didion: »Gedanken über das Notizbuch«, in: *Stunde der Bestie.* Rowohlt 1996, S. 126

1 GOLD

1 Joan Didion: »Das weiße Album«, in: *Das weiße Album. Eine kalifornische Geisterbeschwörung.* Rowohlt 1997, S. 11. Im Folgenden, wenn nicht anders angegeben, aus dieser Ausgabe zitiert.

2 Ebd.

3 Joan Didion: »Sie träumen vom Goldenen Traum«, in: *Stunde der Bestie*, S. 14

4 Joan Didion: »Stunde der Bestie«, in: *Stunde der Bestie*, S. 83

5 Joan Didion: »Eine Vorbemerkung«, in: *Stunde der Bestie*, S. 10

6 Joan Didion: »Stunde der Bestie«, in: *Stunde der Bestie*, S. 83 f.

7 Ebd., S. 88

8 Ebd., S. 86

2 NOTIZBUCH

1 Joan Didion: »Gedanken über das Notizbuch«, in: *Stunde der Bestie*, S. 123

2 Ebd., S. 123 f.

3 Abgedruckt in: *Was ich meine.* Ullstein 2022

4 Joan Didion: »Gedanken über das Notizbuch«, in: *Stunde der Bestie*, S. 123

5 Ebd., S. 123 f.

6 Ebd., S. 126

7 Joan Didion: »Auf den Inseln«, in: *Das weiße Album*, S. 133

SCHLANGE

1 Joan Didion: »John Wayne: Ein Liebeslied«, in: *Stunde der Bestie*, S. 41

2 Abgedruckt in: *Süden und Westen*. Ullstein 2018

3 Joan Didion: »Über Selbstachtung«, in: *Stunde der Bestie*, S. 134

4 Joan Didion: »Über Moral«, in: *Stunde der Bestie*, S. 148

5 Joan Didion: »Aufzeichnungen einer Tochter des Landes«, in: *Stunde der Bestie*, S. 158

6 Ebd., S. 157

7 Joan Didion: »Brief aus dem Paradies, 21° 19′ N, 157° 52′ W«, in: *Stunde der Bestie*, S. 171

8 Auch abgedruckt in: *After Henry* (1991) und *Political Fictions* (2001)

4 SCHREIBMASCHINE

1 Joan Didion: »Heiliges Wasser«, in: *Das weiße Album*, S. 59

5 GEBÄUDE

1 Joan Didion: »Viele herrschaftliche Häuser«, in: *Das weiße Album*, S. 71

2 Ebd.

3 Joan Didion: »Das Ende vom Lied«, in: *Stunde der Bestie*, S. 212

4 Ebd., S. 207

5 Ebd., S. 208

6 Ebd., S. 212.

7 Joan Didion: »Über Selbstachtung«, in: *Stunde der Bestie*, S. 137

8 Joan Didion: »Das Ende vom Lied«, in: *Stunde der Bestie*, S. 213

6 MANN

1 Joan Didion: »John Wayne: Ein Liebeslied«, in: *Stunde der Bestie*, S. 36

2 Ebd., S. 37

3 Ebd.

4 Ebd.

5 Joan Didion: »Das Ende vom Lied«, in: *Stunde der Bestie*, S. 214

6 Ebd.

7 Joan Didion: »Über das Nachhausekommen«, in: *Stunde der Bestie*, S. 151

8 Ebd., S. 152

9 Joan Didion: »Auf den Inseln«, in: *Das weiße Album*, S. 135

7 STINGRAY

1 Joan Didion: »Bürokraten«, in: *Das weiße Album*. Ullstein 2022, S. 120 f.

2 Joan Didion: »Gedanken über das Notizbuch«, in: *Stunde der Bestie*, S. 122

3 Joan Didion: »Das weiße Album«, in: *Das weiße Album*, S. 33

4 Joan Didion: »Gute Bürger«, in: *Das weiße Album*, S. 86

5 Joan Didion: »Georgia O'Keeffe«, in: *Das weiße Album*, S. 126 f.

6 Ebd., S. 128
7 Ebd., S. 129
8 Ebd.

8 HIGHBALL

1 Joan Didion: »Im Bett«, in: *Das weiße Album*, S. 167
2 Joan Didion: »Das weiße Album«, in: *Das weiße Album.* Ullstein 2022, S. 16
3 Joan Didion: »Das weiße Album«, in: *Das weiße Album*, S. 15
4 Joan Didion: »Genosse Laski, K.P.U.S.A. (M.-L.)«, in: *Stunde der Bestie*, S. 64
5 Joan Didion: »Das weiße Album«, in: *Das weiße Album*, S. 43
6 Joan Didion: »Eine Vorbemerkung«, in: *Stunde der Bestie*, S. 8
7 Joan Didion: »Auf den Inseln«, in: *Das weiße Album*, S. 135
8 Ebd.
9 Joan Didion: »Das weiße Album«, in: *Das weiße Album*, S. 46

9 HOTEL

1 Ebd., S. 13
2 Ebd.
3 Joan Didion: *Demokratie*. Claassen 2007, 29 f.
4 Joan Didion: »Das weiße Album«, in: *Das weiße Album*, S. 34
5 Ebd., S. 35
6 Joan Didion: »Brief aus dem Paradies, 21° 19′ N, 157° 52′ W«, in: *Stunde der Bestie*, S. 171
7 Ebd., S. 179

8 Joan Didion: »Auf den Inseln«, in: *Das weiße Album*, S. 136

9 Ebd., S. 137

10 Ebd.

11 Joan Didion: »Brief aus dem Paradies, 21° 19′ N, 157° 52′ W«, in: *Stunde der Bestie*, S. 171

12 Joan Didion: »Auf den Inseln«, in: *Das weiße Album*, S. 143

13 Ebd., S. 133

14 Ebd., S. 140

15 Ebd., S. 143

16 Joan Didion: »Brief aus dem Paradies, 21° 19′ N, 157° 52′ W«, in: *Stunde der Bestie*, S. 170

17 Ebd., S. 173

18 Joan Didion: »Auf den Inseln«, in: *Das weiße Album*, S. 139 f.

10 MÄDCHEN

1 Joan Didion: »Über das Nachhausekommen«, in: *Stunde der Bestie*, S. 154

11 JOGGER

1 Abgedruckt in: *Political Fictions*. Frühere Fassung unter dem Titel »The Deferential Spirit« in: *New York Review of Books* (1996)

2 Joan Didion: *Salvador*. Kiepenheuer & Witsch 1984, S. 14

3 Ebd., S. 36

4 Abgedruckt in: *Sentimentale Reisen*. Ullstein 2016

5 Unter demselben Titel abgedruckt in: *Sentimentale Reisen*

6 Abgedruckt in: *Political Fictions*

7 Joan Didion: »Stunde der Bestie«, in: *Stunde der Bestie*, S. 90

8 Joan Didion: »Sentimentale Reisen«, in: *Sentimentale Reisen*, S. 312

9 Ebd., S. 324

10 Ebd., S. 356
11 Ebd., S. 300
12 Ebd., S. 298
13 Ebd., S. 303
14 Ebd., S. 293

12 LEICHENSCHAUHAUS

1 Joan Didion: *Salvador*, S. 101

13 RESTAURANT

1 Joan Didion: »Die Frauenbewegung«, in: *Das weiße Album*, S. 114
2 Ebd., S. 115 f.
3 Ebd., S. 116
4 Ebd., S. 115
5 Joan Didion: »Georgia O'Keeffe«, in: *Das weiße Album*, S. 130
6 Joan Didion: »Über Selbstachtung«, in: *Stunde der Bestie*, S. 136

14 ORCHIDEE

1 Joan Didion: »In Hollywood«, in: *Das weiße Album*, S. 152
2 Joan Didion: »Pazifische Entfernungen«, in: *Sentimentale Reisen.*, S. 256
3 Joan Didion: »Stille Tage in Malibu«, in: *Das weiße Album*, S. 214
4 Ebd.
5 Ebd.
6 Ebd., S. 213
7 Ebd., S. 216
8 Ebd., S. 213

9 Ebd., S. 218

10 Ebd.

11 Ebd., S. 215

12 Joan Didion: »Georgia O'Keeffe«, in: *Das weiße Album*, S. 127

13 Joan Didion: »Stille Tage in Malibu«, in: *Das weiße Album*, S. 220

14 Joan Didion: »Brief aus dem Paradies,21° 19′ N, 157° 52′ W«, in: *Stunde der Bestie*, S. 179

BILDNACHWEIS

Foto S. 10: © Julia Armstrong-Totten
Foto S. 64: © Robert Weidner
Foto S. 178: © John Bryson/Getty Images
Foto S. 274: © Chris Felver/Getty Images

Illustrationen: © Anne Muntges, Brooklyn, New York
Mehr über die Künstlerin erfährt man unter:
annemuntges.com

Vektorgrafik S. 6: Shutterstock/ArtKio